MANAGEMENT

罗宾斯管理艺术

斯蒂芬·罗宾斯（Stephen P. Robbins）
玛丽·库尔特（Mary Coulter）◎著
李原 孙健敏 黄小勇◎译 孙健敏◎校

中国人民大学出版社
·北京·

管理与管理者

管理者困境

　　根据美国餐馆协会的统计，总共有1 270万人在餐饮行业就业。这些雇员从事种类繁多的工作，从迎宾员、服务员到厨师、清洁人员。他们共同为顾客提供所需的服务。餐馆内会发生各种各样的事情，顾客有时候是冷静的，有时候却是情绪激动的。因此，对这些雇员进行监管的人必须确保每件事情都运行良好。这个人就是一位管理者。丽萨·格瑞尼（Lisa Greene）就是这样一名管理者。作为密苏里州春田市一家很受欢迎的业务繁忙的餐馆总经理，她需要管理100名员工。丽萨在工作上投入大量时间，期望能够领导她的团队和维持公司的高标准，以使员工们有效率、有效果地完成他们的本职工作。像其他所有就就业业的管理者一样，丽萨始终都在尝试各种方法以削减成本和使餐馆运行得更加顺畅。但她面临的最大挑战是使她的餐馆成为更好的工作场所。把你放在丽萨的位置上。

你该怎么做？

　　像很多学生一样，也许你也在餐饮行业工作过。这并不是一份轻松的工作。它也许需要你在又热又脏的环境中工作，工作强度令你筋疲力尽。顾客也许非常粗鲁和挑剔。而且，你的工作经历，无论是在一家餐馆还是在其他工作场所，很有可能被你的管理者的技能和能力所影响。上文中的丽萨就是一个很好的例子，她生动地诠释了如今成功的管理者是什么样子以及他们在应对管理问题和挑战时必须拥有的技能。本书将要讨论丽萨以及其他数以百万计的管理者正在从事的重要的管理工作。今天的管理者面临的现实是世界已经改变。在所有类型的工作场所中——餐馆、办公室、零售店、工厂，诸如此类——管理者必须应对不断变化的期望以及管理员工和组织工作的新方法。在本章中，我们首先通过考察管理者为什么非常重要、谁是管理者、他们在哪里工作，以及他们做什么，向你们介绍管理者和管理。之后，我们将考察重新塑造和重新定义管理者工作的因素，并且讨论学习管理为什么很重要。

管理者为什么很重要？

"……一个出色的老板能够改变你的生活，激励你在职业生涯和个人生活中都达到新的高度，使你和你的团队充满活力，共同迎接你们其中任何一个人都无法单独应对的新挑战。"如果你有机会与这样一位管理者共事，那么你是幸运的。这样的管理者可以使工作更加愉悦和高效。不过，即便管理者没有达到这么高的预期和理想程度，他们对组织也是至关重要的。为什么呢？让我们来考察三个原因。

管理者之所以重要，第一个原因是在这个复杂的、不确定的、混乱的时代，组织比以往任何时候都更需要管理者的管理技能和能力。当组织应对今天的各种挑战时——全球经济状况、不断变化的技术、不断推进的全球化，等等——管理者在至关重要的事项及对此做出应对等方面扮演了重要的角色。例如，俄克拉何马城几家汽车经销店的总经理约翰·扎普（John Zapp）竭尽全力使自己的业务在当前的经济环境中幸存下来并有利可图，其他许多汽车经销商也在这样做。不过，凭借自己在汽车行业 40 年的经历，扎普明白自己是公司里当家做主的人，而他采取的应对措施是着眼于销售更多汽车。如何才能做到这一点？通过使库存周转更快，并且利用小额现金奖励刺激销售人员努力完成销售目标。为带领大家渡过这段艰难的时期，他作为一名管理者的技能和能力发挥了至关重要的作用。

第二个原因是管理者对工作的顺利完成至关重要。例如，在本章开篇的故事中，丽萨并不需要迎接顾客、领顾客入座、接受顾客的订单、为顾客烹饪菜肴，或者为另外一位顾客准备一张桌子，但是她制定和协调工作场所的制度和条件，从而使其他人能够执行那些任务。虽然她也在必要时给员工们帮忙，但她作为管理者的工作是确保所有员工顺利完成他们的工作，从而使组织能够完成既定目标。如果工作没有完成，或者没有按照正确的方式完成，她就必须找出原因并且使各项工作重新良性运转。

最后一个原因，管理者对组织具有举足轻重的作用！我们如何知道这一点？盖洛普公司（Gallup）调查数百万名雇员和数万名管理者后发现，对于雇员的生产率和忠诚，最重要的一个变量并不是收入、福利或工作环境，而是雇员与其直接上司之间的关系状况。此外，全球性的咨询公司韬睿惠悦（Towers Watson）发现，一家公司管理和留住其员工的方式能够显著影响该公司的财务业绩。而且，最近一项关于组织绩效的研究表明，管理能力对于创造组织的价值观非常重要。从这些研究报告中我们能够得出什么结论？结论就是：管理者非常重要，而且他们确实重要！

谁是管理者以及他们在哪里工作？

管理者可能并不是你所想象的那样！管理者的年龄并无限制，可以不到 18

岁，也可以超过 80 岁。他们既可以经营大型企业，同样也可以掌管刚起步的创业公司。管理者的身影无处不在，你在政府部门、医院、小型企业、非营利机构、博物馆、学校，以及诸如政治选举团队和音乐巡演团队等非传统组织中都可以发现管理者。你还会发现，在全球的每一个国家中都有管理者在从事管理工作。此外，有些管理者是高层管理者，而有些则是基层管理者。当今，男性和女性管理者的比率差不多相等。不过，占据高层管理者职位的女性数量仍然很少——2010 年，只有 27 位女性担任美国最主要的大型企业的首席执行官。但是，无论管理者在哪里工作或者他们是什么性别，事实是，管理者从事的是令人激动的、富有挑战性的工作！

谁是管理者？

以前，定义谁是管理者是一件很简单的事情。管理者是组织中这样的成员，他告诉别人该做什么以及怎样去做。以前很容易将管理者与非管理者区分开来。现在就没有那么简单了。在许多组织中，不断变化的工作性质模糊了管理者与非管理者之间的界限。许多传统的非管理职位现在都包含管理性的活动。例如，在通用电缆公司（General Cable Corporation）位于加拿大萨斯喀彻温省穆斯乔的工厂中，管理者和团队成员共担管理责任。该工厂的大多数雇员接受过交叉培训，掌握多项技能。通过岗位轮换，他们可以成为团队领导者、设备操作员、维修技师、质量监督员或改进计划的制定者。

那么，我们该怎样定义谁是管理者呢？**管理者**（manager）是这样的人，他通过协调和监管其他人的活动以达到组织目标。他的工作不是取得个人成就，而是帮助他人完成工作任务。管理者的工作可能意味着协调一个部门的工作；可能意味着监管某个员工；可以是协调一个工作团队的活动，而该团队由来自不同部门甚至组织外部的人组成，如临时雇员或者供应商的雇员。有一点需要记住，管理者可能还要承担与协调和监管他人工作无关的其他工作任务。例如，一位保险理赔员主管除了需要协调其他保险理赔员的工作外，可能也需要处理保险理赔业务。

是否有某种方法可以对组织中的管理者进行分类？在具有传统结构的组织中（因为随着等级的提高，每个等级的成员数量会递减，所以这样的组织往往被描绘为金字塔），可以将管理者划分为基层管理者、中层管理者和高层管理者（见图表 1—1）。**基层管理者**（first-line managers）是最底层的管理人员，他们管理着非管理雇员所从事的工作，即生产产品或者向顾客提供服务。这样的管理者通常称为主管，也可以称为区域经理、部门经理或办公室主任。**中层管理者**（middle managers）包括所有处于基层和高层之间的各个管理层次的管理者，这些管理者管理着基层管理者，他们可能具有地区经理、项目主管、工厂厂长，或者事业部主任的头衔。在本章的"管理者困境"专栏中，丽萨就是一位中层管理者。作为餐馆的总经理，她要对餐馆的绩效负责，她同时也是整个公司内大约 60 名总经理中的一个，要向公司总部汇报工作。处于组织顶层的是**高层管理者**（top managers），他们负责为整个组织作出决策、制定计划和目标，从而影响整个组织。他们的典型头衔通常是执行副总裁、总裁、执行董事、首席运营官、首席执行官。

不过，并不是所有的组织都采用传统的金字塔结构来完成工作。有些组织拥有更为松散的结构，工作是由不断变化的雇员团队来完成的，而随着工作需要，这些雇员将从一个工作项目转换到另外一个项目。虽然并不容易判断出谁是这些组织中的管理者，但是我们知道某个人肯定在扮演这个角色——也就是说，肯定有某个人在协调和监管其他人的工作，即便这个人会随着工作任务或项目的改变而改变。

图表 1—1　管理的层次

管理者在哪里工作？

很明显，管理者在组织中工作。那么，什么是组织？**组织**（organization）是对人员的一种精心安排，以实现某个特定目的。学院或大学是一个组织；慈善团体、政府部门、百货商场等都被认为是组织，它们都具有三种共同特征，如图表 1—2 所示。

图表 1—2　组织的特征

首先，每个组织都有一个明确的目标，这个目标通常是以该组织希望实现的目标来表达的。其次，每个组织都是由人员组成的。组织需要人员来完成那些对组织实现其目标而言不可或缺的工作。最后，所有的组织都发展出一种精细的结构，以使人员能够在其中从事他们的工作。组织的结构可以是开放的、灵活的，没有清晰的或精确的岗位职责描述，也不用严格地遵循某些明确的职位安排。例如，在谷歌公司（Google），数百个大项目同时进行，多数项目由目标明确的小型雇员团队负责，这些团队可以立即成立并快速完成任务。或者，组织结构也可以是更为传统的——就像宝洁公司或通用电气公司那样——拥有定义清晰的规则、规章制度和职位描述，其中的某些成员可能被确定为"老板"，他们具有凌驾于其他成员之上的权威。

今天的许多组织，其结构更像谷歌公司，拥有灵活的工作安排、雇员工作团队、开放的沟通系统和供应商联盟。在这些组织中，是从将完成的工作任务角度来定义工作的。由于可以（而且确实是这样）在任何时候、任何地方从事工作，因此工作日的时间界限也就不存在了。不过，无论组织采用什么类型，某种精细的组织结构是必不可少的，这样才能使工作在管理者的协调和监管之下得以顺利完成。

管理者做什么?

简言之，管理就是管理者所从事的工作。但是这种过于简单的陈述并没有告诉我们更多的信息。在更具体地讨论管理者做什么之前，让我们首先考察管理是什么。

管理（management）指的是协调和监管他人的工作活动，从而使他们有效率、有效果地完成工作。我们知道，协调和监管其他人的工作区分了管理岗位与非管理岗位。不过，这并不意味着管理者能够随心所欲，在任何时间、任何地点或以任何方式做他们想做的事情。相反，管理要确保负责某项或某些工作的人能够有效率、有效果地完成工作任务，或者这至少是管理者追求的目标。

　　效率（efficiency）是指以尽可能少的投入获得尽可能多的产出。因为管理者处理稀缺的输入，包括像人员、资金和设备这样的稀缺资源，所以他们必须有效率地利用这些资源。效率通常指的是"正确地做事"，即不浪费资源。例如，在HON公司位于佐治亚州的工厂，雇员们生产和装配办公室家具。通过削减库存、减少用于制造产品的时间以及降低废品率，实现了有效率的制造。这些有效率的工作使得这家工厂的成本一年减少了 700 多万美元。

　　但仅仅有效率是不够的。管理还应该关注效果，也就是完成工作活动以实现组织的目标。**效果**（effectiveness）通常是指"做正确的事"，即所从事的工作活动有助于组织达到其目标。例如前面提到的 HON 公司，其目标包括满足顾客严格的需求，实施世界级的生产战略，并且使雇员工作更轻松、更安全。通过实施各种工作方案，他们追求的这些目标得以实现。可见，效率是关于做事的方式，而效果涉及结果，或者说达到组织的目标（见图表 1—3）。在成功的组织中，高效率和高效果往往是相辅相成的，而糟糕的管理（会导致糟糕的绩效）通常既是低效率的也是低效果的，或者虽然有效果但却是低效率的。

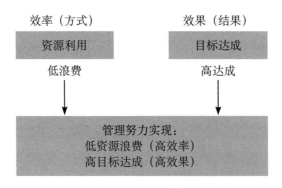

图表 1—3　管理的效率和效果

　　现在，让我们更具体地考察管理者做什么。描述管理者做什么并不是容易的事情。正如没有哪两个组织是一样的，也没有哪两位管理者的工作是一样的。尽管这样，管理研究者还是开发了三种方法来描述管理者做什么：职能、角色、技能。

管理职能

从职能方法来看，管理者需从事特定的活动或职能，以有效率和有效果地协调他人的工作。这些职能是什么？20 世纪早期，法国工业家亨利·法约尔（Henri Fayol）首次提出，所有的管理者都从事五种管理职能：计划、组织、指挥、协调和控制。今天，这些职能已经被精简为四种：计划、组织、领导和控制（见图表 1—4）。让我们简要地考察一下每一种职能。

计划	组织	领导	控制	达到
定义目标，确定战略，制定计划以协调活动	决定需要做什么，怎么做，谁去做	指导和激励所有的群体和个人，解决冲突	监控活动以确保它们按计划完成	实现组织宣布的目标

图表 1—4　管理职能

如果你的头脑中没有特定的目的地，那么你可以选择任何道路前进，但是，如果你打算到达特定的地点，你就要计划最佳的路径。因为组织的存在是为了达到某个特定目的，所以就必须有某个人清晰地定义这个目的以及达到该目的的方式。管理者就是这样的"某个人"。当管理者进行**计划**（planning）时，他们设定目标，确定实现这些目标的战略，并且制定计划以整合和协调各种活动。

为实现组织目标，管理者还负有安排工作的职能，我们把这种职能称为**组织**（organizing）。当管理者进行组织时，他们决定什么任务将被完成，谁来完成这些任务，这些任务将如何组合，谁向谁汇报工作，以及将在哪里作出决策。

每个组织都是由人组成的，因此管理者的工作就是同别人合作并且通过别人去实现目标。这就是**领导**（leading）职能。当管理者激励下属、帮助解决工作群体内的冲突、影响工作中的个体或团队、选择最有效的沟通渠道，或者以任何方式处理雇员行为事项时，他们就是在履行领导职能。

最后一种管理职能是**控制**（controlling）。在设定目标和制定计划（计划），确定工作任务和组织结构的安排（组织），雇用、培训和激励人员（领导）之后，还需要评估事情是否按计划进行。为了保证达成目标以及工作按照预定计划进行，管理者必须监控和评估工作绩效。实际的绩效必须与预先设定的目标进行比较，如果这些目标没有实现，那么管理者的任务就是使工作重新回到正轨。这种监控、比较和纠正的过程就是控制职能。

职能方法能够在多大程度上准确描述管理者做什么？管理者总是先计划、组织、领导，然后控制吗？实际上，管理者并不总是按照这个次序工作。不过，无论这些职能被执行的"次序"是什么，事实是管理者在管理时确实进行着计划、组织、领导和控制。我们仍然通过开篇案例来加以说明。当丽萨努力使自己的员工受到激励并全身心工作时，这就是领导。当她制定出本周的工作安排时，这就是计划。当她竭力削减成本时，这样的行为显然涉及控制。而应对不满的顾客则很有可能涉及领导和控制，甚至还有计划。

虽然职能方法被普遍用来描述管理者做什么，但有些人认为该方法是不恰当的。因此，让我们考察另一种视角。

明茨伯格的管理角色以及一种最新的管理模型

亨利·明茨伯格（Henry Mintzberg）是一位著名的管理研究者，他研究实践中的管理者。明茨伯格在自己的第一项综合研究中得出结论：通过考察管理者在工作中所扮演的角色，可以最恰当地描述管理者做什么。所谓**管理角色**（managerial roles），是指管理者按照人们的预期在实践中展示的具体行为或表现。（思考一下你所扮演的不同角色——例如学生、雇员、学生会成员、志愿者、兄弟姐妹，等等——以及人们对你在这些角色中的各种期望。）当从管理角色视角来描述管理者做什么时，我们并不是考察某个具体的管理者，而是考察扮演管理角色的那个人所承担的期望和责任。正如在图表 1—5 中所描述的，明茨伯格的 10 种管理角色可以组合成人际关系、信息传递和决策制定。

人际关系角色
- 挂名首脑
- 领导者
- 联络者

信息传递角色
- 监听者
- 传播者
- 发言人

决策制定角色
- 企业家
- 混乱驾驭者
- 资源分配者
- 谈判者

图表 1—5　明茨伯格的管理角色

资料来源：Based on Mintzberg, Henry, *The Nature of Managerial Work*, 1st Edition, © 1980，pp. 93-94.

人际关系角色（interpersonal roles）涉及人与人（下属以及组织外的人）的关系以及其他礼仪性的和象征性的职责。人际关系角色包括挂名首脑、领导者和联络者。**信息传递角色**（informational roles）涉及收集、接受和传播信息。三种信息传递角色包括监听者、传播者和发言人。最后，**决策制定角色**（decisional roles）需要作出决策或选择。决策制定角色包括企业家、混乱驾驭者、资源分配者和谈判者。

明茨伯格提出，当管理者扮演这些角色时，他们的行为包括思考（周密的想法）和行动（实际的做法）。我们本章开篇讨论的那位管理者丽萨在进行管理时，就会从事这两种行为。例如，当丽萨倾听雇员或顾客的问题时，就会产生思考；当她解决这些问题时，就会产生行动。

大量的后续研究检验了明茨伯格管理角色分类的有效性，研究证据一般都支持这个观点，即管理者无论在何种类型的组织或者组织的哪一个层次，都扮演着类似的角色。不过，管理者对不同角色的强调程度似乎会随着他们在组织层级中的位置变化而改变。在组织的较高层级上，信息传播者、挂名首脑、谈判者、联络者和发言人的角色更加重要；而领导者角色（按照明茨伯格的定义）对基层管理者的重要性要高于它对中高层管理者的重要性。

明茨伯格对实践中的管理者进行的另一项研究的结论是："管理基本上就是如何影响行为。它指的是帮助组织和单位完成各项工作，而工作即意味着行为。"基于自己的观察，明茨伯格进而解释说管理者以三种方式来进行管理：（1）通过对行为进行直接管理（例如，谈判劳动合同，管理各种工作项目，等等）；（2）通过对采取行动的人员进行管理（例如，激励他们，建立工作团队，增强组织的文化，等等）；（3）通过对推动人们采取行动的信息进行管理（例如，利用预算、目标、工作任务授权，等等）。在这个模型中，管理者拥有两种角色：架构，它定义管理者如何从事自己的工作；议程，它通过该管理者从事的特定工作任务以使"架构成为现实"。管理者通过上述三种方式来对行为进行管理，从而扮演这两种角色。这是考察管理者工作的一种有趣的视角，有助于我们更好地理解管理者做什么。

那么哪一种方法更好呢？是管理职能方法还是明茨伯格的管理角色方法？虽然每一种方法都能够很好地描述管理者做什么，但职能方法仍然是获得普遍接受的方法。"根据管理者为实现组织目标而行使的职能，管理职能方法清晰、明确地对管理者从事的大量活动和使用的各种技巧进行分类。"当然，明茨伯格的管理角色方法以及他提出的管理模型也为我们考察管理者工作提供了深刻的洞察力。

管理技能

戴尔公司对管理技能的重要性具有深刻的理解。该公司为基层管理者提供了一项为期 5 天的异地技能培训计划，将之作为一种改进公司运行的方法。戴尔公司学习和发展部门主任认为这是培养"能够与自己的基层员工建立紧密关系的领导者"的最佳方法。这些基层主管从这种技能培训中学到了什么？他们提到如何更有效地进行沟通，以及在与工人讨论问题时如何避免自己过快地下结论。

管理者需要什么类型的技能？罗伯特·卡茨（Robert L. Katz）认为，管理者需要三种关键的管理技能：技术技能、人际技能和概念技能。（图表 1—6 展示了这三种技能与管理层级的关系。）**技术技能**（technical skills）是指熟练完成特定工作所需的特定领域的知识和技术。对于基层管理者来说，这些技能往往更为重要，因为他们通常管理的是利用工具和技术来生产产品或提供服务的雇员。拥有卓越的技术技能的雇员常常被晋升为基层管理者。例如，Verizon Communications 的马克·瑞安（Mark Ryan）管理着百余名技术人员，而他们则为公司的 50 万名顾客服务。不过，在成为一名管理者之前，马克·瑞安是一个电话线务员。他说："企业的技术层面很重要，但管理员工，实行奖惩，并表彰出色完成工作任务的人员是我们公司取得成功的法宝。"瑞安是一名具备技术技能的管理者，但他也认识到**人际技能**（human skills）——包括自己单独或在团队中与其他人和睦相处的能力——的重要性。由于管理者直接与人打交道，因此这些技能对所有层级的管理者同等重要。拥有良好人际技能的管理者能够从他们的员工那里获得最大产出。他们知道如何沟通、激励、领导、激发热情和获得信任。最后，**概念技能**（conceptual skills）是管理者用来对抽象、复杂的情况进行思考和概念化的技能。在运用这种技能时，管理者将组织视为一个整体，理解组织各部分之间的关系，并且设想组织如何适应其广泛的外部环境。这种技能对于高层管理者最为重要。

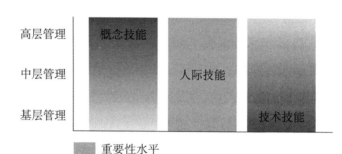

图表 1—6　不同管理层级所需的技能

图表 1—7 列举了其他一些重要的管理技能。如今，工作场所是动态的、挑剔的，员工想要成为组织的宝贵资产，就必须持续不断地更新自己的技能，而开发管理技能对自己大有裨益。

• 管理人力资本	• 使用目标明确的人际关系网络
• 激发员工的认同感	• 管理决策过程
• 管理变革	• 管理战略和创新
• 对工作进行组织并且使之顺利完成	• 管理物流和技术
• 更好地把握工作中社会和心理层面的内容	

图表 1—7　一些重要的管理技能

为什么要学习管理?

你可能会问,为什么要学习管理? 如果你的专业是会计学或者市场营销,或者是其他非管理类专业,你也许无法理解学习管理为什么有助于你的职业生涯发展。通过考察三个事项:管理的普遍性、工作的现实、作为一名管理者的挑战和回报,我们来解释学习管理的价值所在。

管理的普遍性

组织对管理的需要普遍到什么程度? 我们可以确定无疑地说,在所有类型和规模的组织,在组织的所有层级和所有工作领域,在任何地域的组织,管理都是不可或缺的,这称为**管理的普遍性**(universality of management)(见图表1—8)。在所有上述组织环境中,管理者都必须计划、组织、领导和控制。当然,这并不是说管理都采用同样的方式。在微软,负责软件应用测试的主管所从事的工作就与公司首席执行官的工作不一样。尽管如此,这种差别仅仅是程度和强调的重点不同,并非职能不同。因为这两者都是管理者,他们都要计划、组织、领导和控制。不过,他们要做多少以及如何去做则会不同。

管理是所有组织的普遍需要,因此,我们想要找到方法来改进组织被管理的方式。为什么呢? 因为我们每一天都在与组织打交道。你是否有过这样的经历:当你为换领驾驶执照而在车辆管理所耗费了两个钟头时,你是否感到沮丧? 当百货商店里的营业员没有及时为你提供帮助时,你是否感到气愤? 当你三次打电话给航空公司订票,该公司的销售代表对同一条航线向你报出三种不同价格时,你

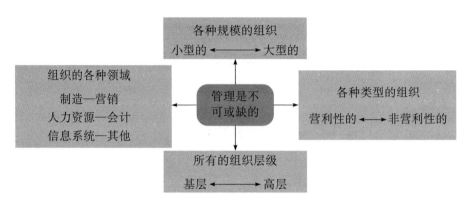

图表 1—8 对管理的普遍需要

是否感到烦恼？这些都是不良管理所导致的问题。管理良好的组织——我们在本书中将会举出许多这样的例子——会发展出忠诚的顾客基础，并且获得成长和繁荣，即便是在面临巨大挑战的时期。管理不善的组织会发现自己正在不断损失顾客和收入。通过学习管理，你能够发现不良的管理，并且采取措施予以纠正。此外，你还能够识别和支持优秀的管理，无论这些管理是存在于你与之打交道的组织中还是你受雇的组织中。

工作的现实

学习管理的另一个原因是现实环境：大多数人一旦从大学毕业，开始职业生涯，要么是管理者，要么是被管理者。对那些计划进入管理者行列的人来说，对管理的理解将成为其管理技能的基础；对那些不想成为管理者的人来说，仍然要和管理者共事。假设你必须为谋生而工作，并且很可能是在某个组织中工作，那么即使你不是一个管理者，你也可能承担某些管理职责。我们的经验表明，通过学习管理，你能够对上司（或同事）的行事方式以及组织如何行使职能有更深入的洞察。我们的观点是，即便你并不渴求成为一名管理者，你仍然可以从管理课程中获得有价值的东西。

作为一名管理者的挑战和回报

在尚未考察作为一名管理者的回报与挑战（见图表 1—9）之前，我们的讨论还不能结束。在今天的工作场所中，成为一名管理者意味着什么？

回报	挑战
● 创造一种使组织成员能够充分发挥其能力的工作环境 ● 有机会进行创造性的思考和运用想象力 ● 帮助他人发现工作的意义和成就 ● 帮助、教导和培养其他人 ● 与多样化的员工共事 ● 在组织及社区中获得认可和地位 ● 能够影响组织的产出 ● 以薪水、奖金和股票期权的形式获得合理薪酬 ● 优秀的管理者是组织不可或缺的	● 从事困难的工作 ● 有些任务更偏重文案而非管理 ● 需要与各种性格的人打交道 ● 通常需要以有限的资源完成工作 ● 在混乱和不确定的情况下激励员工 ● 需要融合一个多样化的工作群体的知识、技能、理想和经验 ● 成功取决于其他人的工作绩效

图表 1—9　管理者的回报与挑战

首先，存在许多挑战。管理可能是一种艰辛的、吃力不讨好的工作。此外，管理者（特别是基层管理者）的一部分工作更倾向于文书性质而不是管理性质，例如整理和填写报告，处理官僚程序和文案工作。管理者常常需要与各种性格的人打交道，以有限的资源完成各项工作。在面临不确定性和混乱时，激励员工是一个巨大的挑战。管理者可能会发现，对一个多样化的工作群体的知识、技能、理想和经验进行成功的整合是一项相当困难的任务。最后，作为一名管理者，你无法完全掌控自己的命运。你的成功通常取决于其他人的工作绩效。

尽管存在各种挑战，作为一名管理者也可以获得丰厚的回报。你有责任创造一种使组织成员能够充分发挥自身能力以帮助组织实现目标的工作环境。你可以帮助其他人发现其工作的意义和成就。你需要帮助、教导和培养其他人，并且帮助他们作出妥善的决策。此外，作为一名管理者，你常常有机会发挥你的想象力，进行创造性的思考。你将遇见各种各样的人并与他们共事，包括组织内部和外部的人员。其他一些回报还包括在你的组织和社区中获得认可和地位；能够影响组织的产出；以薪水、奖金和股票期权的形式获得有吸引力的薪酬。最后，如同我们先前所说的那样，组织需要优秀的管理者。必须依靠有热情的、受到激励的组织成员团结一致、共同努力，组织才能够实现自己的目标。毋庸置疑，作为一名管理者，你的努力、技能和能力是不可或缺的。

回应"管理者困境"

一家管理很好的公司想让员工最好地满足顾客的要求和期望，公司必须向员工提供所需的各种资源。公司的管理者要削减成本，以较少的资源实现较多的产出，他们就面临着一种平衡，即在减少雇员可利用的资源的同时，尽可能满足顾客的要求和期望，从而不造成各种负面影响。

在一个运行顺畅的工作场所中，员工参与是一项关键要素。如果管理者处在丽萨的位置上，应该让员工参与到头脑风暴中以发现哪些领域存在削减成本的空间，并且就改进工作流程和程序、什么措施可以帮助所有成员工作得更有效率和更有效果提出建议。员工参与非常重要，因为员工认为他们可以发出自己的声音，以使工作场所变得更好，管理层也因此会考虑一线员工的需求及关注点。此外，实施变革和让员工采用某种新的工作方法也会变得更容易，因为如果员工参与了其中一些基础工作和创意，那么他们就会认同这些变革或方法。

管理情境与组织文化

管理者困境

　　"接受冰雪的审判。"一位分析人士这样描述 2007 年情人节的冰雪天气给美国捷蓝航空公司（JetBlue Airways）的运营带来的巨大考验和打击。乘客们被困在飞机上数个小时，飞机滞留在跑道上，该公司大约有 1 000 个航班被取消，这导致了乘客和航空管理部门的极大抱怨。这一切都迫使该公司采取严肃、认真的态度来审视自己。毫无疑问，这是捷蓝航空公司的一个低谷。在这之后的 3 年时间里，该公司使出了浑身解数，从这次惨痛经历中吸取经验和教训，以使自己变得更好。在这个过程中，一个至关重要的、具有显著意义的方面是该公司的文化，它的形成围绕着五种关键的价值观：安全、关爱、诚恳、乐趣和热情。

　　该公司的首席执行官戴夫·巴吉尔（Dave Barger）深刻地懂得一个组织的文化有多么重要。他说："硬件方面的产品——飞机、皮座椅、卫星电视、实体店——只要你有钱，这些都可以复制，而文化则不能……在这中间，人的因素是最重要的。"随着捷蓝航空公司继续成长，包括在经济不景气时，管理者如何确保企业文化得以延续？

　　你该怎么做？

这家公司认识到文化何其重要！捷蓝航空公司创造了一种尊重员工、把员工视为核心战略资产的文化。自从该公司的系统在 2007 年几乎崩溃之后，捷蓝航空在全球著名的市场资讯研究机构 J. D. Power 接下来几年的顾客服务年度调查中都高居所有航空公司之首。毋庸置疑，捷蓝航空的员工以及他们的文化在这中间发挥了关键作用。

在现实生活中，管理者既不是全能的，也不是毫无助益的，但他们的决策和行动是受到约束的。如同你在图表 2—1 中可以看到的那样，外部约束来自该组织的环境，而内部约束则来自该组织的文化。

图表 2—1　对管理权限的约束

外部环境：约束和挑战

"**外部环境**"（external environment）指的是组织之外能够对该组织的绩效产生影响的因素和力量。如同图表 2—2 展示的那样，外部环境包括许多不同的组成部分。经济部分包括利率、通货膨胀、可支配收入的变化、股票市场的波动、经济周期的阶段等因素。人口部分涉及人口特征（例如年龄、种族、性别、受教育程度、地理位置、收入、家庭构成）的发展趋势。政治/法律部分考察的是联邦、各州以及地方上的法律法规，还有全球法和其他国家的法律，它还包括一个国家的政治状况和稳定性。社会文化部分指的是社会的和文化的因素，例如价值观、态度、趋势、传统、生活方式、信仰、品位，以及行为模式。技术部分指的是科技发明和工业创新。全球部分包括各种与全球化和世界经济相关的事项。虽然所有这些构成要素都对管理者的决策和行动施加了潜在的约束，但是我们将更详尽地考察其中的两种——经济方面和人口方面。然后，我们将考察这两个方面发生的变化如何约束管理者和组织。在本节最后，我们将考察环境的不确定性和利益相关者关系。

图表 2—2　外部环境的组成部分

经济环境

当通用汽车这样的一流企业宣布破产时，你知道经济环境发生了变化；经济合作与发展组织（OECD）预测，全球大约有 2 500 万失业人口；美国有 840 万个工作岗位消失；经济词汇包括了这样的术语：毒药资产、债务抵押债券、紧急援助、经济稳定计划、循环抵押贷款、压力测试，等等。为了理解这种经济环境是什么样子，我们需要考察已经发生的变化以及这些变化对管理组织的方式所产生的影响。

这次经济危机——有些分析人士称为"大衰退"——始于美国房贷市场的混乱，当时许多房屋所有者发现他们自己无力偿还贷款。随着信贷市场的崩溃，这些问题很快就影响到企业。突然之间，企业再也不能轻易地获得贷款来为企业运转提供资金。很快，这些经济问题席卷了全球。

是什么导致了这些严峻的问题？专家们列举了一长串的因素，其中包括很长一段时间内过低的利率、美国住房市场的基本缺陷，以及高度的全球资金流动性。企业和消费者的负债率变得很高，而当信贷可以轻易获得时，这并不会成为重大问题。然而，随着资金流动性的干涸，全球的经济体系陷入水深火热之中，接近崩溃的边缘。现在，规模庞大的止赎权贷款（这在许多国家已经成为一种沉重的公共债务负担），再加上失业所导致的不断扩散的社会问题，标志着美国和全球的经济环境已经发生明显变化。即使全球经济开始缓慢复苏，绝大多数专家仍认为管理者和组织面临的经济环境将变得与以前大不相同，而且将继续制约管理者和组织的决策和行动。

人口环境

婴儿潮世代、Y世代、新千年世代。也许你以前听说或看到过这些术语。人口学家用这几个术语来称呼美国人口中的三个众所周知的年龄群体。婴儿潮世代指的是1946—1964年间出生的人。关于婴儿潮的作品可谓汗牛充栋，因为在此期间出生的人是如此之多。处于这个年龄段的人口数量如此庞大，意味着他们在自己不同的人生阶段都会显著影响外部环境的每一个方面（从教育系统到娱乐/生活方式的选择，再到社会保障体系，等等）。

Y世代通常被认为涵盖了1978—1994年间出生的人。作为婴儿潮世代的孩子，Y世代也拥有庞大的数量，这使得他们也对外部环境产生重大影响。从科技到服装风格，再到工作态度，Y世代正在影响着组织的工作场所。

接下来，我们拥有了新千年世代——最年轻的群体——他们基本上是十来岁的小孩和中学生。这个群体也被称为 i 世代，主要是因为伴随着他们成长的科技能够为个体（individual）量身定做每一种产品。人口专家认为，现在就判断小学生阶段的孩子和年龄更小的孩子是否属于这个人口群体，或者判断他们所处的世界将会变得如此不同以至于他们将构成一个不同的人口群体，还为时过早。

各种年龄群体对于我们的管理研究是非常重要的，如同我们先前说过的那样，处于特定年龄段的数量庞大的人口能够制约企业、政府、教育机构以及其他组织采取的决策和行动。但是，人口统计学不仅考察当前的统计数据，还考虑未来。例如，对人口出生率的最新分析表明，当前全球范围内出生的婴儿中，80％以上来自非洲和亚洲。还有一个有趣的事实是：印度是世界上人口最年轻的国家之一，该国 5 岁以下男孩的数量要超过法国的全部人口数量。据预测，到 2050年，中国 65 岁及以上的人口数量将超过世界其他国家该年龄段的人口数量总和。请考虑一下，这样的人口发展趋势将会对未来的组织和管理者产生什么影响。

外部环境如何影响管理者

了解外部环境的各种构成要素是什么，并且考察其中的一些特定要素，这对管理者来说很重要。然而，理解外部环境如何影响管理者也是同等重要的。我们将考察外部环境对管理者形成约束和挑战的三种方式：首先，通过它对工作岗位和就业的影响；其次，通过当前的环境不确定性；最后，通过组织与其外部的利益相关者之间的各种关系。

工作岗位和就业　当外部环境的任何或所有状况（经济的、人口的、技术的、全球的，等等）发生变化时，无论状况是变好还是变坏，管理者面临的最强有力的约束之一是这些变化对工作岗位和就业的影响。在最近这次全球经济衰退期间，随着数以百万计的工作岗位消失以及失业率上升到多年未见的水平，这种约束的威力变得尤其明显。经济学家现在预测，美国在这次经济衰退中消失的 840 万个工作岗位，其中有大约 1/4 将不会重新出现，并且被新兴行业中其他类型的工作岗位取代。其他国家也面临相同的问题。虽然这样的调整并不是什么坏事，但是它们确实给管理者带来了挑战，使他们必须在工作需求与具备足够的合适人选和技能来完成组织的工作之间达成平衡。

外部环境的变化不仅影响可供获得的工作岗位的类型，而且会影响这些工作岗位是如何被创造和管理的。例如，许多雇主使用弹性工作安排来满足对工作产出的需求。比如说，工作任务可以由在必要时才被雇用的自由职业者来完成，或者由从事全职工作但并不属于长期雇员的临时工人来完成，或者由实施工作分享的员工来完成。需要记住的是，由于外部环境的制约，这样的应对方式已经随处可见。作为一名管理者，你需要明白这样的工作安排会如何影响你进行计划、组织、领导和控制的方式。弹性工作安排已经变得如此普遍，成为组织如何完成工作的重要组成部分，因此我们还将在其他章节对它予以强调。

对环境的不确定性进行评估　外部环境施加的另一种约束是在外部环境中发现的不确定性的数量，它会影响组织的绩效。**环境的不确定性**（environmental uncertainty）指的是一个组织的外部环境的变化程度和复杂程度。图表 2—3 中的矩阵展示了这两个方面。

变化程度	
稳定	动态
单元 1 稳定的、可预测的环境； 环境的构成要素较少； 各要素在某种程度上相似，且基本保持不变； 很少要求对这些要素的深刻了解。	**单元 2** 动态的、不可预测的环境； 环境的构成要素较少； 各要素在某种程度上相似，但会不断改变； 很少要求对这些要素的深刻了解。
单元3 稳定的、可预测的环境； 环境的构成要素较多； 各要素彼此不同，且基本保持不变； 要求对这些要素的深刻了解。	**单元4** 动态的、不可预测的环境； 环境的构成要素较多； 各要素彼此不同，且不断改变； 要求对这些要素的深刻了解。

（左侧纵向：复杂程度——简单、复杂）

图表 2—3　环境的不确定性矩阵

不确定性的第一个维度是变化程度。对于一个组织来说，如果其外部环境的构成要素频繁地变化，这就是一个动态的环境。如果变化是微不足道的，这就是一个稳定的环境。一个稳定的环境可能是这样的：没有新的竞争者，当前的竞争者没有什么新的技术突破，压力群体也没有采取什么行动来影响该组织，等等。例如，因打火机而闻名遐迩的芝宝制造公司（Zippo Manufacturing）面临着一个相对稳定的环境：没有几个竞争者，也没有什么技术变革。该公司对外部环境的主要考虑很有可能是吸烟者数量的持续下降，虽然该公司的打火机还具有其他用途，而且全球市场仍然火暴。相反，录制唱片行业面临着一个动态的（相当不确定的、不可预测的）环境。数码格式和音乐下载网站使得该行业的前景急转直下，并且带来高度的不确定性。

如果变化是可预测的，那么是否应该被认为是动态的？答案是"否"。考虑一下百货商场：它们通常有 1/4～1/3 的销售额来自 11 月和 12 月。从 12 月到 1

月，销售额的下降是相当显著的。但因为这种变化是可预测的，所以环境不会被认为是动态的。当讨论变化程度时，我们指的是不可预测的变化。如果变化能够被精确地预见，那么它对管理者来说就不是一种不确定性。

不确定性的另外一个维度描述**环境的复杂性**（environmental complexity）程度。对于一个组织来说，环境的复杂性考察的是外部环境的构成要素数量以及该组织对这些构成要素的了解程度。如果一个组织只需要面对较少的竞争者、客户、供应商、政府机构等，那么它外部环境的复杂程度和不确定程度将会较低。不同的组织会以各种不同的方式来应对环境的复杂性。例如，孩之宝玩具公司（Hasbro Toy Company）通过收购自己的许多竞争者来简化外部环境。

环境的复杂性也可以根据一个组织需要掌握的关于外部环境的知识来衡量。例如，如果 E* Trade 公司的管理者想要确保他们公司的网站能够为客户提供快捷、可靠和安全的服务，那么他们必须熟知公司的互联网服务供应商的运行情况。相反，大学书店的管理者就没什么必要去深刻了解其供应商的情况。

环境的不确定性这个概念如何影响管理者？我们可以再次看看图表 2—3，这四个单元中的每一个都代表复杂程度和变化程度的不同组合。单元 1（简单的、稳定的环境）代表最低程度的环境不确定性，而单元 4（复杂的、动态的环境）则代表最高程度。毫不奇怪，管理者在单元 1 中对组织绩效有最大的影响，在单元 4 中的影响则最小。因为不确定性会对组织的绩效产生一种威胁，所以管理者会竭尽全力使不确定性降至最低。如果可以选择，管理者往往倾向于在不确定性程度最低的环境中开展运营。不过，他们几乎没有什么选择余地。而且，在当今这个时代，外部环境的本质是绝大多数行业正在面临更为动态的变化，这使得它们的外部环境更加不确定。

对利益相关者关系进行管理　是什么使得 MTV 年复一年地成为一个广受年轻人欢迎的有线频道？其中一个因素是它成功地与自己的各种利益相关者建立了

深厚的关系：电视观众、音乐界名流、广告商、附属电视台、公共服务组织，等等。利益相关者关系的本质是环境影响管理者的另一种方式。这些关系越清晰、越牢固，管理者对组织绩效的影响就越大。

利益相关者（stakeholder）是组织的外部环境中被组织的决策和行动所影响的任何相关者。这些群体在该组织中拥有切身利益，或是能够被组织采取的行动显著影响。例如，考虑一下可能会被星巴克采取的决策和行动影响的群体：种植咖啡豆的农场主、公司员工、竞争者、当地社区，等等。反过来，有些利益相关者也会影响星巴克的管理者所采取的决策和行动。组织拥有各种利益相关者，这个理念现在已被管理学家和管理实践者广泛接受。

图表2—4展示了一个组织最主要的一些利益相关者。请注意，这些利益相关者包括了内部群体和外部群体。为什么？因为这两种群体都能够影响组织的行动以及运营方式。

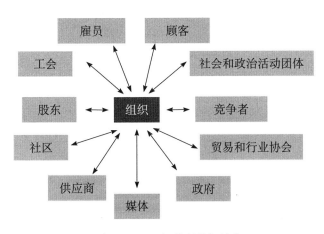

图表2—4 组织的利益相关者

为什么管理者应该花心思去管理利益相关者关系？因为这能给组织带来合意的结果，例如环境变化的可预测性更高、更成功的创新、利益相关者之间更高的信任度，以及更大的组织弹性，从而使组织减少变化带来的影响。不过，它是否能够影响组织的绩效？答案是肯定的。研究这个事项的管理学家发现，高绩效公司的管理者在制定决策时往往会考虑所有主要的利益相关者的利益。

对外部的利益相关者关系进行管理的另一个原因是：这样做是"正确的"事情。因为一个组织依赖于这些外部群体，将它们作为输入（资源）的来源和输出（产品和服务）的终点，所以管理者在制定决策时需要考虑它们的利益。我们将在企业社会责任那一章对该事项进行更详尽的讨论。

组织文化：约束和挑战

我们每个人都拥有一种独特的个性——这些品质和特征会影响我们的行为方式以及与他人互动的方式。当我们把某个人描述为热情的、开明的、轻松的、害羞的，或者具有侵略性时，我们正在描述性格特征。同样，一个组织也具有一种个性，我们将之称为该组织的文化。这种文化会影响员工的行为方式以及与他人互动的方式。

什么是组织文化？

如同我们在本章开篇讨论的捷蓝航空一样，一家为户外服装和其他产品生产创新型的高品质布料的公司 W. L. Gore & Associates，也深刻地懂得组织文化的重要性。自 1958 年创立以来，该公司就在一种弹性的、非等级制的组织结构安排中使用员工团队来开发创新型产品。公司的伙伴们（员工）认同公司创建者比尔·戈尔（Bill Gore）提出的四项基本原则：（1）公正地对待彼此以及你接触的任何一个人；（2）鼓励、帮助和允许其他伙伴在知识、技能和职责范围等方面成长；（3）你可以许下自己的承诺并保持它们；（4）在采取会影响到公司声誉和地位的行动之前征询其他伙伴的意见。参观该公司之后，一位分析人士报告说，该公司的一名员工告诉他"如果你吩咐任何人去做什么，他们就再也不会为你工作"。这就是比尔·戈尔想要的独立的、以人为导向的文化类型。而且，这种文化在该公司效果良好——自从《财富》杂志从 1998 年开始设立"100 家最适合工作的公司"年度榜单以来，该公司每年都位列其中，是全球能够完成这一壮举的 3 家公司之一。

组织文化（organizational culture）是组织成员共有的能够影响其行为方式的价值观、原则、传统和做事方式。在绝大多数组织，这些共有的价值观和惯例会随着时间的推移而演变，并且在很大程度上决定了"事情在这里是如何被完成的"。

我们对组织文化的定义暗示着三件事情。首先，组织文化是一种感知。它不是某件能够被真实地触摸或看见的东西，但是员工能够根据他们在组织内的经历感受到它。其次，组织文化是描述性的。它主要是关于组织成员如何体会和描述文化，而不是关于他们是否喜欢它。最后，即使不同的个体可能拥有不同的背景或在不同的组织级别中工作，他们也会用相似的词语来描述该组织的文化。这是组织文化的共享性。

研究表明，有七个维度可以用来描述一个组织的文化。这些维度（见图表 2—5）可以从低到高变化，这指的是：如果该维度较低，则它在这种文化中并不典型，而如果该维度很高，则在这种文化中非常典型。使用这七个维度可以对一个组织的文化进行全面、综合的描述。在许多组织，某种文化维度被强调的程度往往会超过其他维度，并且从根本上塑造该组织的个性以及组织成员的工作方式。例如，在索尼公司，关注的重点是产品创新（创新和冒险）。该公司全身心地投入到新产品开发中，而且公司员工的工作行为支持这个目标。相反，西南航空公司把员工视为其文化的核心部分（以人为导向）。

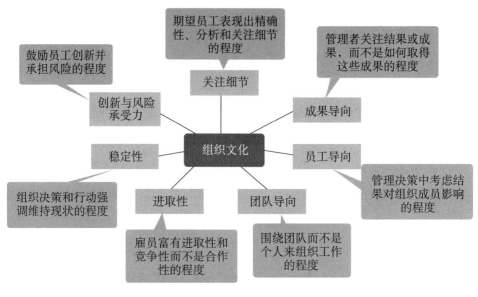

图表 2—5　组织文化的维度

文化如何影响管理者

位于休斯敦的 Apache 公司已经成为独立经营石油钻探的成功典范之一，因为它塑造了一种重视冒险和迅速决策的文化。在招聘时，公司根据应聘者在其他公司完成项目的过程中所体现的首创精神来评价他们。如果公司员工实现了利润和生产目标，他们将会获得丰厚的奖励。因为组织文化会约束管理者能够做什么，不能做什么以及如何进行管理，所以它与管理者是息息相关的。这样的约束很少是显而易见的。它们并没有被写在纸上。甚至很有可能不会听到有人谈论它们。但它们确实存在，而且所有管理者很快就会领悟在该组织中可以做什么和不

可以做什么。例如，你不会发现下列价值观被写在纸上，但是每一条都来自一个
真实的组织。

- 即便你不忙，也要看上去很忙。

- 如果你冒险并因此失败，你将付出惨重的代价。

- 在你作出一项决策之前，要告知你的上司，以免他大惊小怪。

- 我们的产品质量只需达到竞争者迫使我们达到的程度。

- 使我们以前获得成功的因素，将来仍然行之有效。

- 如果你想晋升到最高层，你必须成为一名团队选手。

价值观（例如上面的这些）与管理行为之间的联系是相当直接的。比如，我
们以一种所谓的"先瞄准，后开枪"的文化为例。在这样的组织中，管理者在行
动之前首先会对提出的议案进行没完没了的研究和分析。然而，在一种"先开
枪，再瞄准"的文化中，管理者会首先采取行动，然后对所作所为予以分析。或
者，我们可以说某个组织的文化支持这种理念：可以通过成本削减来提高利润，
每个季度的收入实现缓慢但稳定的增长才符合组织的最佳利益。在这样的文化
中，管理者不太可能采用创新的、冒险的、长期的或者扩张性的计划。如果某个
组织的文化对其成员缺乏一种基本信任，那么管理者更有可能采用一种专断的领
导风格，而不是民主风格。为什么？文化为管理者树立了正确的行为标准。例
如，Banco Santander 公司，其总部位于距离马德里市区 20 公里的地方，该公司
被描述为"风险控制的狂热爱好者"。在该公司，管理者遵守"银行业最乏味的
美德——保守主义和耐心"。不过，正是这些价值观推动着该公司不断发展，从
西班牙的第六大银行成长为欧元区最大的银行。

如图表 2—6 所示，管理者的决策受到他所处的文化的影响。一个组织的文
化，尤其是一种强文化，会影响和约束管理者进行计划、组织、领导和控制的
方式。

计划
- 计划应该包含的风险程度
- 计划应该由个体还是团队来制定
- 管理层对环境考察的程度

组织
- 应该向员工的工作赋予多大的自主权
- 工作任务应该由个体还是团队来完成
- 部门经理彼此联系和互动的程度

领导
- 管理者对提高员工工作满意度的关注程度
- 什么样的领导风格是合适的
- 是否所有的不同意见——即便是建设性的——都应该消除

控制
- 对员工的行为是施加外部控制还是允许员工自我控制
- 在员工绩效评估时应该强调什么标准
- 预算超支将会导致什么后果

图表 2—6 受文化影响的管理决策

回应"管理者困境"

为了保证文化得以延续，它必须与公司的每一个方面都紧密交织。管理者必须生活在这种文化中，而员工必须相信它。捷蓝航空公司面临的最艰巨的挑战是在公司成长过程中驾驭好这种文化。（这里使用"驾驭"这个词，因为一种企业文化是一个有机体，会随着公司一起改变。你不能直接控制它，但是可以引导它的方向。）

● 捷蓝航空需要利用五种核心价值观来继续强化企业文化。这种文化需要在公司每天做的每件事情中付诸实践，包括在备忘录和广告中使用的语言、招聘和晋升程序，以及与顾客的接触，等等。

● 企业文化无法从最高管理层一蹴而就地建立。管理者需要让员工参与整个过程。捷蓝航空应该成立对这种文化予以支持和信任的员工团队，以帮助公司在成长过程中驾驭好企业文化。

管理层需要倾听员工的心声，并且聆听他们在说什么，即便他们不希望听见这些或者并不相信他们所听到的。使用诸如匿名调查、讨论组、建议箱之类的工具来吸引员工。倾听员工的心声将有助于衡量企业文化。

社会责任和道德规范

这是一个极其简单但却可能改变整个世界的创意。如果卖掉一双鞋子，就向一名贫困儿童捐助一双鞋子。这是美国休闲鞋履品牌汤姆布鞋（TOMS Shoes）采取的商业模式。作为哥伦比亚广播公司一档真人秀节目《极速前进》（The A-mazing Race）的参赛者，汤姆布鞋公司的创建者布莱克·麦柯斯基（Blake My-coskie）在 2006 年对阿根廷进行了一次访问，"看到许多没有穿鞋的孩子正在遭受腿脚伤痛的折磨"。想想这些孩子并不愿意光着脚，只是没有钱买鞋。麦柯斯基对这次经历深有感触，以至于他希望为此做些什么。这就是汤姆布鞋公司正在做的事情，把慈善和商业融为一体。（TOMS 这个名字实际上是"更美好的明天"的英文首字母缩写。）一个更美好的明天，这正是麦柯斯基想要为全世界没有鞋穿的儿童所提供的。

该公司捐助的那些鞋子对公司的品牌大获成功具有至关重要的作用，现在，该品牌在青少年中极为流行。到 2010 年初为止，该公司已经捐助了 400 000 双鞋。如果把你放在麦柯斯基的位置上，你觉得如何才能在承担社会责任和追求利润之间达成平衡？

你该怎么做?

管理者（例如布莱克·麦柯斯基）在进行计划、组织、领导和控制时，可能要处理各种复杂的社会责任和道德规范事项，而决定一个组织需要在多大程度上承担社会责任，仅仅是其中的一个例子而已。当管理者进行管理时，这些事项能够并且确实会影响他们的行动。

社会责任

我们把**社会责任**（social responsibility）定义为一个组织在其法律和经济义务之外愿意去做正确的事情并以有益于社会的方式行事的意向。我们的定义赞同一家企业应遵守相关法律并且关注股东利益，但也向企业增添了一种去做正确的事情以使社会变得更好以及不做坏事以避免使社会变得更糟的道德要求。一个具有社会责任感的组织会去做正确的事情，因为它认为自己在伦理道德上有责任这样做。例如，根据我们对社会责任的定义，位于伊利诺伊州格伦维尤市的艾伯特电器公司（Abt Electronics）就可以描述为具有社会责任感的企业。作为美国规模最大的家用电器零售商之一，该公司通过更频繁地关闭照明以及减少空调和暖气的使用来应对高昂的能源成本和严重的环境问题。该公司的一名高管说："这些行为并不仅仅是为了节省成本，而是为了做正确的事情。我们做的每一件事情并不仅仅是为了金钱。"

组织是否应该承担社会责任？看待这个问题的一种方法是考察各种赞成或反对的观点。图表 3—1 简要概述了一些主要观点。

大量研究考察了承担社会责任是否会影响一家公司的经济绩效。虽然绝大多数研究发现这两者之间存在一种微弱的正相关关系，但是却无法得出一般化的结

赞成的观点	反对的观点
公众期望 公众的意见现在支持企业同时追求经济目标和社会目标。	**违背利润最大化原则** 只有当企业追求其经济利益时，才是在承担社会责任。
长期利润 具有社会责任感的企业往往获得更有保障的长期利润。	**淡化使命** 追求社会目标会淡化企业的首要目标，即更经济地从事生产。
道德义务 企业应该承担社会责任，因为实施负责任的行为是企业应该去做的正确的事情。	**成本** 许多有社会责任感的行为都无法补偿其成本，必须有人为此买单。
公众形象 通过追求社会目标，企业可以塑造良好的公众形象。	**权力太多** 企业已经拥有很大的权力，而如果它们追求社会目标，可能就会拥有更多的权力。
更好的环境 企业的参与能够帮助解决社会难题。	**缺乏技能** 企业的领导者缺乏解决社会问题的必要技能。
减少政府管制 通过承担社会责任，企业可以期待较少的政府管制。	**缺乏明确的责任** 企业并不具有实施社会活动的明确的责任。
责任与权力的平衡 企业拥有大量的权力，因此需要承担同等规模的责任来平衡这种权力。	
股东利益 从长期来看，社会责任会提高企业的股票价格。	
占有的资源 企业拥有各种资源，可以向需要帮助的公共项目和慈善事业提供支持。	
预防胜于治疗 企业应该尽早采取措施来解决社会问题，以防微杜渐。	

图表 3—1　一些赞成或反对承担社会责任的观点

论，因为这些研究表明这两者之间的关系受到大量背景因素的影响，例如，公司规模、所处行业、经济状况，以及法律法规的管制环境。另一个问题是因果关系。如果一项研究表明承担社会责任和经济绩效之间是正相关的，那么这种相关关系并不必然意味着承担社会责任将导致更高的经济绩效。这可能仅仅意味着丰厚的利润使公司能够"奢侈地"承担社会责任。我们必须慎之又慎地对待这样的方法论问题。实际上，一项研究发现，如果这些研究中有缺陷的实证分析被"纠正"的话，那么社会责任对一家公司经济绩效的影响是中性的。另一项研究发现，参与和公司那些最主要的利益相关群体无关联的社会事务，与股东价值之间存在负相关关系。对一些研究进行的一项重新分析得出结论，管理者能够（而且应该）承担社会责任。

考察社会责任和经济绩效的另一种方法是通过考察社会责任投资基金（socially responsible investing funds）。这些基金为个体投资者提供了一种途径，使他们可以支持具有社会责任感的公司。（你可以在 www. socialfunds. com 上找到一份社会责任投资基金名单。）通常来说，这些投资基金会使用某种类型的**社会屏障筛选**（social screening）；也就是说，它们会把社会和环境标准应用于投资决策。例如，社会责任投资基金通常不会投资于与酒类、赌博、烟草、核能、武器、价格垄断或欺诈有关联的企业，或者是在产品安全、员工关系、环保记录等方面表现糟糕的企业。实施社会屏障筛选的共同基金，其数量已经从 55 家增加到 260 家，而这些基金持有的资产已经增加到 2.7 万亿美元以上——在美国资产管理公司持有的资产总额中占据大约 11% 的份额。但比这些社会责任投资基金持有的投资总额更重要的是，社会投资论坛（Social Investment Forum）报告说，绝大多数社会责任投资基金取得的绩效与其他类型的基金不分伯仲。

因此，对于社会责任和经济绩效，我们能够得出什么结论？看起来，一家公司实施的社会行动并不会损害它的经济绩效。考虑到承担社会责任的政治和社会压力，管理者极有可能需要在进行计划、组织、领导和控制时认真考虑社会事务和目标。

绿色管理

世界上最大的软饮料制造商可口可乐公司宣布，到 2015 年该公司全部的新型自动贩卖机和冰柜都将不含有氢氟碳化物。单是这项措施对全球碳排放的影响就等同于让 1 100 万辆轿车停止使用 1 年。当费尔蒙连锁酒店（Fairmont Hotel）决定在酒店的房顶建造蜂巢以帮助增加蜜蜂的数量时（在全世界范围内，数以亿计的蜜蜂由于神秘的原因放弃它们的蜂巢并且纷纷死亡），许多人对这项决定议论纷纷。发生的这种蜂群衰竭失调可能会带来灾难性的后果，因为我们的食物有 1/3 来自需要蜜蜂传播花粉的植物。在加拿大多伦多的费尔蒙皇家约克酒店，6 个蜂巢为大约 360 000 只蜜蜂提供了栖身场所，这些蜜蜂在这座城市及附近采集花粉并酿造品质极佳的蜂蜜。2004 年，通用电气公司最高管理层投票否决了公司首席执行官杰夫·伊梅尔特（Jeffrey Immelt）打造绿色企业的计划。然而，伊梅尔特拒绝承认这个投票结果；到了今天，这个称为"绿色创想"（Ecomagination）的计划，是获得最广泛认可的企业绿色计划之一。这项计划产生了 1 亿美元的成本节省，并且使该公司的温室气体排放量降低了 30%。而且，该计划推动了 80 种新产品和服务的开发，而这些产品和服务创造了大约 170 亿美元的年收入。伊梅尔特说："变绿带来的效果要比我之前想象的好 10 倍。"变绿正成为一种潮流。

直到 20 世纪 60 年代后期，才有少数个人和组织关注他们的决策和行动对环境造成的后果。当时，有些群体关注保护自然资源，对与保护环境相关的唯一措施是大量张贴"请勿乱扔纸屑杂物"的标语感到担忧。然而，一系列环境灾害给个体、群体和组织带来了一种新的环保主义精神。越来越多的管理者开始郑重考虑他们的组织对自然环境的影响，我们称之为**绿色管理**（green management）。对于绿色管理，管理者需要知道什么？

管理者和组织能够做许多事情来保护和保持自然环境。有些管理者和组织所做的仅限于法律要求的范围——也就是说，他们履行自己的社会义务。然而，其他许多管理者和组织已经从根本上改变了他们的产品和生产程序。例如，斐泉（Fiji Water）正在使用可再生能源以保护森林和水源。地毯制造商莫霍克工业公司（Mohawk Industries）使用回收的塑料容器来生产纤维，以用于其地毯产品。谷歌和英特尔设法使计算机制造商和消费者采用能够降低能源消耗的技术。总部位于法国巴黎的道达尔公司（TOTAL SA），世界上最大的石油公司之一，通过实施严格的油罐车安全新规定，以及与全球目击者（Global Witness）和绿色和平组织等非政府组织共同合作，使公司走向绿色。联合包裹服务公司，世界上最大的包裹递送公司，也采取了许多措施——从利用更先进的技术和更高效的引擎来改造自己的飞机，到开发一种计算机网络来更有效率地调配运输车队，再到让这些卡车使用替代燃料。虽然很有趣，但是这些例子并没有告诉我们太多关于组织如何走向绿色的信息。一种模式是使用不同的绿色深度（shades of green）来描述组织可能采用的各种环境方法（见图表 3—2）。

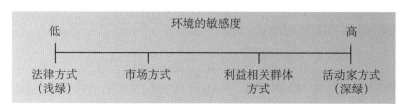

图表 3—2　走向绿色的方式

第一种是法律（浅绿）方式，指的是仅仅去做法律要求的事情。这种方式体现的是社会义务；按照这种方式，组织表现出很低的环境敏感度。它们遵守相关的法律、法规及政策，没有卷入法律诉讼，这就是它们变绿的程度。

随着一个组织变得对环境事项更加敏感，它可能会采用市场方式，对顾客的环境偏好作出响应。无论顾客需要什么样的环境友好型产品，组织都会为他们提供。例如，杜邦公司开发了一种新型除草剂，这种产品已经帮助全世界的农民每年减少使用超过 4 500 万磅的化学物质。通过开发这种产品，该公司对那些希望尽量少地对农作物使用化学物质的顾客（农民）的需求作出了响应。这个例子很好地诠释了社会响应。

第三种是利益相关群体方式，即一个组织设法满足多个利益相关群体（例如公司员工、供应商以及社区）的环境要求。例如，惠普公司为自己的供应链（供应商）、产品设计和产品回收（顾客和社会）以及业务运营（员工和社区）实施了一系列环境计划。

最后，如果一个组织追求一种活动家（深绿）方式，那么它会寻求各种方法来保护地球的自然资源。活动家方式反映了最高程度的环境敏感度，并且很好地诠释了社会责任。例如，一家比利时公司 Ecover 在一家几乎零排放的工厂中生产生态环保型清洁用品。该工厂（世界上第一家生态工厂）是一个工程奇迹：它的房顶是一个巨大的草坪，能够实现冬暖夏凉的效果；它还拥有一个以风能和太阳能为能源的水处理系统。这家公司之所以选择建造这样一个工厂，是因为该公司对环境保护的强烈承诺。

鼓励有道德的行为

在对华尔街公司高盛集团在房贷市场崩溃期间欺骗客户的指控进行调查的一

次美国国会听证会上，亚利桑那州参议员约翰·麦凯恩（John McCain）说道："我并不知道高盛集团是否从事过任何非法的行为，但毫无疑问，他们的行为是不道德的。"你肯定会好奇该公司的管理者作出这些在道德方面有问题的决策和行动时到底在思考什么或者做什么。

如果管理者采取一种严肃的态度来鼓励有道德的行为，那么他们有许多事情可以做：雇用具有高道德标准的员工，树立道德准则，以身作则，等等。这样的行为本身并不会产生多大的影响。但如果一个组织有一项综合的道德计划正在发挥效力，它就可能改善该组织的道德氛围。不过，这里的关键变量是"可能"。也就是说，并不能够保证一项精心设计的道德计划必然会带来预期的效果。有时，公司的道德计划几乎就是公共关系方面的装模作样，无法对管理者和员工产生什么影响。例如，零售业巨头西尔斯公司长期以来都通过它的商业行为和道德办公室不断鼓励有道德的商业行为。然而，该公司的各项道德计划并没有防止管理者试图非法向那些破产的赊账用户收取款项，或者防止管理者习惯性地欺骗汽车服务中心的顾客，使顾客认为自己需要那些毫无必要的修理。安然公司，常常被称为企业不道德行为的"完美典范"，也在其最后的年度报告中概述了那些通常被认为品德高尚的价值观：沟通、尊重、正直和卓越。然而，该公司高层管理者的行事方式根本就没有体现这些价值观。让我们来看看管理者可以用来鼓励有道德的行为和制定综合的道德计划的一些具体方法。

员工甄选

甄选程序（面试、测验、背景审查，等等）应该被视为一个可以详细了解员工的道德发展水平、个人价值观、自我强度以及控制点的大好机会。然而，一个精心设计的甄选程序并不是万无一失的，即便在最好的情况下，是非对错标准有问题的个体也可能会被雇用。不过，如果其他的道德控制措施发挥成效的话，这个问题可以克服。

道德准则和决策规则

位于美国康涅狄格州哈特福德市的联合科技公司（United Technologies Cor-poration）的前任首席执行官和总裁乔治·大卫（George David）相信道德准则的力量。这也解释了为何该公司始终具有一套明确、详尽的道德准则。员工了解公司对他们的行为期望，尤其是涉及道德事项时。瑞银集团（瑞士的一家银行）的首席执行官郭儒博（Oswald Grübel）制定了一项明确的员工准则，禁止该集团的员工帮助客户在税收方面造假。不过，并不是所有的组织都具有这样明确的道德指南。

对是非对错的不确定是员工面临的一个棘手问题。**道德准则**（code of eth-ics），即一个组织对要求其员工遵循的价值观和道德规定的正式声明，是减少这种不确定性的一种普遍选择。研究表明，97％的员工数量超过 10 000 名的组织都具有一套书面的道德准则。即便是规模更小的组织，也有将近 93％具有书面的道德准则。道德准则在全球范围内越来越流行。全球道德研究所（Institute for Global Ethics）的研究表明，诸如诚实、公正、尊重、责任和关爱之类的共享价值观已经在很大程度上受到全球的认可。此外，对 22 个国家的企业进行的一项调查发现，78％的企业已经正式地制定道德标准和道德准则；超过 85％的《财富》全球 200 强企业具有一套商业道德准则。

一套道德准则看起来应该是什么样？它应当是足够具体的，以向员工表明他们应该怎样工作；然而，它又应当是足够宽松的，允许员工有判断的空间。对企业的道德准则进行的一项调查发现，道德准则的内容往往可以归入三个范畴，如

图表 3—3 所示。

类型 1　成为可靠的组织公民

1. 遵守安全、健康和保障法规。

2. 表现出礼貌、尊重、诚实和公正。

3. 禁止在工作中使用毒品和酒精饮料。

4. 妥善管理个人的财务状况。

5. 表现出良好的出勤率和准时性。

6. 遵循上级指示。

7. 不滥用言语。

8. 遵守公司着装规定。

9. 禁止上班时携带武器。

类型 2　不从事任何会损害组织的非法或不当行为

1. 合法经营。

2. 禁止为非法目的提供款项。

3. 禁止行贿。

4. 避免有损工作职责的外界活动。

5. 保守商业机密。

6. 遵守所有的贸易和反垄断法规。

7. 遵守所有的会计规定和控制。

8. 不使用公司财产谋取私利。

9. 员工对公司财产负有个人责任。

10. 不发布虚假或误导性的信息。

11. 决策时不谋私利。

类型 3　善待顾客

1. 在产品广告中传达真实信息。

2. 尽最大能力来履行所分配的任务。

3. 提供最优质的产品和服务。

图表 3—3　道德准则

资料来源：F. R. David，"An Empirical Study of Codes of Business Ethics：A Strategic Perspective," paper presented at the 48th Annual Academy of Management Conference，Anaheim，California，August 1988. 资料的使用获得了作者同意。

遗憾的是，道德准则发挥的效果并不如我们想象的那样好。对美国企业的员工进行的一项调查发现，在被调查的对象中，有49％的人在过去12个月中看到过违反道德准则或法律法规的行为，其中包括利益冲突、虐待或恐吓行为、向员工撒谎等。而这些员工当中，有37％的人不会报告他们观察到的不当行为。这是否意味着不应该制定道德准则？当然不是。不过，在这样做时，管理者应该采纳以下建议：

1. 组织的领导者应该为正确的行为树立榜样，并且奖赏那些有道德地行事的员工。

2. 所有管理者都应该一如既往地重申道德准则的重要性，并且以始终一致的方式对那些违反道德准则的人员实施纪律处分。

3. 在制定或改进道德准则时，应该考虑该组织的利益相关群体（员工、顾客，等等）。

4. 管理者应该定期交流和强化道德准则。

5. 管理者应该使用五步骤方法（见图表3—4）来指导员工在面临道德困境时如何行事。

步骤1：面临的道德困境是什么？
步骤2：受影响的利益相关群体是谁？
步骤3：有哪些个人因素、组织因素和外部因素对该项决策很重要？
步骤4：有哪些可能的替代办法？
步骤5：我的决策是什么以及如何实施该决策？

图表3—4　用来解决道德困境的一种方法

领导

2007年，彼得·罗旭德（Peter Löscher）被聘为西门子公司首席执行官，以"洗刷"该公司的一则全球行贿丑闻。这则丑闻使公司支付了创纪录的 13.4 亿美元罚金。罗旭德采用的方法是："坚持自己的原则。具有一个明确的道德指南。成为值得信任的人，并且成为公司的榜样和表率……真正的领导者具有一套核心价值观，无论面临的情况是好是坏，他们都会公开地坚持这些价值观。"有道德地做生意要求高层管理者以身作则。为什么？因为是由他们树立共享价值观和确定文化基调。他们在言行举止方面是员工的榜样和表率；当然，他们的行为比言语重要得多。例如，如果高层管理者把公司的资源用于私人用途，虚夸他们的费用支出，或者向朋友们提供优待，这就等于向员工暗示这样的行为是可接受的。

高层管理者还通过他们的奖惩行为来为公司确定基调。选择什么人和什么事来给予加薪和晋升的奖励，这会向员工发送一种强烈的信号。如同我们先前说过的那样，当某个员工以一种在道德方面有问题的方式实现突出的成绩并因此获得奖励时，这就等于向其他人表示这样的方式是可接受的。当某个员工做某件不道德的事情时，管理者必须处罚这种不当行为，并且让组织中的每个成员都了解处罚结果，以公布事实真相。这种行为会传达这样的信息：做错事要付出代价，以不道德的方式行事并不符合员工的最佳利益。

工作目标和绩效评估

美国国税局三个部门的一些员工被发现在厕所把纳税申报单和其他相关文件冲到坐便器里。当被质问时，他们很坦率地承认了这种行为，但是为这种行为提供了一种有趣的解释。这些员工的上司一直向他们施加压力，让他们在更短时间内完成更多工作。他们被告知，如果成堆的纳税申报单没有迅速处理完毕并从他们的桌子上搬走，那么他们的绩效评估和加薪将会受到严重影响。由于缺少资源，而计算机系统又负荷过重，于是这些员工决定把他们办公桌上的文书材料"冲走"。虽然他们知道这样做是错误的，但是这个例子生动地诠释了不切实际的工作目标和绩效评估能够产生多大的影响。由于不切实际的目标导致的压力，原本有道德的员工可能会觉得他们别无选择，只能采取任何必要的措施来实现这些目标。而且，目标的实现程度通常是绩效评估的核心内容。如果绩效评估体系仅仅关注经济目标，就会导致结果证明手段的正当性。为了鼓励有道德的行为，结果和手段都应该接受评估。例如，管理者对员工的年度评估可能会包括逐项评估该员工的决策符合公司道德准则的程度，以及工作目标实现的程度。

道德培训

越来越多的组织正在设立研讨小组、专题讨论会以及类似的道德培训计划，以鼓励有道德的行为。对于这样的培训计划并不是没有争议，主要争议在于道德是否能够被教导。批评者强调这种努力毫无意义，因为人们在年轻时就已经树立了他们的个人价值观体系。然而，支持者认为，有许多研究表明在童年之后还可以通过学习来获得价值观。此外，他们引用的证据表明：教导有道德地解决问题的能力能够使行为的道德层面发生实质性的变化；道德培训提高了个体的道德发展水平；即便没有任何其他效果，道德培训也增强了员工对商业道德事项的认识。

道德怎样被教导呢？让我们看一下全球国防工业承包商洛克希德·马丁公司是怎么做的。洛克希德·马丁公司是率先在道德培训中使用案例方法的几家公司之一。该公司的员工每年都参加管理者提供的道德培训课程。这些短期课程的重点是"精心挑选的、与各部门或具体工作事项息息相关的"、发生在洛克希德·马丁公司的具体案例场景。在该公司的每一个部门中，员工团队回顾并讨论这些案例，然后运用一种"道德标尺"来"评判这些现实生活中的决策是有道德的、不道德的还是介乎两者之间"。例如，道德标尺上可能出现的一个评判是"如履薄冰"，它被解释为"行为接近不道德的界限，应当竖红色旗帜以示警告"。在员工团队作出他们的评判之后，管理者会带领员工讨论这些评价，并且检查"这些案例应用或忽略了公司的哪些核心道德原则"。除道德培训之外，洛克希德·马丁公司还拥有一套书面的、广泛应用的道德准则，一部为员工的道德事项提供指导的道德热线电话，以及在公司各业务部门设立的道德官员。

独立的社会审计

害怕被发现的心理是制止不道德行为的一项重要因素。独立的社会审计会根据被审计组织的道德准则来评估该组织的决策和管理活动，从而提高不道德行为被发现的可能性。这种审计可以是定期的常规评估，也可以是没有预先通知的随机审查。一项有效的道德计划也许需要这两者兼备。为了保证自己的公正性，审计员应该对被审计公司的董事会负责，并且把他们的审计结果直接呈交给董事会。这种安排向审计员赋予了一种权限，并能够减少被审计者对审计员施加报复的机会。因为《萨班斯-奥克斯利法案》（Sarbanes-Oxley Act）要求公司对财务信息披露和公司治理实施更严格的标准，所以越来越多的公司发现独立的社会审计颇受追捧。如同《商业道德》（*Business Ethics*）杂志的发行人所阐述的那样："争论已经从是否应该有道德转变为如何变得有道德。"

保护机制

面临道德困境的员工需要保护机制，这样他们才能做出正确的选择而不用害怕遭受惩戒。一个组织可以为面临某个道德困境的员工指派道德顾问。这些顾问可能会倡导在道德上"正确"的替代方案。其他许多组织委任道德官员，由他们在必要时设计、领导和调整该组织的道德计划。道德纠察员协会（Ethics and Compliance Officer Association）是世界上规模最大的道德纠察人员团体，拥有的成员数量达到 1 100 名（其中包括一半以上的《财富》100 强企业），而且涵盖了美国、德国、印度、日本和加拿大等许多国家。

回应"管理者困境"

汤姆布鞋公司正在实施伟大的慈善和仁爱行动。它面临的挑战是在继续从事有益的人道主义工作时使公司保持盈利。为了承担那些捐赠的鞋子的费用，该公司的产品定价在某种程度上要高于其竞争者的产品价格。于是，问题就变成了消费者在得知自己正在帮助地球另一端的某个人时愿意为一双鞋子多支付多少钱。多支付 10％？或者 20％？

这个问题的答案取决于该公司所服务的市场。当然，一个具有全球意识的人愿意支付更高的价格。因此，该公司应该把自己的营销和宣传努力直接对准这个市场领域。当然，重点必须是向消费者传达把鞋子送给南美地区的重要意义以及这种慷慨行为会带来的良好效果。

变革管理与创新管理

管理者困境

经过 29 年的飞行，美国国家航空航天局（NASA）的航天飞机计划预计在 2010 年结束。在这个时间跨度内，我们见证了高潮和低潮，欢乐和悲伤。取消这样一个具有显著影响力的计划，必然会给航空航天局的管理者和员工带来重大变革。

管理者必须面对的一个变化是航空航天局如何改变结构以使太空计划重获活力——这个计划并不是他们自己做出的决策。因为航空航天局是一个政府机构，所以是由立法者来做出这个决策。美国国会希望继续航空航天局现有的太空探索计划"星座计划"（Constellation）。但是美国总统认为该计划具有缺陷，而且成本过于高昂，因此希望使用私人企业，直到航空航天局能够开发出更先进的太空交通工具。美国作为太空探索领域的领导者，作为载人登月成功的唯一国家，这些事实现在都受到了挑战。然而，这不仅仅关乎国家的荣誉。"失去在太空领域的领导地位将会给国家安全和工业发展带来严重后果。"

航空航天局的管理者面临的最重要的变化是：当该机构的太空探索计划的未来饱受争议并最终得以决定时，他们如何对待训练有素、技能高超的员工队伍。在这次变革期间，他们将如何使员工把重心放在工作上？

你该怎么做？

当鼓励本机构所有员工在前景不明朗的情况下继续努力创新时，美国航空航天局的领导者面临这些管理挑战并不稀奇。大公司和小公司，大学和学院，州政府和市政府，甚至包括军队，都被迫进行创新。虽然创新自古以来就是管理者工作的一部分，但是近年来它变得更加重要了。我们在本章将阐述创新为何如此重要以及管理者如何能够管理创新。因为创新常常与一个组织的变革努力紧密相连，所以我们会首先考察变革以及管理者如何管理变革。

组织变革

Verizon Wireless 公司的管理者对变革颇有心得。"即便是处于一个始终面临快速变化的行业，也必须是与众不同的公司才能够应付知识更新和大量新产品上市所带来的挑战。"Verizon Wireless 公司随时准备迎接这些挑战，并把自己的变革努力聚焦于本公司的员工和过程。

什么是组织变革？

在某个时间点上，绝大多数管理者需要改变工作场所中的某些事情。我们把这些改变划分为**组织变革**（organizational change），即人员、结构或技术的任何变动。组织变革往往需要某个人来充当某种催化剂并且承担对变革过程实施管理的责任。这样的"某个人"就是一位**变革推动者**（change agent）。变革推动者可以是组织内的某位管理者，也可以不是管理者——例如，来自人力资源管理部门的变革专家，甚至是擅长实施变革的外部咨询顾问。如果是重大变革，组织往往会雇用外部的咨询顾问来提供建议和帮助。因为他们来自组织外部，所以他们具备一种组织内部成员可能缺乏的客观视角。但是，外部咨询顾问对该组织的历史、文化、人员和运营程序了解有限。此外，与组织内部成员相比，他们更有可能发动剧烈的变革，因为他们并不需要承担变革实施的后果。与此相反，组织内部的管理者可能会更加深思熟虑，但也有可能过于谨慎，因为他们必须承受其决策造成的影响。

变革的类型

管理者面临三种主要的变革类型：结构、技术，以及人员（见图表 4—1）。结构变革包括组织结构变量（例如职权关系、协调机制、员工授权，或者职位设计）的任何变化。技术变革包括完成工作的方法及所采用的手段和设备的改变。人员变革指的是个体或群体的态度、期望、认知和行为的改变。

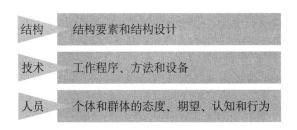

结构　结构要素和结构设计

技术　工作程序、方法和设备

人员　个体和群体的态度、期望、认知和行为

图表 4—1　三种变革类型

结构变革　外部环境或组织战略的改变常常会导致组织结构的变化。因为组织的结构是由如何以及谁来完成工作任务所定义的，所以管理者可以改变这些结构要素中的其中一项或者全部两项。例如，不同部门的职责可以合并，组织层级可以撤销，一位管理者管辖的员工数量可以增加。可以实施更多的规定和程序以提高标准化程度。或者，可以向员工授予决策权以使决策能够更快制定。

另一个选择方案是对实际的结构设计作出重大改变。例如，当惠普公司收购康柏电脑公司时，公司对自己的结构设计进行了调整，撤销、合并或者扩张了许多产品部门。结构设计变革还可能包括（例如）从职能型结构转变为产品事业部型结构，或者创建一种项目型结构。例如，艾利丹尼森公司（Avery-Dennis Corporation）就把自己的结构设计更改为围绕团队来安排工作。

技术变革 管理者也可以改变组织用来把输入转化为产出的技术。绝大多数早期的管理研究都是考察技术变革。例如，科学管理方法就包括实施那些能够提高生产效率的技术变革。今天，技术变革通常包括：引进新的设备、工具或方法；自动化；计算机化。

一个行业中的竞争或者新的发明创造往往要求管理者引进新的设备、工具或者操作方法。例如，新南威尔士的煤矿企业更新了采煤方法，安装了更有效率的采煤设备，并且改变了工作方法，以提高生产率。

自动化指的是在某些工作任务中以机械取代人力的一种技术变化。自动化在使用邮件自动分拣装备的美国邮政服务公司等许多组织被采用；此外，在采用程控机器人取代人工的汽车装配流水线上也获得广泛使用。

最明显的技术变革来自计算机化。绝大多数组织都拥有复杂的信息系统。例如，超市和其他零售商都使用能够提供即时库存信息的条形码。此外，绝大多数办公室都是计算机化的。例如，在英国石油公司，由于实施了一个覆盖整个企业的信息系统，员工必须学会处理由此导致的个人曝光及问责。这个信息系统的综合意义在于任何员工在自己电脑上的操作会自动影响公司内部局域网上的其他电脑系统。再以贝纳通集团为例，它应用计算机把位于意大利特雷维索之外的各家制造工厂与本公司的销售终端及一个高度自动化的仓库连接起来。现在，产品信息能够即时传送和分享，这是今天的环境中一个真正的进步。

人员变革 人员变革指的是改变态度、期望、认知和行为。这些并不是很容易就改变的。**组织发展**（organizational development，OD）是一个专门术语，用

来描述那些聚焦于组织的成员及工作中人际关系的性质和质量的变革方式。图表
4—2 描述了最流行的组织发展技巧。每一种技巧都力图使组织中的人员发生变
化并使他们在工作中更好地合作。例如，丰业银行（Scotiabank）（加拿大的五大
银行之一）的高管知道，一种新的客户销售和服务战略能否成功取决于公司员工
态度和行为的改变。在这次战略变革期间，该公司的管理者使用了各种不同的组
织发展技巧，其中包括团队建设、调查反馈，以及群体间关系的开发。用来衡量
这些技巧在多大程度上使公司成员发生改变的一个指标是，加拿大国内的每个分
部是否都按时或提前完成这个新战略的实施。

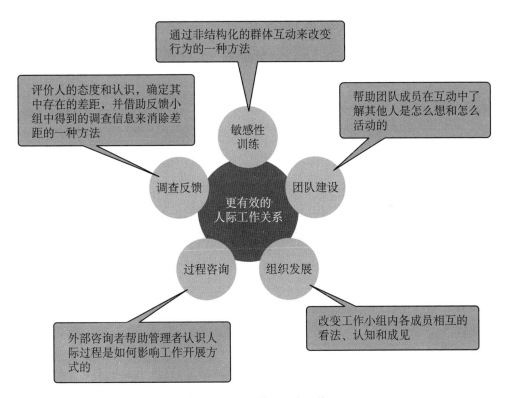

图表 4—2　流行的组织发展技巧

我们所知道的大多数组织发展行为都来自北美的研究。不过，管理者需要认识到，有些在美国组织中成效显著的组织发展技巧可能并不适合其他国家和地区的组织或者美国组织在其他国家和地区的分部。例如，一项对组织发展影响因素的研究表明，"在美国行之有效的多评估者（调查）反馈，在中国台湾却不受欢迎"，因为"保留面子这种文化价值观要比从下属那里获得有价值的反馈更加重要"。管理者可以从中学到什么经验？在使用相同的组织发展技巧来实施行为变革之前，尤其在面对不同的国家和地区时，管理者需要确保自己已经考虑到不同的文化特征以及这些技巧是否"符合当地文化"。

管理变革阻力

我们都知道健康的饮食和积极的运动对我们更好，然而很少有人遵循这个建议。我们抵制生活方式的变动。大众汽车公司瑞典分公司和一家广告公司 DDB Stockholm 做了一次试验，以探究它们是否能够使人们改变自己的行为并采取一种更健康的方式，即选择走楼梯而不是乘电梯。如何来做这个试验？它们把一架播放音乐的电子钢琴放在斯德哥尔摩一个地铁站的楼梯上，以观察过往行人是否能够发现它（你可以在 YouTube 网站上看到这个试验的相关视频）。该试验获得了显著的成功，选择走楼梯的人数增加了 66%。由此得出的经验是：如果你使变革显得有吸引力，那么人们就会变革。

对于组织中的成员来说，变革可能会成为一种威胁。组织可能会形成某种惯性，它鼓励人们反对改变现状，即便变革可能会带来利益。人们为什么会抵制变革？如何使这种抵制最小化？

人们为何抵制变革？

绝大多数人都厌恶不能给他们自己带来利益的变革。对变革的抵制是证据确凿的。人们为何抵制变革？最主要的原因包括：不确定性、习惯、对个人得失的担心，以及认为变革并不符合组织最佳利益的观点。

变革会用不确定性取代已知。无论你多么不喜欢上大学念书，但至少你知道自己要做些什么。当你离开大学、走进职场时，你将用未知交换已知。组织中的员工同样面临类似的不确定性。例如，当基于统计模型的质量控制方法被引入制造厂时，许多质量控制检验员必须学会新的方法。某些检验员担心自己无法学会新方法，从而可能对变革产生一种消极态度，或者在工厂要求他们使用新方法时表现糟糕。

抵制变革的另一个原因是我们根据习惯来做事情。如果你和绝大多数人一样，那么每天你上学或上班时很有可能走同一条路线。我们每个人都有自己的习惯。生活已经很复杂——我们不希望为每天作出的数百个决策去考虑所有的备选方案。为了应付这种复杂性，我们依赖于习惯或程序化的反应。但是当面临变革时，我们想以习惯性的方式作出应对的本能倾向会成为抵制变革的一种阻力来源。

抵制变革的第三种原因是担心会失去已有的某种东西。变革威胁到人们已作出的投资。人们在现有体系中投资越多，就越会抵制变革。为什么？他们担心失去地位、金钱、权力、友谊、个人便利，或者他们重视的其他经济利益。这种担心帮助解释了为什么年龄较大的员工往往比年轻员工更加抵制变革。前者通常对现有体系投资更多，因而变革会导致他们失去更多。

抵制变革的最后一个原因是认为变革与组织的目标和利益不兼容的观点。例如，如果某位员工认为所提出的新工作程序将会降低产品质量，他就有可能抵制该项变革。如果能够以一种建设性的方式来表达，这种类型的抵制实际上可以使组织获益。

用来减少变革阻力的方法

当管理者发现变革阻力影响到组织的正常功能时，他们会做些什么？有几种策略可以用来应对变革阻力。这些方法包括：教育和沟通；参与；促进和支持；谈判；操纵和招揽；强制。图表 4—3 对这些策略进行了具体描述，我们在这里只作简要概述。管理者应该把这些策略视为工具，并且根据变革阻力的类型和来源采取最合适的策略。

策略	何时使用	优势	劣势
教育和沟通	当抵制是由于错误信息的误导时	澄清误解	当缺乏相互信任和可信度时，可能无济于事
参与	当抵制者拥有能够为组织作出贡献的专业特长时	提高参与度和认可	耗费时间；有可能导致糟糕的解决方案
促进和支持	当抵制者是出于担忧或焦虑时	能够促进必需的调整	花费大；无法保证成功
谈判	当抵制来自某个强大的群体时	能够"购买"认可和承诺	有可能成本高昂；使其他人也能够对组织施加压力
操纵和招揽	当需要某个强大的群体认可或支持时	以一种成本低廉的、容易的方式获取支持	可能会产生适得其反的后果，从而导致变革推动者失去可信度
强制	当需要某个强大的群体认可和支持时	以一种成本低廉的、容易的方式获取支持	可能是非法的；可能会破坏变革推动者的可信度

图表 4—3　用来减少变革阻力的策略

教育和沟通可以通过帮助员工看到变革努力的逻辑性来减少变革阻力。当然，这种方法假设大部分变革阻力源自错误信息或缺乏沟通。

　　参与指的是让所提议的变革直接影响到的个体参与决策过程。这些个体的参与能够使他们表达自己的感受，提高决策过程的质量，并且增强员工对最终决策的认同。

　　促进和支持指的是帮助员工应对变革努力给他们带来的担忧和焦虑。这种帮助可以包括员工咨询、治疗、新技能培训，或者短期的带薪休假。

　　谈判指的是用某个有价值的事物换取一份协议以减少变革阻力。当变革阻力来自某个强大的群体时，这种减少抵制的方法可能是相当有用的。

　　操纵和招揽指的是尝试以各种隐蔽的方式或手段来影响其他人对变革的看法。这种方法可能包括歪曲事实以使变革显得更有吸引力。

　　强制也可以用来应对变革阻力。强制包括对抵制者施加直接的威胁或武力。

激发创新

　　"创新是继续获得成功的关键所在。""我们在今天创新以保障未来。"这两句话（第一句话出自万事达新任首席执行官彭安杰（Ajay Banga），而第二句话出自施乐创新集团的首席技术官索菲·范德布鲁克（Sophie Vandebroek））反映了创新对组织是何等重要。在今天，企业的成功需要创新。在动态、混沌的全球竞争环境中，企业要想成功地竞争，就必须创造新的产品和服务并且采用先进的技术。

　　当你考虑成功的创新者时，哪些公司会出现在你的脑海中？也许是拥有iPad，iPhone，iPod 以及一系列电脑产品的苹果公司。也许是持续改进网络平台的谷歌公司。谷歌就是一个生动的例子，它形象地展示了更快、更新的创新面貌。该公司时刻运行着 50～200 项面向用户的在线研究实验。有一次，谷歌公司向被选中的用户询问他们希望在一个电脑屏幕上看到多少条搜索结果。用户的回答是多多益善。于是谷歌公司开展了一项实验，把每个电脑屏幕上的搜索结果数量增加 2 倍以达到 30 条。实验结果：这项建议被拒绝了，因为"用户需要花1/3秒来等待电脑屏幕显示搜索结果，这是一个看起来没有什么显著意义但却让许多用户感到不爽的延迟"。谷歌公司还尝试了其他新方式，但很快发现这并不是它想要追求的。即便是宝洁公司，全球日用消费品行业的巨擘，也正在"对广大用户的观念和想法进行在线调查，这节省了大量的时间和金钱"，该公司负责全球消费者和市场知识的主管如是说。（图表 4—4 列举了媒体评选出来的最具创新性的公司。）这些创新冠军获得成功的奥秘何在？为了使自己的组织变得更有创新性，管理者能做什么？在本章接下来的内容中，当讨论创新背后的因素时，我们将试着回答这些问题。

《快速公司》杂志评选的 10 强名单	《彭博商业周刊》杂志评选的 10 强名单
Facebook 公司	苹果公司
亚马逊公司	谷歌公司
苹果公司	微软公司
谷歌公司	IBM 公司
华为公司	丰田汽车公司
First Solar 公司	亚马逊公司
Pacific Gas & Electric 公司	LG 集团
诺华公司	比亚迪公司
沃尔玛公司	通用电气公司
惠普公司	索尼公司

图表 4—4　世界上最具创新性的公司

资料来源：Fast Company Staff，"The World's 50 Most Innovative Companies," *Fast Company*，March 2010，pp. 52；and M. Arndt and B. Einhorn，"The 50 Most Innovative Companies," *Bloomberg Business Week*，April 25，pp. 34-40.

创造力 vs. 创新

创造力（creativity）指的是以某种独特的方式综合各种思想或者在两种思想

之间建立独特联系的能力。一个有创造力的组织会开发独特的工作方式或新颖的问题解决方案。但是，仅有创造力本身是不够的。创造过程得出的结果需要转化为有用的产品或工作方法，这就是**创新**（innovation）。因此，创新型组织的特征是它把创造力转化为有用结果的能力。当管理者谈到对组织实施变革以使其变得更有创造力时，他们通常指的是他们想要激发和培育创新。

激发和培育创新

系统模型可以帮助我们更好地理解组织如何变得更加创新。获得合意的产出（创新的产品和工作方法）涉及输入的转化。这些输入包括组织中有创造力的人员和群体。但是仅仅具备有创造力的人员并不够，还需要有正确的环境来把这些输入转化为创新的产品或工作方法。这种"正确的"环境——也就是说，一种能够激发创新的环境——包括三种变量：组织的结构、文化，以及人力资源（见图表 4—5）。

结构变量　当卡罗尔·巴茨（Karol Bartz）加入雅虎公司担任首席执行官后，她最早注意到的事情之一就是该公司的结构如何妨碍了创新。在该公司，想要尝试不同事物或方法的员工不能确定自己是否可以自主决定，或者需要由其他人来决定，也不确定自己如果尝试的话将会面对什么情况。巴茨的理念是"当你提出并实施这个创意时，显而易见是由你来负责并努力实现它"。今天，雅虎公司的结构历经变革，以使该公司能够提供更清晰明确的职责划分和决策自由。

组织的结构能够对创新性产生重大影响。关于结构变量对创新之影响的研究指出了以下五点。第一，一种有机的结构会对创新产生积极影响。因为这种结构的正规化、集权化和工作专门化程度较低，所以它可以促进组织的灵活性和创意共享，这对创新具有至关重要的意义。第二，拥有丰富的资源可以为创新提供另

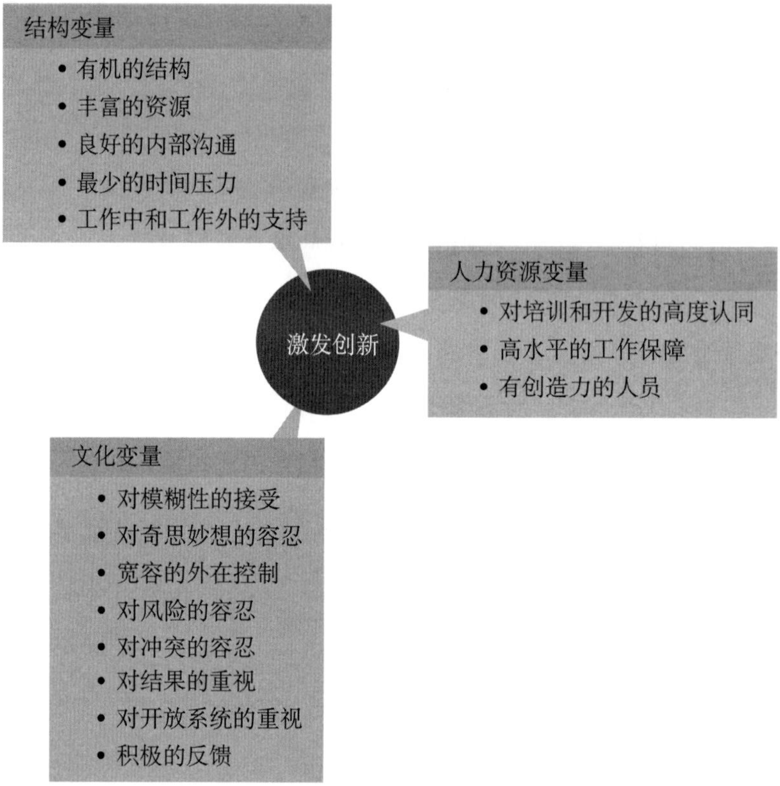

结构变量
- 有机的结构
- 丰富的资源
- 良好的内部沟通
- 最少的时间压力
- 工作中和工作外的支持

激发创新

人力资源变量
- 对培训和开发的高度认同
- 高水平的工作保障
- 有创造力的人员

文化变量
- 对模糊性的接受
- 对奇思妙想的容忍
- 宽容的外在控制
- 对风险的容忍
- 对冲突的容忍
- 对结果的重视
- 对开放系统的重视
- 积极的反馈

图表 4—5　创新变量

一块重要的基石。只有当组织拥有充足的资源，管理者才有财力购买创新成果，承担追求创新的成本，并且能够消化失败。例如，Smart Balance 公司是一家心脏健康食品开发商，它以这种方式来有效率地利用自己的资源：聚焦于产品研发，而把包括制造、物流和销售在内的几乎所有其他事务都外包出去。该公司的首席执行官说，这种方法使他们能够成为"一个相当具有侵略性的创新者"，即便是在经济衰退时期。第三，各部门间频繁、密切的沟通有助于排除各种影响创新的障碍。跨职能部门的团队、特别任务小组以及诸如此类的组织设计有助于促进不同部门间的交流和互动，因而在创新型组织中获得广泛使用。例如，邮政服务解决方案供应商必能宝公司（Pitney Bowes）使用了一种被称为 Idea Net 的电子会议室，该公司35 000多名员工可以通过这个平台密切协作，并且对他们认为有助于创造新收入来源、提高盈利能力或为顾客增加新价值的任何观点和创意提供评论和投入。Idea Net 不只是一个电子建议信箱或公开论坛；员工还可以在这里对具体的创意进行"华山论剑"。最近的一次"论剑"涉及如何把本公司的邮件服务业务扩展到新的领域。很多职能部门和营业单位中数以百计的员工纷纷对此献计献策，因此形成了 8 项有前途的创意。第四，创新型组织会尽量减少对创新活动的时间压力，虽然激流险滩型的环境会导致这方面的压力。尽管时间压力可能会刺激人们更辛勤地工作，并且使他们感觉自己更有创造力，但是研究表明，它实际上会导致员工的创造力下降。实际上，谷歌公司、3M 公司和惠普公司等都要求其研究人员把每周的一部分工作时间用于他们自己发起的研究项目，即便这些项目不属于该研究人员的工作专长领域。第五，研究表明，当组织的结构直截了当地支持创造力时，员工的创造力会得到更好的发挥。组织提供的有益支持包括鼓励、开放的沟通、乐意倾听和有用的反馈等。

文化变量　"抛兔宝宝"是美泰玩具公司（Mattel）一个产品开发团队使用的一种隐语的组成部分。它指的是一堂杂要课，团队成员在这里学习如何循环抛接两个球和一个胖嘟嘟的兔宝宝。绝大多数人轻易地学会了连续抛接两个球，但是却无法顺利地把第三个物体抛出去。创造力，就像抛接物体一样，是要学会放开——也就是说，"抛兔宝宝"。对于美泰玩具公司来说，拥有一种鼓励员工"抛兔宝宝"的文化对该公司持续的产品创新具有至关重要的作用。

创新型组织往往具有类似的文化。它们鼓励试验，奖励成功和失败，并且赞赏失败。一家创新型组织很可能具有以下特征：

- 接受模糊性。过于强调目的性和具体性会限制创造力。

- 容忍奇思妙想。组织不限制员工对"如果……那么……"问题作出天马行空甚至愚蠢的回答。最初看起来不切实际的想法可能会带来创新的解决方案。

● 尽量减少外在控制。规章制度和类似的组织控制保持在最低程度。

● 容忍风险。企业鼓励员工进行试验而无须担心失败的后果。错误被视为学习的机会。你不希望你的员工害怕尝试新的创意。近期的一项研究发现，员工可能会有的一种担忧是，如果他们努力提出更好的做事方法，同事可能会对他们持负面看法。另一种担忧是他们会"激怒那些对现状感到满意的人"。在一种鼓励创新的文化中，这样的担忧不足挂齿。

● 容忍冲突。观点和意见的多样性是被鼓励的。个体间或部门间的和谐与一致并不被视为高绩效的证据。

● 强调结果甚于手段。组织提出清晰、明确的目标，鼓励员工考虑各种可行的途径来实现目标。强调结果意味着任何既定的问题都可能存在几种正确的答案。

● 强调开放系统。管理者严密地监测环境并及时应对环境变化。例如，在星巴克公司，产品开发依赖于"现场考察顾客和发展趋势所激发的灵感"。米歇尔·加斯（Michelle Gass）现在是该公司负责全球战略的资深副总裁，"她把团队带到巴黎、杜塞尔多夫和伦敦参观当地的星巴克及其他餐馆，以更好地感受和理解当地的文化、行为和时尚"。她说："你满载着不同的想法和不同的思维方式而归，这是你阅读杂志或者电子邮件所无法获得的。"

● 提供积极的反馈。管理者提供积极的反馈、鼓励和支持，以使员工感觉到他们的创意得到关注。例如，加拿大 RIM 公司（黑莓手机是其旗下产品）的总裁、联合首席执行官之一迈克·拉扎里迪斯（Mike Lazaridis）说道："我认为我们公司具有一种创新型文化，（工程师）可以随时与我见面。我正在全力促进创新。"

● 展示能激活员工的领导力。成为一名使组织成员知道他们正在从事重要工作的领导者。向组织成员提供参与决策的机会。向他们表明你对他们能够实现高绩效标准和绩效结果抱有信心。成为这种类型的领导者会对组织的创造力产生积极影响。

人力资源变量　在这个范畴中，我们发现创新型组织会积极推进对组织成员的培训和开发，以及时更新他们的知识；向成员提供很高的工作保障，以减少他们对因犯错误而被解雇的担忧；鼓励他们成为**创意领袖**（idea champions）：积极、热情地支持新创意，提供支持并减少抵制，而且确保创新得到贯彻执行。研究发现，创意领袖具有共同的人格特征：自信，坚韧不拔，精力旺盛，爱冒风险。他们还显示出与动态领导有关的特征。他们通过自己对创新潜力的愿景以及对其使命的坚信不疑来激励和鞭策他人。他们也善于从他人那里获得支持，此外，创意领袖从事的工作岗位能够提供相当大的决策权。这种自主权帮助他们在组织中引入和实施创新。

回应"管理者困境"

为了激励美国国家航空航天局的员工们，可以求助于他们都乐意接受的文化符号：（1）航空航天局的员工都很熟悉战略使命的概念，例如"前往月球"；（2）美国以其企业家精神而闻名。可以向全体员工作出解释，这并不是一个时代的结束，而是一个崭新的、激动人心的商业化太空旅行时代的开端。从事太空计划的丰富经验使他们获得了独一无二的优势——可以充分利用这个新时代。他们的个人使命应该是充分发挥自己的最大能力来从事其工作，同时寻找机会以发挥企业家精神。

可以在晚上组织商业规划和管理培训，为投资者和高科技公司组织论坛以便于他们与员工见面和商谈，并且采取其他措施以使员工的个人使命成为现实。

这种方法的一种潜在风险是：如果这个战略过于成功，那么员工可能想早点离开。为了降低这种风险，可以制定一项分红计划以激励员工留下，直到航天飞机计划结束。

决　策

　　它是人们期望最高的主题公园欢乐体验之一,是根据近年来最为流行的图书系列中的人物、环境和场景而创造出来的。由 7 本图书组成的《哈利·波特》系列卖出了超过 4 亿本,并且被翻译成 67 种以上的语言。由此改编的电影系列收获了超过 53 亿美元的票房。现在进入投资额超过 2 亿美元、于 2010 年 6 月开张的奥兰多环球影城哈利·波特魔法世界,会享受到无穷的乐趣。

　　这个魔法世界的魅力与以前的任何主题公园截然不同。它是一个"革命性的全方位主题公园,在历史上首次融合了真人实景、先进的机器人技术以及创新的电影制作技术"。环球影城旗下的环球创意公司的总裁说:"我们创造了一种全新的方法,使游客置身于这个时代最引人入胜的故事世界之中。我们所实现的成果将永远改变主题公园的魅力。"

　　虽然哈利·波特魔法世界似乎显得"势不可当",但环球影城负责创意开发的副总裁蒂里·库普(Thierry Coup)认识到,没有什么能够保证获得成功。蒂里·库普可能会使用什么决策标准来评估这项决策(即创建哈利·波特魔法世界)的效果?

你该怎么做?

像任何地方的管理者一样，蒂里·库普在实施管理时需要制定决策。制定决策是管理的本质。它就是管理者要做的（或试图避免的）事情。所有的管理者都希望制定良好的决策，因为组织和外界是根据这些决策的结果来判断和评价他们的。在本章中，我们将考察决策制定的概念以及管理者如何制定决策。

决策制定过程

这是航空公司的管理者深恶痛绝的日子。一场前所未有的暴风雪席卷了美国东海岸，公路、铁路和机场跑道都覆盖了厚达 27 英寸的积雪。必须应对这场暴风雪的大型航空公司之一，美国航空公司，"有几乎 8 万名员工帮助航班尽可能起飞，但仅有 4 个人就可以把这些航班取消"。丹尼·伯金（Danny Burgin）在该公司位于得克萨斯州沃斯堡的控制中心工作，是这 4 人当中的一员。对于丹尼来说幸运的是，暴风雪相对而言比较容易应付，因为它们通常"更容易预测，而且航空公司的职员可以使用除冰剂和扫雪机来迅速地清除积雪"。但是，即使这样的情况也并不意味着他当时必须作出的决策是简单、容易的，尤其当他的决策将影响到数以百计的航班和成千上万的旅客时。虽然管理者作出的绝大多数决策都不涉及天气，但是你可以看到，决策对一个组织必须要做或能够做的事情发挥着重要作用。

管理者，无论在组织中的哪个级别和哪个领域，都会制定**决策**（decisions）。也就是说，他们会作出选择。例如，高层管理者对组织的目标、在哪里建立生产设施或进军什么新市场作出决策。中低层管理者对生产计划、产品质量问题、员工加薪和员工纪律等事项作出决策。制定决策并不仅仅是管理者的事情；组织中的所有成员都会作出决策，而这些决策会影响到他们的工作和所在的组织。本章关注的重点是管理者如何制定决策。

虽然制定决策通常被描述为在各种不同的备选方案中进行选择，但是这种看法过于简单化。为什么？因为制定决策是（而且应该是）一个过程，而不仅仅是从各种备选方案中进行选择的简单行为。即便是诸如去哪里吃午餐这样简单直接的决策，你要做的也不只是选择吃汉堡包或者比萨饼。假定你并不会花太多时间来考虑午餐，但是你在作出该决策时仍然会完成整个过程。图表 5—1 展示了决策制定过程中的八个步骤。这个过程不仅涵盖个人决策，同样包括公司决策。让我们通过一个例子——经理决定购买什么笔记本电脑——来说明决策制定过程的八个步骤。

步骤 1：确定一个问题

你的团队变得功能紊乱，你的客户正在离你而去，或者你的计划再也无法有效实施。每一项决策都始于一个**问题**（problem），即现有状况和预期状况之间的不一致。阿曼达（Amanda）是一名销售经理，她手下的销售代表需要新的笔记本电脑，因为电脑太旧，致使他们无法正常地完成工作。为了简化决策，假设为旧电脑增添内存是不经济的，而且公司的政策是购买而不是租赁。我们现在有一个问题——销售代表现在使用的电脑（现有状况）与他们需要更有效率的电脑（预期状况）之间的不一致。阿曼达需要做出一项决策。

管理者如何确定所存在的问题？在现实世界中，绝大多数问题都不会像霓虹灯似的不停闪烁着"问题"字样。当销售代表开始抱怨他们的电脑时，阿曼达就可以确认自己需要为此做些什么，但是很少有问题会如此明显。管理者必须采取小心谨慎的态度，以免把问题与问题的症状相混淆。销售额下降 5 个百分点是一

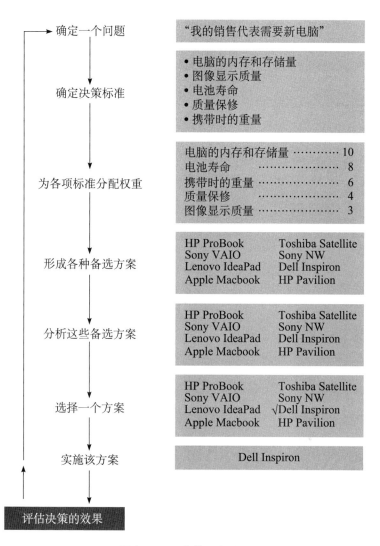

图表 5—1 决策制定过程

个问题吗？或者说，不断下降的销售额是否只是某个问题（例如低劣的产品质量、高昂的价格或者糟糕的广告）的一种症状？此外，需要记住的是，问题的确认是主观的。某位管理者认为这是一个问题，而另一位管理者则可能认为这不是问题。此外，如果一位管理者完美地解决了一个错误的问题，其效果可能完全等同于这位管理者没有发现问题并因此什么也没做。你会发现，有效地确定问题非常重要，但并不容易。

步骤 2：确定决策标准

一旦管理者确定了一个问题，他就必须确定**决策标准**（decision criteria）。决策标准对解决问题具有极为重要的意义。每位决策者都有一些标准来指导自己的决策，即便这些标准并没有明确阐述。在我们刚才所举的例子中，阿曼达经过仔细的考虑后认为电脑的内存和存储量、图像显示质量、电池寿命、质量保修和携带时的重量是自己决策时的参考标准。

步骤 3：为各项标准分配权重

如果这些决策标准并不是同等重要，那么决策者必须为这些标准分配权重，以确定它们在决策时的优先考虑顺序。该如何做呢？一种简单的方法是给予最重要的标准 10 分的权重，然后参照这个权重分数来为其他标准打分。当然，你可以使用任何数字作为最高分数。在我们所举的例子中，权重标准展示在图表 5—2 中。

电脑的内存和存储量	10
电池寿命	8
携带时的重量	6
质量保修	4
图像显示质量	3

图表 5—2　重要的决策标准

步骤 4：形成各种备选方案

决策制定过程中的第 4 个步骤要求决策者列举各种切实可行的备选方案。在这个步骤中，决策者需要发挥创造力。而且，所有这些备选方案只是被列举出来，还没有得到评估。我们的销售经理阿曼达确定了八种笔记本电脑作为可能的选项（见图表 5—3）。

	内存和存储量	电池寿命	携带时的重量	质量保修	图像显示质量
HP ProBook	10	3	10	8	5
Sony VAIO	8	7	7	8	7
Lenovo IdeaPad	8	5	7	10	10
Apple Macbook	8	7	7	8	7
Toshiba Satellite	7	8	7	8	7
Sony NW	8	3	6	10	8
Dell Inspiron	10	7	8	6	7
HP Pavilion	4	10	4	8	10

图表 5—3 可能的备选方案

步骤 5：分析这些备选方案

一旦确定了所有的备选方案，决策者就必须对每一个备选方案进行评估。如何评估？通过使用在步骤 2 中确定的那些决策标准。图表 5—3 列出了阿曼达在对这八种笔记本电脑进行一些研究后给每个备选方案的评分。需要记住的是，这些数据代表的是阿曼达使用决策标准给这八种备选方案的评分，而不是权重分数。如图表 5—4 所示，用每一项的评分乘以该项的权重分数之后，再逐项相加，就得出了每个备选方案的总分。

	内存和存储量	电池寿命	携带时的重量	质量保修	图像显示质量	总分
HP ProBook	100	24	60	32	15	231
Sony VAIO	80	56	42	32	21	231
Lenovo IdeaPad	80	40	42	40	30	232
Apple Macbook	80	56	42	32	21	231
Toshiba Satellite	70	64	42	32	21	229
Sony NW	80	24	36	40	24	204
Dell Inspiron	100	56	48	24	21	249
HP Pavilion	40	80	24	32	30	206

图表 5—4　对所有备选方案的评估

有时决策者可以跳过这个步骤。如果某个备选方案在每一项决策标准中都得分最高，就不需要考虑权重分数，因为这个备选方案已经是最好的选择。或者，如果所有的权重分数都是相同的，那么只需把每个备选方案获得的评分相加，就可以对每个方案进行评估。（再次观察图表 5—3）如果所有决策标准的权重分数都相同，那么 HP ProBook 获得的分数将是 36 分，而 Sony NW 的分数是 35 分。

步骤 6：选择一个方案

决策制定过程的第 6 个步骤是选择最佳的备选方案，或者是选择在第 5 个步骤中获得最高总分的那个备选方案。在我们的例子中（图表 5—4），阿曼达将选择 Dell Inspiron 笔记本电脑，因为它的总分（249）比其他任何备选方案都要高。

步骤 7：实施该方案

在决策制定过程的第 7 个步骤，你将把这项方案传达给那些受影响的人并获得他们的认同，从而将该决策付诸实践。我们知道，如果那些必须执行某项决策的人员参与了决策过程，而不是简单地由你来告诉他们如何去做，那么他们更有可能支持该项决策。在决策的实施过程中，管理者需要做的另一件事是对环境进行重新评估以判断是否存在任何变化，尤其当面临一项长期决策时。我们需要考虑，使用的决策标准、形成的备选方案以及作出的最终选择是否仍然是最好的？或者环境是否已经发生重大变化以至于我们需要进行重新评估？

步骤 8：评估决策的效果

决策制定过程的最后一个步骤是评估该项决策的后果或结果以检查问题是否得到解决。如果评估表明该问题仍然存在，那么管理者需要判断哪里出了错。问题是不是没有被正确定义？在对各备选方案进行评估时是否出现了错误？选择的正确方案是否没有有效地实施？这些答案可能会指引你重新实施某个先前的步骤，或者重新开始整个过程。

管理者制定决策

虽然组织中的每个成员都作出决策，但是对于管理者来说，制定决策尤其重要。如图表5—5所示，它是所有四种管理职能的组成部分。实际上，这解释了我们为什么说制定决策是管理的本质。而且，这也是管理者——当他们进行计划、组织、领导和控制时——被称为决策者（decision maker）的原因。

这个事实，即管理者做的几乎每一件事情都涉及制定决策，并不意味着决策总是耗时良久的、复杂的或者是显而易见的。大多数时候，制定决策是程序化的例行公事。例如，一年中的每一天你都要决定晚餐吃什么。这并不是什么大事。你已经无数次作出这个决定。这是一个相当简单的决策，而且通常会被迅速解决，以至于你几乎忘记了它是一项决策。管理者每天都要作出几十个这样的常规决策，例如，哪位员工下个星期轮什么班，什么信息应该包括在某份报告中，或者如何处理一位顾客的抱怨。需要记住的是，即使一项决策看起来非常简单，或者管理者以前就多次作出这项决策，但它仍然是一项决策。让我们来看看四种关于管理者如何制定决策的观点。

计划
- 组织的长期目标是什么？
- 什么战略将最好地实现这些目标？
- 组织的短期目标应该是什么？
- 个人目标应该具有多大难度？

组织
- 我应该管理多少名直接向我汇报的员工？
- 组织应当实施多大程度的集权？
- 应该如何设计工作岗位？
- 组织应当何时实施一种不同的结构？

领导
- 我应该如何处理那些看起来没有受到充分激励的员工？
- 在某种既定情况下最有效的领导风格是什么？
- 某项具体的变革将如何影响工人的生产率？
- 何时是鼓励冲突的正确时机？

控制
- 组织中的什么行为需要受到控制？
- 应当如何控制这些行为？
- 绩效偏差何时具有显著意义？
- 组织应当具有什么类型的管理信息系统？

图表 5—5　管理者可能制定的决策

制定决策：理性

　　我们假设管理者会**理性决策**（rational decision making）；也就是说，他们会作出符合逻辑的、前后一致的选择以实现价值最大化。毕竟，管理者会使用各种各样的工具和技术来帮助他们成为理性的决策者。但是，如同惠普公司的案例所表明的，管理者并不是始终都保持理性。成为一名"理性的"决策者意味着什么？

　　理性假设　一位理性的决策者会是完全客观的、符合逻辑的。所面临的问题是清晰明确的，而决策者具有一个清晰、具体的目标，并且了解所有可能的备选方案及其后果。最后，理性地制定决策将会导致决策者始终如一地选择最有可能实现该目标的那个备选方案。这些假设适用于任何决策——无论是个人决策还是组织中的管理决策。不过，对于管理决策，我们需要增加一个假设——作出的决策要符合组织的最佳利益。这些理性假设并不是非常现实，但是接下来的这个概念可以帮助解释组织中的绝大多数决策是如何制定的。

制定决策：有限理性

　　虽然上面的那些假设不太现实，但是人们仍然期望管理者在制定决策时成为理性的决策者。管理者明白，"优秀的"决策者在确定问题、考虑备选方案、收集信息以及果断但不粗鲁地行事时，通常会做一些特定的事情并表现出良好的决策行为。他们通过这种方式向其他人表明自己是合格的决策者，而且自己的决策是深思熟虑后的结果。不过，用来描述管理者如何制定决策的一种更现实的方法是**有限理性**（bounded rationality）概念。有限理性指的是管理者会理性地制定决策，但是这种理性被他们处理信息的能力所限制（局限）。因为他们无法分析所有备选方案的所有信息，所以管理者通常是**满足**（satisfice）某项标准或要求，而不是做到最好。也就是说，他们接受"足够好的"解决方案。他们在其处理信息的（有限）能力范围内保持理性。

管理者制定的绝大多数决策并不符合完全理性假设，因此他们追求的是使决策满足特定的标准或要求。不过，需要记住的是他们在制定决策时还有可能被所在组织的文化、内部政治、权力事项，以及一种被称为**承诺升级**（escalation of commitment）的现象所影响。所谓承诺升级，指的是越来越认同以前的某项决策，即便证据显示该项决策可能是错误的。例如，"挑战者号"航天飞机灾难事件常常被当做承诺升级的一个例子。当时，发射航天飞机的决定受到好几个人的质疑，他们认为这是一项错误的决定，但决策者仍然选择发射。为什么决策者会对一项错误的决定继续增加承诺呢？因为他们不想承认他们最初的决定可能是有缺陷的。他们不是寻找新的替代方案，而是简单地增加对最初解决方案的承诺，执迷不悟。

制定决策：直觉的作用

管理者常常会利用他们的直觉来帮助制定决策。什么是**直觉决策**（intuitive decision making）？它指的是凭借经验、感觉和所积累的判断力来制定决策。许多研究者对管理者使用直觉决策进行了研究，并且确定了直觉的五个不同方面（见图表5—6）。直觉决策有多普遍？一项调查发现，被调查的高管中有几乎一半"在经营他们的公司时使用直觉的次数要多于使用正规分析的次数"。

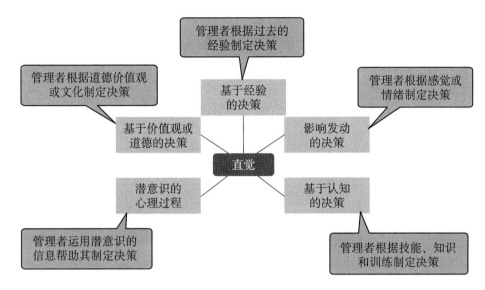

图表 5—6　什么是直觉?

　　无论是理性决策还是有限理性决策,直觉决策都可以与之相辅相成。首先,一个经历过类似问题或情况的管理者,往往可以凭借以往经验在获得的信息有限时就迅速行动。此外,近期的一项研究发现,在决策时具有强烈感觉和情感的个体实际上实现了更高水平的决策绩效,尤其是当他们在制定决策时能够理解自己的感受时。认为管理者在制定决策时应该忽略各种情感的古老观点也许并不是最佳建议。

制定决策:循证管理的作用

　　假设你正在呈现一些奇怪的、令人费解的体征。为了对合适的诊断和治疗作出最佳决策,你是否希望医生根据可获得的最佳证据来制定决策?现在假设你是一名管理者,面临的任务是制定一项员工认同计划。你是否也希望这些决策能够基于可获得的最佳证据？"通过使用可靠的、密切相关的证据，任何决策制定过程都可能因此而获得改进，无论这个决策是为某人购买一件生日礼物还是想要购买哪种新款洗衣机。"这就是**循证管理**（evidence-based management，EBMgt）的前提假设。所谓循证管理，指的是"系统地使用可获得的最佳证据来改进管理行为和实践"。

循证管理和管理决策具有相当密切的关系。循证管理的四项基本要素是：决策者的专长和判断；决策者已经予以评估的外部证据；该决策的利益相关者的意见、偏好和价值观；相关的组织（内部）因素，例如背景、情况和组织成员。每一项要素对不同决策的影响是不同的。有时候，决策者的直觉（判断）可能在制定决策时受到更多重视；其他许多时候，可能是各个利益相关者的意见受到更多重视；还有许多时候，则可能是道德考虑（组织背景）更受重视。管理者需要明白这一点：在制定一项决策时，清醒谨慎地决定什么要素是最重要的并且应该加以强调。

决策和决策制定条件的类型

决策的类型

在所有类型的组织中，管理者在工作过程中总会面临各种不同类型的问题和决策。取决于问题的性质，管理者可以使用两种不同类型的决策中的一种。

结构化问题和程序化决策　有些问题是直截了当的。决策者的目标清晰明确，面临的问题习以为常，而且关于该问题的信息也是一目了然。这样的例子可能包括：一位顾客要求百货商场退货；一位供应商延迟交付一批重要货物；一个新闻团队应对一次突发事件；或者一所大学处理一名想要旷课的学生。这样的情况称为**结构化问题**（structured problems），因为它们是直截了当的、习以为常的和容易定义的。例如，一位服务员不小心将饮料洒在某位顾客的外套上。这位顾客感到不快，因此经理需要对此做些什么。由于这并不是一件不同寻常的事情，所以很可能会有某种标准化的惯例来处理这种情况。例如，这位经理可以向该顾客提出由餐馆支付外套的清洗费用。这就是一项我们所称的**程序化决策**（programmed decision），即可以通过某种例行方法来作出的一项重复性决策。因为面临的问题是结构化的，所以管理者并不需要费心费力地完成整个决策制定过程。决策制定过程中的"形成各种备选方案"阶段要么不存在，要么没受到多少重视。为什么？因为一旦这个结构化问题得以确定，那么该问题的解决办法通常是不言而喻的，或者至少会减少到少数几种已习以为常的并且在过去行之有效的备选方案。饮料洒在顾客的外套上并不要求餐馆经理确定决策标准并为之分配权重，或者找出各式各样可能的解决办法。实际上，餐馆经理只需依赖这三种类型的程序化决策中的一种：程序；规定；政策。

程序（procedure）指的是管理者用来应对某个结构化问题的一系列连续步骤。唯一的困难是确定面临的问题。一旦问题变得清楚明确，相应的程序也就确定下来。例如，一名采购经理收到一份来自仓库经理的通知，要求为仓库职员购买 15 台掌上电脑。通过遵循公司已有的采购程序，该采购经理知道如何制定该项决策。

规定（rule）是告诉管理者能做什么或不能做什么的一项明确声明。各种规定被频繁地使用，因为它们便于人们遵循，并且能够保证一致性。例如，关于迟到和缺勤的规定使上司能够迅速、公正地作出处罚决策。

第三种类型的程序化决策是**政策**（policy），即制定决策时的指导方针和原则。与规定形成对照的是，政策为决策者建立大致的参数，而不是明确具体地陈述应该做什么或不应该做什么。政策通常会包含比较模糊的措辞，让决策者自己解读。以下是一些政策陈述的例子：

- 顾客始终是第一位的，而且我们应当始终满足顾客。

- 只要有可能，便实施内部晋升。

- 与本社区的标准相比，员工的薪水应当具有竞争力。

请注意，"满足"、"只要有可能"和"竞争力"这些措辞需要进行解读。例如，向员工支付有竞争力的薪水这项政策并没有告知公司人力资源经理他具体应该支付多少薪水，但是当人力资源经理作出这些决策时，该政策确实会提供指导方针。

开放式问题和非程序化决策 并不是管理者面临的所有问题都可以通过程序化决策来解决。在很多情况下，组织会面临**开放式问题**（unstructured problems），即崭新的、不同寻常的、相关信息很模糊或不完整的问题。例如，是否在中国建立一家制造厂就是一个开放式问题。同样，纽约市的餐馆经理在决定如何调整他们的经营以适应相关新法律时面临的也是一个开放式问题。如果问题是开放的，那么管理者必须依赖非程序化决策来获得特有的解决办法。**非程序化决策**（nonprogrammed decision）是独特的、非重复发生的，并且涉及量身定制的解决方案。

图表 5—7 描述了程序化决策和非程序化决策之间的差异。低级别的管理者主要依赖程序化决策（程序、规定和政策），因为他们通常面对的是熟悉的、重复性的问题。随着管理者在组织等级链中的晋升，他们面对的问题变得更加开放。为什么？因为低级别的管理者通常制定例行决策，而让高层管理者来作出不同寻常的或困难的决策。而且，高层管理者通常会把例行决策的权力授予他们的下属管理者，以便他们自己可以应付更困难的事项。不过，在现实世界中，很少有管理决策是完全程序化的或完全非程序化的。绝大多数管理决策处于这两端之

间的某个位置。

特征	程序化决策	非程序化决策
问题类型	结构化的	开放的
管理层级	低级别	高级别
发生频率	重复性的、常规的	不同寻常的、崭新的
相关信息	易于获得的	模糊的或不完整的
目标	清晰的、具体的	模糊的
用来寻找解决方案的时间限制	短暂的	相对较长的
解决方案依赖于……	程序、规定和政策	判断和创造力

图表 5—7　程序化决策 vs. 非程序化决策

制定决策的条件

在制定决策时，管理者可能面临三种不同的条件：确定性；风险；不确定性。让我们逐项考察这三种特征。

确定性　制定决策时的理想情况是存在**确定性**（certainty）。在这种情况下，管理者能够作出精确的决策，因为每一种备选方案的结果都是已知的。例如，当美国北达科他州的财政主管决定把本州的基金盈余存入哪家银行时，他准确地知道每一家银行提供的利率以及这笔基金将获得的存款利息数额。他对每一项备选方案的结果都了然于胸。如同你预计的那样，绝大多数管理决策并不是这样的。

风险　更为普遍的情况是存在**风险**（risk）。在这种情况下，决策者能够估计某些特定结果的可能性。当面临风险时，管理者会使用从自己以往经验或二手信息中获得的历史数据来估算不同备选方案的可能性。让我们来举一个例子。

假设你管理着科罗拉多州的一家滑雪度假村，而且你正在考虑增加另一条缆车索道。很明显，你的决策将受到这条新的缆车索道可以创造的额外收入的影响。至于缆车索道带来的收入，则主要取决于降雪量。关于过去 10 年本地区的降雪情况，你拥有相当可靠的天气数据——3 年是大量降雪年份，5 年是正常降雪年份，2 年是少量降雪年份。而且，你对每一种降雪程度可以创造的收入额具有相当准确的信息。通过计算期望值（即从每一种可能的结果中获得的预期回报，计算方法为每种降雪程度的概率乘以它可以创造的收入），你可以利用这些信息来作出决策。通过计算得出的结果是在各种降雪程度的发生概率保持不变的情况下你可以获得的预期平均收入。如图表 5—8 所示，增加另一条缆车索道可以创造的预期收入是 687 500 美元。当然，这个收入额是否足以证明这项决策的正确性取决于创造这笔收入所需耗费的成本。

事件	预期收入（美元）	×	概率	=	每个选项的期望值
大量降雪	850 000		0.3		255 000
正常降雪	725 000		0.5		362 500
少量降雪	350 000		0.2		70 000
				总计	687 500

图表 5—8 期望值

不确定性 当制定某项决策时，你无法肯定它可能带来的各种后果，甚至无法作出合理的可能性估计，这时候你该怎么办？我们把这种情况称为**不确定性**（uncertainty）。管理者在制定决策时确实会面临这种不确定性的情况。在这种情况下，选择哪种备选方案将受到可以获得的有限信息以及决策者的心理导向的显著影响。一位乐观主义的管理者可能会接受大中取大选项（使最大的可能收益最大化）；一位悲观主义的管理者可能会接受小中取大选项（使最小的可能收益最大化）；对于希望使自己最大的"遗憾"最小化的管理者来说，他可能会接受大中取小选项。让我们通过一个例子来考察这些不同的选择方法。

维萨公司（Visa）的一名营销经理已经制定了四种可能的战略（S_1，S_2，S_3，S_4），以在美国整个西海岸地区促销维萨信用卡。这名营销经理也知道，最主要的竞争对手万事达卡公司（MasterCard）有三种竞争策略（CA_1，CA_2，CA_3），该公司也正在使用这些策略在相同的地区进行促销。在这个例子中，我们假设维萨公司的这名营销经理事先无法判断这四种战略中任何一种战略的成功概率。她构造了如图表 5—9 所示的矩阵，以表示维萨公司的四种战略及其相应的利润，而这些又都取决于万事达卡公司采取的竞争策略。

维萨公司的营销战略 （单位：百万美元）	万事达卡公司的竞争策略		
	CA_1	CA_2	CA_3
S_1	13	14	11
S_2	9	15	18
S_3	24	21	15
S_4	18	14	28

图表 5—9　收益矩阵

在这个例子中，如果这位营销经理是乐观主义者，她会选择第四个战略（S_4），因为它可以产生最大的可能收益：2 800 万美元。请注意，这个选择使最大的可能收益最大化（大中取大选项）。

如果该营销经理是悲观主义者，她会假设只有最坏的情况会发生。每种战略的最糟糕的结果分别为：1 100 万美元、900 万美元、1 500 万美元、1 400 万美元。这是每一种战略可能产生的最悲观的结果。根据小中取大选项，她会使最少的可能收益最大化；换句话说，她会选择第三个战略（1 500 万美元是这四种最少收益中数额最高的选项）。

在采取第三种方法时，管理者意识到一旦作出某项决策，它并不必然会导致最有利可图的收益。可能会存在一种放弃某些利润的“遗憾”——这里说的遗憾，指的是如果采用某种不同的战略原本可以进一步获得的收益额。管理者计算遗憾的方法是：在竞争对手的每一项策略下，确定本公司可以获得的最高可能收益，然后减去本公司其他战略可以获得的可能收益。对于这位营销经理来说，在万事达卡公司实施 CA_1，CA_2，CA_3 的情况下本公司可以获得的最高可能收益分别是 2 400 万美元、2 100 万美元和 2 800 万美元（即每一栏中的最高数额）。在图表 5—9 中，用这些数字减去每一栏中的可能收益就获得了图表 5—10 中的结果。

维萨公司的营销战略 （单位：百万美元）	万事达卡公司的竞争策略		
	CA$_1$	CA$_2$	CA$_3$
S$_1$	11	7	17
S$_2$	15	6	10
S$_3$	0	0	13
S$_4$	6	7	0

图表 5—10　遗憾矩阵

维萨公司四种营销战略的最大化遗憾分别为 1 700 万美元、1 500 万美元、1 300 万美元和 700 万美元。大中取小选项会使最大化遗憾最小化，因此这位营销经理会选择第四种战略。通过作出这个选择，她永远不会有放弃超过 700 万美元收益的遗憾。与此形成对照的是，如果她选择第二种战略，那么在万事达卡公司采取 CA$_1$ 的情况下就会产生放弃 1 500 万美元收益的遗憾。

虽然管理者在可能的情况下会采用收益和遗憾矩阵来设法定量化地制定决策，但是不确定性往往会迫使他们更多地依赖于直觉、创造力、预感以及"本能"。

回应"管理者困境"

游客的满意度和参观人数会表明这到底是不是一项"势不可当"的决策。你无法在这个主题公园开业第一年就知道它是否获得成功，因为这完全有可能是它铺天盖地的广告宣传导致的。该主题公园持续的成功和参观人数才可以证明这是一项非常棒的决策。当《哈利·波特》电影系列的最后一部在 2010 年 11 月上映时，该主题公园将会迎来游客参观的高峰，并且给他们带来极大的欢乐和兴奋。

计算每一年的游客参观人数以及运营和维护成本是非常重要的。可以根据"销售额"来衡量成功程度，就像在零售业一样。通常来说，一家新开张的商场最初会因为开业时的广告宣传而火暴异常。然而，之后的销售额逐年增长才能真正证明这家商场是否获得成功。

第 6 章

MANAGEMENT

计 划

2010 年 1 月 12 日，海地发生强烈地震，损失惨重。动员全部的人员和物质资源以实施救援，需要大量的计划工作。联合国世界粮食计划署（WFP）立即动员海、陆、空各种资源运送成千上万吨的紧急救援物资。

乔达国际货运公司（Geodis Wilson）负责联合国世界粮食计划署的物流管理。一开始联系该公司的执行副总裁卢·波利卡斯特罗（Lou Policastro）时，他立即想到的是马丁·路德·金纪念日假期周末，这个时候"没有一个商家开门营业"。该公司花了 4 天时间来调拨和装运食品物资并把它们运送到迈阿密，在这里有一艘船负责运输这些物资。世界粮食计划署直接通过波音 747 飞机以及各种小型飞机运送了 400 多吨紧急救援食品，但因为各种各样的紧急救援航班而在太子港机场遭遇延迟。世界粮食计划署在海地地震后的第一天就发放了将近 300 万份套餐——这足够太子港的全部人口吃一整天。卢·波利卡斯特罗说道："这是世界粮食计划署有史以来实施的最复杂的救援行动。海地面临一个特殊的问题：它已经成为一座孤岛，而且大部分人口都集中在地震破坏最严重的地区。"需要什么类型的计划来确保继续实施有效率、有效果的救援行动？

你该怎么做？

你可能认为"计划"现在与你无关。但是，当你规划下个学期的课程安排时，或者当你决定如何才能及时完成某项班级课题时，你就正在计划。计划是所有管理者，例如卢·波利卡斯特罗以及实施海地救援行动的其他管理者，都需要去做的事情。虽然他们计划的内容以及方式可能各不相同，但很重要的一点是他们确实会计划。在本章中，我们会考察这些基本内容：什么是计划，管理者为何计划，以及他们如何计划。

计划的含义和原因

波音公司把自己新型的 787 客机称为"梦幻飞机"，但是该项目最终却成为管理者的梦魇。这种新飞机曾经是波音公司最受欢迎的产品，主要是因为它的创新性，尤其是它的燃油利用率。然而，该飞机却比预定进程延迟了两年半。按照原定进程，第一批飞机应该在 2010 年第四季度供应给全日本航空公司（ANA）。波音公司承认，虽然该公司非常细致地规划了每一个细节，但是该项目的时间表确实太过雄心勃勃。有些客户（预订该机型的航空公司）——全球大约 60 家航空公司——要么厌倦了苦苦等待，要么为应对不断变化的经济环境而取消了自己的订单。波音公司的管理者原本是否能够更好地制定计划？

什么是计划？

计划（planning）指的是定义组织目标，确定战略以实现这些目标，以及制定方案以整合和协调各项工作活动。它同时涉及结果（做什么）和手段（如何做）。

在本章中使用"计划"这个术语时，我们指的是正式的计划。在正式的计划中，某个特定时间段内的具体目标是明确定义的。此外，这些目标是成文的，并且被组织成员共享，以降低模糊性和就需要完成的工作任务达成共识。最后，还需要拥有具体的方案来实现这些目标。

管理者为何计划？

计划似乎需要耗费大量精力。那么管理者为什么还要计划？我们可以向你提供至少四个理由。第一，计划为管理者和非管理者提供指导。当员工知道他们的组织或工作部门正在努力实现什么目标以及他们必须为这些目标作出哪些贡献时，他们才能够协调行动，彼此展开合作，并且从事必要的工作以实现这些目标。如果没有计划，各部门和个体可能会各自为战，从而妨碍组织有效率地实现其目标。

第二，通过迫使管理者展望未来、预测变化、考虑变化的影响以及制定妥善的应对措施，计划可以降低不确定性。虽然计划无法消除不确定性，但是管理者可以通过计划来作出有效应对。

第三，计划可以尽量减少浪费和冗余。当根据计划来协调各种工作活动时，各种低效率的行为或活动会变得非常明显，从而得以纠正或消除。

第四，计划可以设定在进行控制时使用的目标或标准。当管理者制定计划时，他们会设定目标和方案。因此，进行控制时，他们会考察这些方案是否已经实施以及这些目标是否实现。如果没有计划，就没有既定目标来衡量人们的工作努力程度。

计划和绩效

计划是值得的吗？大量研究考察了计划与绩效之间的关系。虽然绝大多数研究表明这两者之间大体上存在正相关关系，但我们不能说拥有正式计划的组织总是优于那些没有正式计划的组织。那么，我们能够得出什么结论呢？

首先，正式的计划一般来说是与正面的财务绩效联系在一起的——更高的利润、更高的资产回报率，等等。其次，与计划的数量相比，计划的质量以及实施这些计划的适当措施往往对高绩效的贡献更大。再次，在那些表明正式计划并没有导致高绩效的研究中，组织的外部环境往往是导致这种现象的"罪魁祸首"。当外部力量——想想政府的政策法规或者强大的劳动工会——限制了管理者的选择余地时，这会削弱计划对组织绩效的影响。最后，计划—绩效关系似乎会被计划的时间框架所影响。在对绩效产生影响之前，似乎至少需要实施四年的正式计划。

目标和方案

计划通常被称为首要的管理职能，因为它构成了管理者其他所有职能（组织、领导和控制）的基础。计划包括两个重要的方面：目标和方案。

目标（goals，objectives）是所期望的结果或对象。它们指导管理决策，并且构成衡量标准以测量工作结果。这就是它们被描述为最根本的计划要素的原因。你必须首先知道所期望的结果或对象，然后才能制定方案来实现它们。**方案**

（plans）或计划，是概述如何实现目标的文件。它们通常包括资源的配置、时间表以及实现目标所必需的其他行动。当管理者计划时，他们必须制定目标和方案。

目标的类型

组织似乎只有一个目标。营利组织希望获得利润，而非营利组织希望满足某个（某些）特定群体的需求。然而，仅仅一个目标并不能充分定义一个组织的成功。而且，如果管理者仅仅强调一个目标，那么对组织的长期成功至关重要的其他目标就会被忽视。此外，我们在前面已经讨论过，仅仅使用一个目标（例如利润）可能会导致不道德的行为，因为管理者和员工会忽视他们工作中的其他方面，以在这个单一目标方面表现更突出。实际上，所有组织都具有多个目标。例如，营利组织可能希望提高市场份额，使员工热情、忠诚地为本组织工作，设法采取更加可持续发展的、环境友好型的措施。另一方面，教会不仅为人们的宗教活动提供场所，而且为本社区中经济困难的个体提供援助以及为教会成员提供社交场所。

我们可以把绝大多数公司的目标划分为战略目标和财务目标。财务目标与该组织的财务绩效相联系，而战略目标则与该组织其他方面的绩效密切相关。例如，麦当劳对其财务目标的陈述是：销售额和收益的平均年度增长率为3％～5％，运营收入的平均年度增长率为6％～7％，以及百分之十几的投入资本收益率。至于战略目标的示例，我们可以看看彭博资讯的战略目标："我们要成为世界上最有影响力的新闻机构。"

刚才描述的这些目标是**陈述目标**（stated goals），即对该组织的宣言、信念、价值观以及使命的正式阐述。然而，陈述目标——可以在该组织的章程、年度报告、公共关系宣言或者管理者的公开声明中发现——常常是相互矛盾的，并且受到各种利益相关群体对该组织的看法和意见的影响。例如，耐克公司的目标是"给每一位运动员带来灵感和创新"。加拿大的能源公司 EnCana 的愿景是"成为世界上石油和天然气公司的高绩效标杆"。德意志银行的目标是"成为世界领先的金融解决方案供应商，为客户、股东、员工以及所在社区创造持久的价值"。这样的声明是模糊的，极有可能是为了更好地体现管理层的公共关系技能，其次才是为该组织实际上正在努力实现的目标提供有意义的指导。因此，看到某个组织的陈述目标常常与该组织真实的所作所为毫无干系也就不足为奇了。

如果你想要知道一个组织的**真实目标**（real goals）——该组织真正追求的那些目标——那么可以观察该组织的成员正在做的事情。实际行动定义优先事项。例如，大学可能会宣称它们的目标是限制班级规模，促进紧密的师生关系，并且积极介入学生们的学习过程，但实际上它们却让课堂的规模达到 300 人以上。陈述目标和真实目标之间可能是有差异的，了解这一点很重要，否则你可能会把这种现象视为前后矛盾。

方案的类型

用来描述组织方案的最常用方法是方案的宽度（战略的 vs. 业务的）、时间框架（短期的 vs. 长期的）、具体性（指导性的 vs. 具体的）以及使用频率（一次性的 vs. 持续性的）。如图表 6—1 所示，这些方案类型并不是彼此不相干。也就是说，战略方案通常是长期的、指导性的、一次性的，而业务方案通常是短期的、具体的、持续性的。方案的每个类型都包括什么？

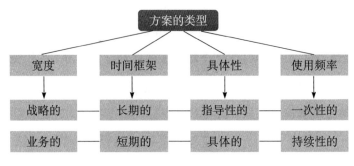

图表 6—1　方案的类型

　　战略方案（strategic plans）是应用于整个组织并确定该组织总体目标的方案。涵盖组织中某个特定运营领域的方案称为**业务方案**（operational plans）。这两种方案是不同的，因为战略方案的覆盖范围广泛，而业务方案的覆盖范围狭窄有限。

　　由于环境的不确定性，用来定义长期和短期方案的时间长度已经大大缩短。以前，长期往往意味着 7 年以上。努力设想一下你在未来 7 年内可能会做什么，由此你可以体会到管理者为如此长远的未来制定方案是何其困难。我们把**长期方案**（long-term plans）定义为时间长度超过 3 年的方案。**短期方案**（short-term plans）是为期 1 年或更短时间的方案。时间长度在 1 年以上、3 年以下的方案称为中期方案。虽然这样的时间划分相当普遍，但是一个组织可以根据自己的需要任意使用各种时间长度。

　　直观地看，具体方案似乎比方向性的、宏观指导性的方案更可取。**具体方案**（specific plans）是定义清晰的，没有留下解读空间。一项具体方案会清晰、明确地阐述其目标，从而消除模糊性和误解。例如，一位希望本部门的工作产出在 12 个月内提高 8% 的经理可能会制定具体的程序、预算和工作进度表来实现这个目标。

不过，当环境的不确定性程度很高且管理者必须变得有弹性以应对意外变化时，指导方案更可取。**指导方案**（directional plans）指的是确定一般指导原则的弹性方案。它们提供重点，但并不使管理者局限于某些具体的目标或行动过程。例如，摩城唱片公司（Motown Records）的总裁西尔维娅·罗纳（Sylvia Rhone）说她有一个简单的目标："和伟大的艺术家签约。"因此，她在这一年并没有制定某个具体方案来制作和推广新艺人的 10 张专辑，但是她可能会制定一个指导方案来利用全世界的人脉网络搜寻有才华、有前途的新人，从而提高该公司旗下签约的新艺人数量。不过，需要记住的是，必须对指导方案的灵活性与（因此而缺乏的）具体方案的清晰性进行权衡。

管理者制定的某些方案是可持续使用的，而其他有些方案则只能使用一次。**一次性方案**（single-use plan）是为满足某个特定情况的需要而特别设计的方案。例如，当沃尔玛公司想要扩张其在中国的超市数量时，该公司的高管制定了一项一次性方案以作为指导。与此相反，**持续性方案**（standing plans）是为反复进行的活动提供指导的方案。持续性方案包括政策、规定和程序，我们在第 5 章已经对它们予以定义。持续性方案的一个例子是亚利桑那大学制定的性骚扰政策，该政策为大学的管理者和教职员工在制定招聘计划时提供了指导方针。

设定目标和制定方案

泰勒·海恩斯（Taylor Haines）刚刚当选为她所在商学院的联谊会主席。她希望该联谊会能够比以前更加积极地参与商学院的事务。弗朗西斯科·加尔扎（Francisco Garza）三年前从墨西哥的蒙特雷科技大学（Tecnologico de Monter-rey）毕业，获得市场营销和计算机学位，并且就职于当地一家咨询服务公司。

最近，他被晋升为一个有 8 位成员的电子商务开发团队的经理。他希望提高该团队对公司的财务贡献。泰勒和弗朗西斯科现在应该做些什么？第一步应该是设定目标。

设定目标的方法

我们已经说过，目标能够为所有管理决策和行动提供方向和指导，并且构成用以测量实际效果的标准。组织成员做的每一件事情都应该是为了实现组织的目标。这些目标可以通过传统的方法或者使用目标管理来设定。

在**传统的目标设定**（traditional goal setting）中，由高层管理者设定的目标沿着组织等级链向下传达，并且变成每个组织领域的子目标。这种传统的视角假设高层管理者知道什么是最好的，因为他们"站得高、望得远"。当员工工作时，传达到组织各个层级的目标会指导他们去实现这些特定目标。如果泰勒·海恩斯使用这种方法，她将会找出该商学院的院长或主任设定了什么目标，从而为她的联谊会设定有助于实现这些目标的目标。或者，我们以某家制造公司为例来说明。公司总裁告知负责生产的副总裁他期望来年的制造成本是多少，并且告知负责营销的副总裁他期望来年的销售额达到多少。这些目标被传达到下一个组织层级，并以文件形式予以公布，以反映这个层级承担的职责，然后再传达到它下面的组织层级，依此类推。于是，一段时间之后，人们对实际的绩效进行评估以判断各自分配的任务是否完成。虽然这个过程理应以这种方式进行，但在现实中并不总是如此。将宽泛的战略目标转化为每个部门、每个团队以及每个人的目标有可能是一个极为困难的、挫折重重的过程。

传统目标设定的另一个问题是：当高层管理者以泛泛而谈的措辞来定义组织的目标时——例如实现"充足的"利润或增强"市场领导地位"——这些含糊不

清的目标被传达到各组织层级时就必须诠释得更加具体。各个层级的管理者定义这些目标,并且在更具体地诠释这些目标时运用他们自己的解读和偏见。然而,经常出现的一种现象是:随着这些目标从最高管理层沿着组织等级链层层传达,它们往往会被改弦更张,变得面目全非。图表 6—2 举例说明了可能发生的情况,但这种情况并不是必然的。例如,在位于佐治亚州石头山的开利压缩机工厂(Carrier-Carlyle Compressor),雇员和管理者围绕目标来开展工作。这些目标包括满足和超越顾客需求,重点强调持续改进以及重视员工队伍。为了使每一位成员都聚焦于这些目标,该工厂在员工入口处树立了一个"恒温器"(一个 3×4 英尺的指示器),它可以向员工显示该工厂在任何时间点的绩效是多少以及有哪些地方需要重点关注。"这个恒温器通过一系列度量衡单位简要概述工厂的目标,并将月度绩效与这些目标进行对照。"公司的高管宣称,"我们发现,良好的预先计划可以带来更好的效果。"他们的这种目标方法是否有效?在过去 3 年内,该工厂的顾客退货率下降了将近 76%,而且根据《职业安全与卫生条例》记录在案的工伤和疾病事件下降了 54.5%。

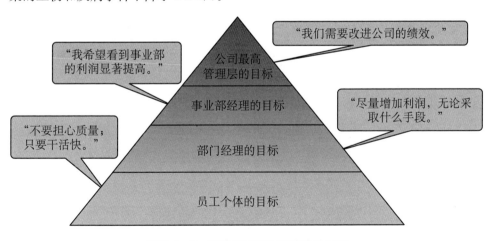

图表 6—2 传统的目标设定的传达过程

如果各组织层级的目标是定义清晰的，如同开利压缩机工厂那样，那么这些目标会构成一个一体化的目标网络，或者一个**手段—目的链**（means-ends chain）。更高组织层级的目标（目的）与较低组织层级的目标是相连的，后者还充当手段以实现前者。换句话说，在较低组织层级实现的这些目标会成为实现上面一个组织层级的那些目标（目的）的手段。而在这一个组织层级实现的目标又会成为实现更上面一个组织层级的那些目标（目的）的手段，依此类推直到最高层。这就是传统的目标设定方法的工作原理。

许多组织并没有使用这种传统的目标设定方法，而是采用**目标管理**（management by objective，MBO），即设定管理者和员工双方认可的目标并使用这些目标来评估员工绩效的一个过程。如果弗朗西斯科·加尔扎使用这种方法，那么他会坐下来与团队中的每位成员一起设定目标，并且定期评估是否取得所预期的进展以实现这些目标。目标管理计划有四个要素：具体的目标；参与型决策；明确的时间框架；绩效反馈。目标管理并不是利用目标来确保员工按照管理层对他们的期望工作，而是利用目标来激励员工。其魅力之处在于它聚焦于员工，以促使他们实现那些他们参与设定的目标。图表 6—3 列举了一个典型的目标管理计划所采取的步骤。

1. 制定组织的全局目标和战略。
2. 在各事业部以及各部门之间分解主要的目标。
3. 部门经理与其下属管理者共同制定本部门的具体目标。
4. 管理者与本部门所有成员共同制定每位成员的具体目标。
5. 管理者和员工共同制定具体的行动方案（即如何实现目标的方案）。
6. 实施这些行动方案。
7. 定期评估所取得的进展并提供反馈。
8. 基于绩效的奖励可以强化目标的实现。

图表 6—3　目标管理的步骤

目标管理是否有效？许多研究表明，目标管理能够提高员工绩效和组织生产率。例如，一项对各种目标管理计划予以评估的研究发现，几乎所有这些目标管理计划都实现了生产率的提高。但目标管理是否适用于当今的组织？如果它被视为一种目标设定方法，那么答案是肯定的，因为研究表明目标设定能够成为激励员工的一种有效方法。

措辞得当的目标的特征 不同组织在阐述目标时，并不会使用同一种措辞方式。有些组织比其他组织更善于清晰、明确地阐述所期望的结果。例如，宝洁公司的首席执行官说他希望看到该公司未来 5 年的每一天都增加 548 000 名新顾客。这是一个雄心勃勃但又明确具体的目标。管理者应该能够书写措辞得当的目标。怎样才算是一个"措辞得当的"目标？图表 6—4 列举了它的特征。

- 从结果而不是行动方面来阐述
- 是可测量的和量化的
- 具有明确的时间框架
- 有挑战性但却是可实现的
- 是书面化的
- 便于所有必要的组织成员理解

图表 6—4 措辞得当的目标

设定目标的步骤 在设定目标时，管理者应该遵循以下五个步骤。

1. 回顾该组织的**使命**（mission），即目的。使命是对组织目的的宽泛陈述，它对组织成员认为什么是重要事项提供一种总体指导。管理者在设定目标之前应当回顾组织的使命，因为目标应该反映使命。

2. 评估可获得的资源。你并不想设置以你可获得的资源无法实现的目标。即使目标应该是有挑战性的，它们也应该实事求是。毕竟，无论你如何努力，但如果你拥有的资源不足以让你实现某个目标，你就不应该设置这个目标。这就犹如一位年收入 5 万美元且没有其他任何经济来源的人，制定了一个在 3 年内完成 100 万美元投资的目标。无论他如何努力，这个目标都不会实现。

3. 独自或者与其他人共同确定目标。设定的目标应该反映所期望的结果，而且应该与本组织的使命以及其他组织领域的目标相一致。这些目标应该是可测量的、具体的，而且包含了实现目标的时间框架。

4. 写下这些目标并把它们传达给所有必要的人员。写下和传达这些目标会迫使人们对它们进行更全面彻底的思考。这些成文的目标还会成为明显的证据，表明努力实现某件（些）事情具有重要意义。

5. 对取得的结果进行评估以判断目标是否已经实现。如果目标没有实现，那么在必要时可以改变目标。

一旦目标被设定、写下并传达，管理者就要准备制定方案来实现这些目标。

制定方案

制定方案的过程会受到三种权变因素以及所采用的计划方法的影响。

计划时的权变因素　回头看看本章开篇的专栏"管理者困境"。卢·波利卡斯特罗和其他的救援项目管理者如何知道应当制定什么类型的方案来应对海地灾难？三种权变因素会影响他们对方案的选择：组织层级；环境的不确定性程度；未来承诺的持续时间。

图表6—5展示了管理者在组织中的级别与所制定的计划类型之间的关系。在绝大多数情况下，基层管理者主要制定运营计划，而高层管理者主要制定战略计划。

第二个权变因素是环境的不确定性。这个因素在本章开篇时讲述的海地灾难救援示例中体现得非常明显。当不确定性程度很高时，制定的方案应当是具体的而富有弹性的。管理者必须随时准备应对变化或者在方案实施过程中对方案作出修改。有时候，他们甚至不得不放弃整个方案。例如，在大陆航空公司和联合航

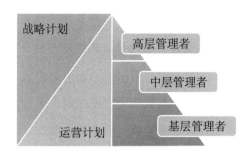

图表6—5 计划与组织层级

空公司合并之前，大陆航空公司时任首席执行官和他的管理团队确定了一个具体的目标，即聚焦于顾客最渴望的事项——航班准时——以帮助该公司在不确定性程度极高的航空业中变得更有竞争力。由于不确定性程度极高，该管理团队确定了一个"目标，而不是拘泥于某个飞行方案"，并且在必要时改变方案以实现准时服务的目标。

最后一个权变因素也与方案的时间框架有关。**承诺概念**（commitment concept）认为，方案应该扩展到未来足够长远的期限，以兑现制定这些方案时作出的承诺。时间太长或太短的方案都是缺乏效率和效果的。发生在美国电话电报公司和iPhone之间的故事就是一个很好的例子，它生动形象地表明了懂得承诺概念为何很重要。当美国电话电报公司在2007年6月获得为iPhone手机提供无线网络的专有权时，该公司以及苹果公司都大大低估了该款手机的受欢迎程度——这款手机已经售出了大约4 240万部。于是，接下来变得异常火暴的是各种各样的手机应用程序——至少有14万种不同程序总共下载了大约30亿次——而这其中的许多程序特别占用带宽。美国电话电报公司的网络"真的是无法应付这种流量"。该公司电信业务集团总裁约翰·斯坦基（John Stankey）说："我们错误地估计了我们的用量。"美国电话电报公司发现，这款对带宽极度"饥渴"的超级手机给该公司带来巨大的挑战。这个故事如何诠释了承诺概念？通过成为这款手机的主要供应商，美国电话电报公司对这项决策带来的未来所有费用"许下承诺"。因此，它必须接受这项决策及其后果，无论这些后果是好是坏。

计划的方法

美国联邦、州以及地方政府的官员们正在共同制定一项方案来增加美国西北部野生鲑鱼的数量。3M公司全球车身广告事业部的管理者正在制定详细的方案来满足日益挑剔的顾客以及与更有侵略性的竞争者展开较量。墨西哥广播集团（Grupo Televisa）的董事会主席、总裁兼首席执行官埃米利奥·阿兹卡拉加·让（Emilio Azcarraga Jean）在设定公司的目标之前会征询许多不同人士的意见和建议，然后再由公司的高管进行计划以实现这些目标。在上述每一种情况中，计划的方法都有所不同。通过考察谁在计划，我们可以更好地理解一个组织如何计划。

在传统的方法中，计划完全是由高层管理者在一个**正式的计划部门**（formal planning department）的辅助下完成的。这个计划部门是由一群专业的计划人员组成的，他们唯一的职责是帮助撰写各种各样的组织方案。按照这种方法，由高层管理者制定的方案会向下逐级传达到其他组织层级，因而非常类似于传统的目标设定方法。当这些方案沿着组织等级链向下传达时，它们会被不断地"裁剪"，以适应每个组织层级的特殊需求。虽然这种方法会使所制定的管理方案变得更完善、更系统、更协调，但它常常使得组织强调的重点是制定方案，其结果是厚厚一沓充满了无用信息的文件被束之高阁，而且不会被任何人用来指导和协调工作努力。实际上，一项研究向管理者调查了正式的、自上而下的组织计划程序。该研究发现，75%以上的调查对象说他们公司的计划方法令人不满意。一种普遍的抱怨是："所制定的方案是你为公司的规划人员准备的文件，随后它们就被抛之脑后。"虽然这种传统的、自上而下的计划方法被许多组织使用，但只有当管理者深刻认识到制定组织成员真正使用的文件（而不是好看但却从不使用的文件）的重要性，这种方法才会变得有效。

另一种计划方法是吸收更多组织成员参与计划过程。按照这种方法，方案不是沿着组织等级链自上而下逐级传达，而是由不同组织层级、不同工作部门中的组织成员共同制定，以满足他们的特定需求。例如，在戴尔公司，来自生产部门、供应管理部门以及渠道管理部门的员工每周都聚到一起，根据当时的产品需求和供应共同制定计划。此外，由工作团队来设定他们自己的每日进度计划，并且根据这些计划来记录工作进展情况。如果某个工作团队落后于工作进度，那么该团队的成员会制定"复原"方案以设法赶上进度。当组织成员更积极地参与计划时，他们会发现所制定的方案不仅仅是写在纸上的某个东西。他们会真正地发现，这些方案正被用来指导和协调工作。

回应"管理者困境"

海地大地震是一次如此严重的危机，以至于需要全球性的应对措施，而这一切正在实施当中。不幸的是，这次危机发生在马丁·路德·金纪念日假期周末，但没有人可以指责世界粮食计划署在应对这次危机的过程中付出的艰苦努力。很显然，吸取了"卡特里娜"飓风的惨痛教训之后，世界粮食计划署等许多救援机构进行了非常认真、彻底的反省和改进，因此预先制定了相当妥善的行动方案来应对海地大地震这样的灾难事件。不过，即便再多的事前计划也不足以应对救援队伍在海地看到的严重破坏。

从一开始就让军队参与救援行动是一个关键因素。他们平时就处于随时待命状态，而且被训练成第一反应者。军队指挥官应该负责评估地震的破坏程度，设法利用当地的设备并从其他地方调运其他必需的设备，以修复飞机跑道使之正常运转，让海港处于工作状态。然后，世界粮食计划署应该立即接过领导权，对海地各地的大量救援机构的食品及其他救援物资进行集中管理，并且制定相应的运输计划。

总的来说，救援机构采取的救援行动是高效的、令人印象深刻的，而且很好地体现了计划的有效性。

战略管理

管理者困境

"坎耶闭嘴"（在 MTV 音乐录影带大奖颁奖后不久发行）和"下流州长在哪里？"（在南卡罗来纳州州长马克·桑福德（Mark Sanford）承认婚外情后不久发行）是 MTV Network 集团旗下子公司 AddictingGames 提供的两款在线游戏。

AddictingGames 公司是全球最大的面向青少年的免费在线游戏网站。作为该公司的副总裁，凯特·康纳利（Kate Connally）负责管理 MTV Network 集团在 2005 年收购的这家公司。每个月有 1 530 万用户访问该网站，要使这些特别的用户感到开心并再次访问该网站是一项真正的挑战。为了做到这一点，"凯特·康纳利组建了一个由 1 000 名 Flash 开发人员组成的网络，平时每天发布一款新游戏，而在星期五则发布 12 款新游戏"。这些开发人员来自从加拿大到印度等各个国家。拥有这样一个全球化的员工网络使得该公司能够一夜之间就对相应的流行事件作出应对。

现在，凯特·康纳利正在监管一项重大的战略变革——把这些在线游戏放入 iPhone 手机。她说："媒介公司需要随时随地为用户提供体验服务，而我们发现，iPhone 手机确实是用户频繁使用的工具。"SWOT 分析如何为她提供帮助？

你该怎么做？

从凯特·康纳利在 AddictingGames 公司取得的成绩中，我们可以看出拥有良好战略的重要性。通过从当前的新闻热点中发掘游戏机会并且采取有效的战略来开发利用这些机会，她的公司已经成为在线游戏行业的领导者。当她继续扩展这些游戏的进入途径时，战略管理会继续发挥重要作用，以帮助该公司继续成为最受欢迎的在线游戏网站。在本章中，一个潜在的主题思想是有效的战略会导致高组织绩效。

战略管理

● Vente-privee. com，欧洲最大的在线零售商之一，正准备在欧洲而不是美国进行扩张，因为在美国，来自品牌折扣大卖场和折扣商店的竞争过于激烈。

● 面临用户就个人隐私问题施加的巨大压力，Facebook 的首席执行官马克·扎克伯格发布了一套新的控制系统来帮助用户更好地理解他们在线分享的信息。

● 查尔斯·施瓦布（Charles Schwab），以他名字命名的金融服务公司（嘉信理财集团）的创始人和董事会主席，非常担心公司的客户，尤其是因为公司的成功依赖于财务顾问让这些客户"投身于"产权投资市场的能力。

● 私募基金公司 C. Dean Metropoulos & Company 已经达成了一项收购蓝带啤酒（曾经非常流行的一个啤酒品牌）的协议，希望该品牌能够在竞争激烈的市场中重新占据自己的市场份额。

这仅仅是一周之内的几条商业新闻，而且每条都谈到某家公司的战略。战略管理是管理者工作中极为重要的组成部分。在本节中，我们将考察什么是战略管理以及它为何如此重要。

什么是战略管理？

想要考察什么是战略管理，折扣零售业是一个好去处。沃尔玛公司和凯马特公司（现在是西尔斯控股公司的组成部分）都成立于 1962 年，自成立之日起，这两家公司就一直为市场领导地位而展开较量。这两家零售连锁公司还拥有其他许多相似之处：商场氛围、名称、所服务的市场，以及组织目的。然而，沃尔玛公司的绩效（财务绩效及其他方面的绩效）远远凌驾于凯马特公司的绩效之上。前者是世界上规模最大的零售商，而后者是申请过 Chapter 11 破产保护的规模最大的零售商。这两者之间为何会产生如此明显的绩效差异？因为不同的战略和竞争能力。沃尔玛公司通过有效运用战略管理脱颖而出，而凯马特公司却由于无法有效运用战略管理而陷入苦苦挣扎的境地。

战略管理（strategic management）是管理者为制定组织的战略而做的工作。它是一项重要的任务，涵盖所有的基本管理职能——计划、组织、领导和控制。什么是一个组织的战略？**战略**（strategy）是关于该组织将如何经营、它将如何在竞争中获得成功以及如何吸引和满足顾客以实现组织目标的各种方案。

在战略管理中经常用到的一个术语是**商业模式**（business model），它指的是一家公司如何赚钱。它强调两件事情：（1）顾客是否重视公司提供的产品或服务；（2）该公司是否能够从中获利。例如，戴尔公司开创了一种新的商业模式，即通过互联网把电脑直接销售给顾客，而不是像其他电脑制造商那样通过零售商来销售电脑产品。顾客是否"重视"这种方法？绝对重视！通过这种方法，戴尔公司是否获利？绝对获利！当管理者考虑战略时，他们需要考虑公司商业模式的经济活力。

战略管理为何如此重要？

2002 年夏天，一档英国真人秀节目（《流行偶像》）的副产品《美国偶像》成为美国电视节目历史上规模最大、人气最高的节目之一。在播出 9 季之后，它仍然是观众最想看的电视节目，虽然最近 4 季的观众数量不断下降。然而，这档节目的监制说道："如果我们对这档节目保持足够敏感，就没有理由不让《美国偶像》成为一棵常青树。我们可以看看《价格竞猜》这档节目，它的历史已经超过了 35 年。"《美国偶像》幕后的管理者似乎深刻理解战略管理的重要性，因为他们已经把《美国偶像》充分商业化，全方位开发和利用它的每一个方面——电视节目、音乐、演唱会以及其他各种相关的授权产品。如今，他们面临的挑战是通过实施战略变革以保持这档节目的相关特许经营在市场上的强势表现。

战略管理为何如此重要？主要有三个原因。最显著的原因是它能够影响组织绩效。即便是面临相同的环境，为什么有些组织会成功而其他许多组织会失败？许多研究发现战略规划与组织绩效之间存在一种大体上的正相关关系。换句话说，运用战略管理的组织似乎具有更高的绩效水平。这个事实使得战略管理在管理者眼中具有相当重要的作用。

战略管理如此重要的另一个原因则与这样一个事实有关，即任何规模、任何类型的组织中的管理者都会面临不断变化的状况（我们在前面已经对此予以讨论）。通过运用战略管理过程来考察有关因素和决定采取什么行动，管理者可以对这种不确定性作出应对。例如，当许多行业中的公司高管设法应对这次全球经济衰退时，他们重点关注于使公司的战略变得更加有弹性。举例来说，在欧迪办公用品公司（Office Depot），全公司的商场经理都告诉首席执行官史蒂夫·奥德兰（Steve Odland）说经济困难的消费者现在不再打算大量购买钢笔或打印纸。

于是，该公司举办了特殊的展示会来促销单支的"Sharpie"牌钢笔，而且推出了每包 5 令重的打印纸，这种纸的规格只有标准大包打印纸的一半。

战略管理如此重要的第三个原因是：组织是复杂的而且其内部是多元化的。组织的各个组成部分都需要齐心协力，以努力实现组织的目标；在这方面，战略管理可以为组织提供帮助。例如，沃尔玛公司在全球拥有超过 210 万名员工在不同的部门、职能领域及百货商场工作，它运用战略管理来帮助协调员工的努力，并使这些努力聚焦于那些由公司目标所决定的重要事项上。

今天，无论是商业组织还是非营利组织，它们都运用战略管理。例如，美国邮政服务公司（USPS）在与包裹隔夜快递公司、提供电子邮件和文本传输服务的电信公司以及私营邮政机构展开的竞争中陷入困境。2006 年，美国邮政服务公司处理了 2 130 亿封邮件。2009 年，它处理的邮件数量降到 1 770 亿封，与 2006 年相比几乎下降了 17%。该公司的首席执行官（美国邮政总长）约翰·波特（John Potter）正在采用战略管理来对此作出应对。一项可能的行动方案是停止星期六的邮件递送，而这被许多批评者视为极端措施。不过，进行某些战略变革势在必行，因为该公司预计将在未来 10 年面临 2 380 亿美元的亏损。战略管理将继续在该公司的运营中发挥重要作用。我们可以看到该组织的《2013 年愿景》，其中简要概述了该组织内部的未来方案。虽然对非营利组织战略管理的研究还略显不足，无法与对营利组织战略管理的研究相媲美，但是我们知道战略管理对这些非营利组织同样重要。

战略管理过程

战略管理过程（strategic management process）是一个包含六个步骤的过

程，它涵盖了战略的计划、实施和评估（见图表 7—1）。虽然它的前四个步骤都是描述必须进行的计划工作，但实施和评估也是同等重要的。如果管理层没有正确地实施或评估所制定的战略，即便是最好的战略也可能失败。

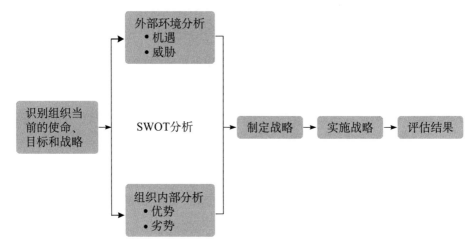

图表 7—1　战略管理程序

步骤 1：识别组织当前的使命、目标和战略

　　每个组织都需要有一个**使命**（mission），即对组织目的的陈述。定义组织的使命会迫使管理者确定企业的业务范围。例如，雅芳的使命是"成为能够最好地理解和满足全球女性的产品和服务需求及自我实现需求的公司"。Facebook 的使命是"成为一种把你和你周围的人联系起来的社会工具"。澳大利亚国家心脏基金会（NHFA）的使命是"减少澳大利亚因为心脏病、中风和血管疾病而引发的痛苦和死亡"。这些使命宣言为我们提供了线索，便于我们了解这些组织把什么视为组织目的。一项使命宣言应该包括什么？图表 7—2 描述了其中一些典型的构成要素。

顾客：该公司的顾客是谁？

市场：该公司在哪些地区开展竞争？

对生存、成长和盈利能力的关注：该公司是否致力于公司成长和财务稳定？

哲学：该公司的基本信念、价值观和道德准则是什么？

对公共形象的关注：该公司如何响应公众对社会和环境的关注？

产品或服务：该公司提供的最主要的产品或服务是什么？

技术：该公司是否拥有领先技术？

自我定位：该公司最主要的竞争优势和核心竞争力是什么？

对员工的关注：该公司是否把员工视为有价值的资产？

图表7—2 使命宣言的构成要素

资料来源：Based on F. David, *Strategic Management*, 13th ed. (Upper Saddle River, NJ：Prentice Hall, 2011), p. 51.

步骤2：进行外部环境分析

以下趋势可能会对公司产生什么影响？

● 随着全国医疗保健法案的通过，每一家大型餐馆连锁机构如今都被要求在它们的菜单和宣传告示上公布食物的卡路里信息。

● 顾客如今更多地使用手机来发送和收取数据而不是打电话。

● 高中毕业生的大学入学率在2009年创下新高，并且在未来几年将继续提升。

我们把外部环境描述为限制管理者行动的一种重要约束。分析外部环境是战略管理过程中的一个关键步骤。通过进行外部环境分析，管理者可以了解到各种相关信息，例如竞争者正在做什么，有哪些即将生效的立法可能会对组织产生影响，公司业务所在地区的劳动力供应情况如何。在外部环境分析中，管理者应该考察经济、人口、政治/法律、社会文化、技术和全球化等方面的因素以发现有关的发展趋势和变化。

对外部环境进行分析之后，管理者需要准确地找出组织可以利用的机遇以及组织必须抵御或应对的威胁。**机遇**（opportunities）是外部环境中的积极趋势；**威胁**（threats）则是消极趋势。

步骤 3：进行组织内部分析

接下来，我们转向组织内部分析。它可以提供关于组织具有哪些具体资源和能力的重要信息。一个组织的**资源**（resources）指的是该组织用来开发、制造以及向顾客供应产品的各种资产——金融资产、有形资产、人力资本和无形资产。它们表明该组织拥有"什么"。另一方面，组织的**能力**（capabilities）指的是它用来从事一切必要活动的技能和才智——它"如何"开展工作。组织最主要的价值创造能力称为它的**核心竞争力**（core competencies）。组织拥有的资源和核心竞争力决定了该组织的竞争武器。

对组织内部进行分析之后，管理者应该能够识别组织的优势和劣势。组织擅长的行动或者拥有的独特资源称为**优势**（strengths）。**劣势**（weaknesses）指的是组织不擅长的行动或者该组织需要但却并不拥有的资源。

外部环境分析和组织内部分析结合起来则称为 **SWOT 分析**（SWOT analysis），即对组织的优势、劣势、机遇和威胁的分析。在完成 SWOT 分析之后，管理者应该准备制定合适的战略——也就是说，所制定的战略应该：（1）充分利用组织的优势和外部机遇；（2）减少或避免组织的外部威胁；（3）弥补或纠正组织最主要的劣势。

步骤 4：制定战略

当管理者制定战略时，他们应该考虑到外部环境的实际情况以及组织拥有的资源和能力，以设计出有助于组织实现所设目标的战略。管理者制定的三种主要的战略类型是企业战略、竞争战略和职能战略。我们稍后将逐一讨论。

步骤 5：实施战略

制定战略之后，就必须予以实施。无论一个组织如何有效地规划自己的战略，可如果这些战略没有正确实施，那么该组织的绩效会受到很大影响。

步骤 6：评估结果

战略管理过程的最后一个步骤是对所获得的结果进行评估。制定的战略如何帮助组织实现目标？需要进行什么调整？例如，在评估先前战略的结果并且确定需要进行调整之后，施乐公司的首席执行官乌苏拉·伯恩斯（Ursula Burns）进行了战略调整以重新占领市场份额和改善公司的收益情况。为此，该公司削减岗位，出售资产并且重组管理。

企业战略

什么是企业战略？

我们先前说过，组织采用三种战略类型：企业战略、竞争战略和职能战略（见图表 7—3）。高层管理者通常负责企业战略，中层管理者负责竞争战略，基层管理者负责职能战略。在这一节，我们将讨论企业战略。

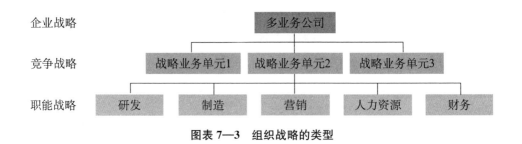

图表 7—3 组织战略的类型

企业战略（corporate strategy）是决定公司从事或想从事什么业务以及它想如何从事这些业务的战略。企业战略是基于组织的使命和目标以及组织中每个部门将扮演的角色。例如，我们可以从百事公司身上看到这两点。百事公司的使命：立足于便利食品和饮料行业，成为世界上最好的消费产品公司。为了实现这个使命，百事公司实施的一项企业战略是把该公司划分为不同的事业部，其中包括百事美洲饮料部（包括百事、佳得乐以及其他饮料品牌）、百事美洲食品部（包括菲多利北美部、桂格食品北美部，以及拉丁美洲食品部）和百事国际部（包括百事公司其他所有的国际产品）。这项企业战略的另一个组成部分是高层管理者何时决定如何从事这些业务：促进它们成长，使它们保持原样，或者予以更新。

企业战略的类型

三种主要的企业战略类型是成长战略、稳定战略和更新战略。让我们逐项予以考察。

成长战略 虽然沃尔玛公司是世界上最大的零售商，但它继续在美国和全球扩张。**成长战略**（growth strategy）指的是组织通过现有业务或新业务来扩大它所服务的市场数量或提供的产品数量。由于自己的成长战略，一个组织可能会提高收入、员工数量或市场份额。组织可以采用集中化、多元化、纵向一体化或横向一体化等方式获得成长。

采用集中化来实现成长的组织聚焦于自己的主营业务，并在这些领域中增加所提供的产品数量或所服务的市场数量。例如，位于加利福尼亚州富勒顿、年收入超过 32 亿美元的贝克曼库尔特公司（Beckman Coulter Inc.）采用集中化方式，成为世界上最大的医疗诊断仪器和研究设备制造商之一。采用集中化方式的另一家公司是位于马萨诸塞州福雷明罕的博世公司（Bose Corporation），它聚焦于开发创新的音响产品，成为家庭音响、专业音响和汽车音响领域的全球顶级制造商，年销售额超过 20 亿美元。

公司还可以选择通过纵向一体化（后向一体化或者前向一体化，或者两种都包括）来实现成长。在后向一体化中，公司成为自己的供应商，从而能够控制自己的输入。例如，eBay 拥有一项在线支付业务，这有助于该公司向顾客提供更安全的转账服务并控制对公司而言最重要的一个过程。在前向一体化中，公司成为自己的经销商，从而能够控制自己的输出。例如，苹果公司在全球拥有超过287 家零售店以销售自己的产品。

在横向一体化中，公司通过与其竞争者联合来实现成长。例如，法国化妆品巨头欧莱雅集团收购了美体小铺（Body Shop）。另一个例子是美国最大的演唱会承办商 Live Nation 与自己的竞争者 HOB 娱乐公司（House of Blues Clubs 的运营商）进行了业务合并。近年来，横向一体化在许多行业中被使用——金融服务行业、消费产品行业、航空业、零售百货业、软件行业，等等。美国联邦贸易委员会（FTC）通常会严密审查这样的联合，以判断消费者利益是否会因为商家竞争削弱而受损。其他国家可能也具有类似的管制。例如，欧盟委员会——欧盟的"看门狗"——对联合利华公司收购 Sara Lee 公司旗下的护肤护发用品和洗衣用品部门进行了一次深入审查。

最后，公司也可以通过多元化（既可以是相关行业多元化，也可以是非相关行业多元化）来实现成长。当一家公司与处于不同但相关行业中的其他公司联合时，就会产生相关多元化。例如，位于新泽西州皮斯卡塔韦的美国美标公司（American Standard Cos.）就涉猎了许多行业，其中包括卫浴设施、空调、加热设备、管道配件以及卡车的气动刹车装置。虽然这种业务组合看起来很奇怪，但该公司的"战略协调性"是它在卫浴设施这项主营业务中形成的高效制造技术并把这种优势转移到其他所有业务中。当一家公司与处于不同且不相关行业中的其他公司联合时，就会产生非相关多元化。例如，印度塔塔集团的业务涵盖了化学、电信和IT、消费产品、能源、工程、原材料、服务等各种行业。这也是一种奇怪的业务组合。但是这一次，这些业务之间并不存在某种战略协调性。

稳定战略　随着本次全球经济衰退的持续以及糖果和巧克力在美国的销售下滑，吉百利史威士公司（Cadbury Schweppes）——该公司在糖果行业将近一半的销售额来自巧克力——正在设法使各种状况维持原样。**稳定战略**（stability strategy）是使组织继续从事当前各种业务的企业战略。这种战略的例子包括：通过提供相同的产品或服务继续服务于相同的顾客；维持市场份额；维持组织现有的业务经营。如果采取这种战略，组织并不会成长，但也不会退步。

更新战略　2009财年，赛门铁克公司（Symantec）亏损67亿美元，美国第三大移动运营商Sprint-Nextel公司亏损24亿美元，许多金融服务公司以及与房地产相关的公司也面临严重的财务问题，遭受了巨额亏损。当一个组织陷入麻烦时，需要为此做些什么。管理者需要制定用来解决绩效下降问题的**更新战略**（renewal strategy）。两种主要的更新战略类型是紧缩战略和扭转战略。紧缩战略（retrenchment strategy）是用来解决轻微绩效问题的短期更新战略。这种战略帮助组织稳定业务经营、更好地激活组织的资源和能力，以及使组织重新恢复竞争能力。当一个组织的问题更加严重时，需要采取更重大的行动，即扭转战略

(turnaround strategy)。在这两种主要的更新战略中，管理者都会做两件事情：削减成本和重组组织运营。不过，在扭转战略中，这些措施要比在紧缩战略中运用得更广泛。

如何对企业战略进行管理

当一个组织的企业战略涵盖几种业务时，管理者可以采用一种被称为公司业务组合矩阵的工具来管理这种业务集合或组合。公司业务组合矩阵可以为理解多元化业务提供一种框架，而且帮助管理者确定资源配置的优先顺序。第一种广泛运用的业务组合矩阵是由波士顿咨询集团（BCG）开发的**波士顿矩阵**（BCG matrix）。该矩阵提出了这样一个理念，即可以采用一个 2×2 矩阵对一个组织的不同业务进行评估和划分（见图表 7—4），以识别哪些业务提供了高潜力，以及哪些业务是在消耗组织资源。矩阵的横轴表示市场份额（低或高），纵轴则表示市场增长预期（低

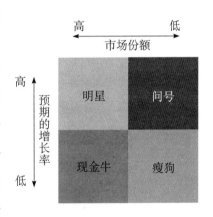

图表 7—4　波士顿矩阵

或高）。管理者可以运用 SWOT 分析来对组织的某种业务进行评估，并将之放入矩阵四个象限中的某一个。

波士顿矩阵的战略含义是什么？瘦狗业务应该被出售或清算，因为它们占据的市场份额低，而且其增长潜力也低。管理者应该尽可能多地从现金牛业务那里"挤奶"，限制在这些业务上的任何新投资，并且利用这些业务创造出的大量现金来投资于明星业务和问号业务，因为这些业务具有提高市场份额的巨大潜力。对明星业务的大量投资将有助于利用市场成长和维持高市场份额。当然，随着市场

发展成熟以及销售额增长速度放缓，明星业务最终也会发展成为现金牛业务。对于管理者来说，最艰难的决策是问号业务。在经过仔细分析之后，有些问号业务将被出售，而另一些问号业务则被战略性地培育成明星业务。

竞争战略

竞争战略（competitive strategy）是决定组织如何在每种业务上展开竞争的战略。对于一个仅仅从事某种业务的小型组织或者一个并没有实行多元化因而不具有多类产品或市场的大型组织来说，它的竞争战略将描述该组织如何在其重要或主要的市场上展开竞争。不过，对于拥有多种业务的组织来说，每一种业务都将拥有它的竞争战略，该竞争战略会定义该业务的竞争优势、它将提供的产品或服务、它想要服务的顾客，以及诸如此类的事项。例如，在法国的酩悦轩尼诗路易威登集团，不同的竞争战略分别对应着不同的业务，其中包括唐娜·卡伦时装、路易威登皮革制品、娇兰香水、豪雅表、香槟王香槟，以及其他的奢侈品。当一个组织涉猎几种不同的业务，而且每一种业务都彼此独立并具有自己的竞争战略时，这样的业务称为**战略业务单元**（strategic business unit，SBU）。

竞争优势的作用

米其林公司已经熟练掌握了一种制造高品质子午线轮胎的复杂技术流程。运用其专业化的营销和销售能力，可口可乐公司创造了世界上最好、最强大的品牌。丽思卡尔顿酒店（Ritz Carlton Hotels）拥有为顾客提供个性化服务的独特能力。这些公司中的每一家都创造了某种竞争优势。

开发一种有效的竞争战略要求管理者深刻理解竞争优势。**竞争优势**（competitive advantage）指的是使本组织区别于其他组织的特征，即它与众不同的优势或特征。这种与众不同的优势或特征可以来自该组织的核心竞争力，即能够从事其他组织无法从事的活动或者能够比其他组织更好地从事某些活动。例如，因为擅长向乘客提供他们所需的服务——廉价、便利的航空服务，所以西南航空公司拥有了一种竞争优势。或者，竞争优势可以来自组织的资源，因为它拥有竞争者所没有的某种东西。例如，沃尔玛先进的信息系统使该公司能够比竞争者更高效地监测和控制库存以及供应商关系，而该公司将之转化成一种成本优势。

把质量作为一种竞争优势　当 W. K. 凯洛格在 1906 年开始生产谷类食品时，他的目标是向顾客提供一种优质、美味、营养丰富的产品。对产品质量的强调在今天仍然非常重要。每一位员工都有责任保持家乐氏产品的高质量。如果得以正确实施，质量可以成为一个组织创造某种可持续竞争优势的方法。这也是许多组织采用质量管理概念设法把自己与竞争者区别开来的原因。如果一家公司能够持续改进其产品的质量和可靠性，那么它可能会获得一种牢固的竞争优势。

保持竞争优势　每一个组织都拥有资源（资产）和能力（如何完成工作）。因此，是什么使得有些组织比其他组织更加成功？为什么有些职业棒球队总是能够赢取冠军或吸引大量观众？为什么有些组织能够在年收入和利润方面实现持续稳定的增长？为什么有些大学、学院或系所能够获得持续增长的学生注册人数？为什么有些公司总是能够在各种"最佳"、"最受尊敬"或"最盈利"组织榜单上名列前茅？这些问题的答案是：并不是每一个组织都能有效地开发、利用自己的资源并形成能够为自己提供某种竞争优势的核心竞争力。而且，创造某种竞争优势并不是一件简单的事情。此外，组织还必须能够保持这种竞争优势；也就是说，要保持自己的优势，无论竞争者采取什么行动或者该行业发生什么革命性的变化。但是，这并不容易做到！市场的不稳定性、新的技术以及其他变化会给管理者设法创造一种可持续的长期竞争优势的努力带来巨大挑战。不过，通过使用战略管理，管理者可以更好地定位他们的组织以获得一种可持续的竞争优势。

战略管理中的许多重要思想来自迈克尔·波特的工作。他的主要贡献之一是解释管理者如何能够创造一种可持续的竞争优势。管理者要想做到这一点，很重要的一项工作是行业分析，可以运用五力分析模型来完成。

五力分析模型　在许多行业中，有五种竞争力量左右着竞争规则。这五种竞争力量（见图表7—5）共同决定了某个行业的吸引力和盈利能力，管理者可以运用以下五项要素来对此予以评估：

1. 新进入者的威胁。新竞争者进入该行业的可能性有多大？
2. 替代品的威胁。其他行业的产品能够替代本行业产品的可能性有多大？
3. 购买者的谈判能力。购买者（顾客）拥有多大的谈判能力？
4. 供应商的谈判能力。供应商拥有多大的谈判能力？
5. 现有的竞争者。本行业中当前的竞争有多激烈？

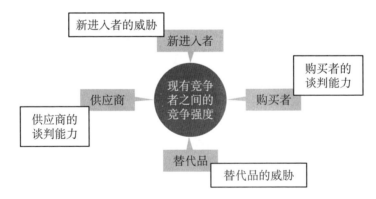

图表7—5　五力分析模型

资料来源：Based on M. E. Porter, *Competitive Strategy*：*Techniques for Analyzing Industries and Competitors*. New York：The Free Press, 1980.

选择一种竞争战略

管理者评估这五种力量并进行一次 SWOT 分析之后，他们就应该准备选择一种合适的竞争战略——也就是说，一种与组织所处的行业以及组织的竞争力量（资源和能力）相符的竞争战略。在迈克尔·波特看来，没有企业能够成功地向所有人提供所有东西。他提出，管理者应该选择一种能够为组织提供某种竞争优势的战略，而这种竞争优势要么来自拥有比其他所有竞争者更低的成本，要么来自变得与其他竞争者截然不同。

当一家企业基于自己拥有本行业最低成本（是成本或费用，而不是价格）来展开竞争时，它采用的就是成本领先战略（cost leadership strategy）。一个低成本领先组织是非常高效的。对于这样的组织来说，最重要的事情是把成本保持在最低水平，而且它会尽一切可能来削减成本。你不会在低成本领先组织的办公室里发现昂贵的艺术品或华美的内部装潢。例如，在位于阿肯色州本顿维尔的沃尔玛总部，办公室的陈设是实用型的，而不是精致的，很有可能与你对世界上最大零售商的期望并不相符。虽然低成本领先组织并不十分强调"装饰"，但是它的产品必须在质量方面被人们认为与竞争者提供的产品具有可比性，或者至少在购买者看来是可接受的。

如果一家公司通过提供受到顾客广泛认同的独特产品来展开竞争，那么它正在采用一种差异化战略（differentiation strategy）。产品的差异化可能来自与众不同的高品质、独树一帜的服务、创新的设计、先进的技术能力，或者极为正面的品牌形象。在现实世界中，任何成功的消费产品或服务都可以看成是差异化战略的示例，例如：诺德斯特姆公司（消费者服务）；3M 公司（产品的质量和创新的设计）；Coach 公司（设计和品牌形象）；苹果公司（产品设计）。

这两种竞争战略都瞄准广泛的市场，但最后一种竞争战略类型——聚焦战略（focus strategy）——致力于在某个狭窄的细分领域实现某种成本优势（成本聚焦）或差异化优势（差异化聚焦）。可以根据产品品种、顾客类型、流通渠道或地理位置来划分细分领域。例如，丹麦的 Bang & Olufsen 公司（世界顶级视听品牌）的年收入超过 5.27 亿美元，它聚焦于高端音响设备的销售。一种聚焦战略是否切实可行，取决于该细分领域的规模以及组织是否能够通过服务该细分领域来赚钱。

如果组织无法形成某种成本优势或差异化优势，那么将会发生什么情况？波特把这称为徘徊其间，并且警告说这并不是一个立足的好位置。当一个组织因成本过高而无法与低成本领先组织进行竞争或者因产品或服务的差异化程度不够而无法与差异化战略实施者进行竞争时，该组织就会变得徘徊其间。摆脱这种境地意味着选择追求某种竞争优势并对自己的资源、能力和核心竞争力进行整合来获得这种竞争优势。

虽然波特说组织要么追求低成本优势，要么追求差异化优势，以防止变得徘徊其间，但许多更近期的研究表明，组织能够同时追求低成本优势和差异化优势并实现高绩效。毋庸置疑，要想成功地实现两者兼备并不是一件容易的事情。你必须在保持低成本的同时真正地实现差异化。不过，惠普、联邦快递、英特尔、可口可乐等公司成功地做到了这一点。

在结束本节之前，我们想要指出最后一种组织战略类型，即职能战略。**职能战略**（functional strategies）是一个组织的各个职能部门用来支持其竞争战略的战略。例如，当位于芝加哥的印刷商 R. R. Donnelley & Sons Company 想要变得更有竞争力并投资于高科技数字印刷方法时，它的营销部门必须制定新的销售方案和促销方案；生产部门必须在印刷厂安装数字设备；而人力资源管理部门则必须更新公司的员工甄选和培训项目。我们在本书中并不讨论具体的职能战略，因为你们会在其他商业课程中学习这些内容。

回应 "管理者困境"

需要让 AddictingGames 公司的战略领导者共同分析公司的优势、劣势、机遇和威胁（SWOT），以确定如何在这个市场上取得最优成绩。由于该公司并不具有与 iPhone 手机相关的经验，因此需要获得这个技术领域的专业知识，这也许可以通过深入挖掘该公司现有的全球技术网络来实现。行动步骤包括：

● 找出该公司的一个核心用户群，以观察他们如何使用 iPhone 手机（如果他们使用的话）。

● 该公司当前的顾客（青少年）是否使用 iPhone 手机？如何维持他们在未来的忠诚？

● 考察其他公司如何把游戏/应用程序放入 iPhone 手机。

● 通过经常使用 iPhone 手机的用户来对游戏进行测试，以了解什么对他们有吸引力。

● iPhone 手机用户是否在寻求便利？他们是否处于工作环境？

第 8 章

MANAGEMENT

组　织

管理者困境

100 亿美元。这是美国礼来公司由于三种主打药品专利到期而预计从现在到 2016 年将损失的年收入总额。弥补这部分收入是该公司首席执行官李励达"必做事项"清单上的首要任务之一。这个任务的解决方案是加快药品开发的步伐，但他面临的挑战是如何加快步伐？

该公司的全球竞争对手往往是通过大规模并购和收购来迎接类似的产品开发挑战，但该公司并没有效仿这种方法，李励达的侧重点是收购小型制药公司。他说大规模合并"能够在短期内缓解压力，但并没有从根本上解决创新以及如何使（产品开发）管路更加高效的问题"。开发新产品并使它们尽快地通过完整的、法定的批准程序（这个程序有可能极其缓慢），对该公司当前和未来的成功具有举足轻重的作用。

李励达采取的一项措施是把该公司的运营结构改组成五个全球业务单元：肿瘤、糖尿病、成熟市场、新兴市场以及动物健康。这次重组还包括创建一个更高效的产品研发中心。现在，李励达会采用其他什么组织设计要素来确保礼来公司实现其加快产品开发流程的目标？

你该怎么做？

弥补 100 亿美元收入并不是也不会是一项轻松的任务。不过，礼来公司的首席执行官李励达明白组织结构和设计的重要性，尤其当该公司面临艰难的产品开发挑战时，其重要性更是不言而喻。他最初采取的结构重组是许多公司在面临重大的外部环境挑战时为了成为更强大、更成功的组织而常常实施的一种行动。李励达的行动也说明了设计或再设计一种帮助组织有效率、有效果地实现其目标的组织结构具有重要意义。在这一章，我们将考察这方面的内容。

设计组织结构

在俄克拉何马州麦卡里斯特南边有一家大型工厂，该工厂的员工制造的产品必须是完美无缺的。他们"如此擅长自己的工作而且长期从事这份工作，以至于占据了 100％的市场份额"。他们为美国军队制造炸弹，而从事这样一种工作所要求的工作环境是单调、结构化和纪律性与高风险和激情的一种有趣融合。在这家工厂，工作被有效率、有效果地完成。在思科系统公司，虽然并没有采取这样一种结构化的、正式的方法，但工作也被有效率、有效果地完成。在这家公司，大约 70％的员工至少有 20％的时间是在家里工作的。这两个组织都能使必需的工作顺利完成，虽然它们采用了不同的组织结构来做到这一点。

管理学中没有几个主题如同组织设计和组织结构这样在过去几年中经历了如此之多的变化。管理者正在重新评估传统的结构设计方法，以找到能够最好地支持和促进员工工作的新型结构设计，即能够实现效率且保持灵活性的结构设计。

组织设计的基本概念来自早期的管理学者，例如亨利·法约尔和马克斯·韦伯。这些基本概念提供了可供管理者遵循的组织结构原则。自其中许多原则被首次提出以来，90 多年已经过去了。给定这个时间长度以及外部环境在此期间发生的所有变化，你会认为这些原则在今天应该没有什么价值。令人惊讶的是，事实并非如此。在很大程度上，它们仍然能够为设计有效、高效的组织提供有价值的见解和洞察力。当然，这么多年来，人们已经非常了解它们的局限性。

我们把**组织**（organizing）定义为安排和设计工作任务以实现组织目标。它是一个重要的过程，管理者在这个过程中可以设计组织的结构。**组织结构**（organizational structure）是一个组织内正式的工作安排。这个结构可以直观地展示在一份**组织结构图**（organizational chart）中，能够服务于许多目的（见图表 8—1）。当管理者创建或改变组织结构时，他们就是在进行组织设计。**组织设计**（organizational design）是一个涉及六项关键要素的决策过程：工作专门化；部门化；指挥链；管理跨度；集权和分权；正规化。

- 把需要完成的工作划分为具体的工作岗位和部门。
- 把任务和职责分配给各个工作岗位。
- 协调各种各样的工作任务。
- 把工作岗位组合成部门或业务单元。
- 确定各个体、群体和部门之间的关系。
- 建立正式的职权链。
- 分配和调度组织的资源。

图表 8—1　组织工作的目的

工作专门化

在位于俄亥俄州阿达市的威尔逊体育用品（Wilson Sporting Goods）工厂，150 名工人（他们平均工作超过 20 年）负责生产美国国家橄榄球联盟（NFL）

使用的全部橄榄球以及大学和高中橄榄球比赛使用的绝大部分橄榄球。为了实现每日的产出目标，这些工人在诸如制模、缝制、缝合等工序中实行了专门化操作。这是工作专门化的一个例子。**工作专门化**（work specialization）指的是把工作活动划分为各项单独的工作任务。个体员工"专攻"一项活动的某个部分而不是从事整项活动，以提高工作产出。它也称为劳动分工。

工作专门化能够高效利用各种工人的技能。在绝大多数组织，有些工作任务要求非常熟练的技能；其他一些任务则可以由技能水平较低的员工来完成。如果所有工人都从事某个制造流程的所有步骤，他们就要拥有必需的技能来从事技能要求最高的工作任务以及技能要求最低的工作任务。这样的话，除了从事技能要求最高的任务或极为复杂的任务以外，他们大多数时候从事的工作都低于他们的技能水平。此外，熟练工人获得的工资要高于非熟练工人，而且由于工资往往体现每个工人的最高技能水平，因此组织需要按照熟练工人的工资率向所有工人支付工资，但他们从事的大部分是低技能的工作任务。这是组织资源的低效率使用。这个概念解释了为什么你几乎不会看到某个心脏外科医生在做完外科手术后为病人缝合刀口。实际上，通常是由观摩开放式心脏手术并学习技能的实习医生在外科医生做完手术之后为病人缝合刀口。

工作专门化的早期拥护者认为它可以导致生产率的大幅提升。20世纪初，工作专门化的推广普及是符合逻辑的。因为当时工作专门化并没有获得广泛实施，所以它的推行几乎总是会导致更高的生产率。但是，如图表8—2所示，一件好的事情也会过犹不及、物极必反。超过某种程度后，劳动分工给人们带来的非经济性——枯燥、疲劳、压力、低生产率、糟糕的质量、更高的缺勤率和辞职率——已经超过了它带来的经济优势。

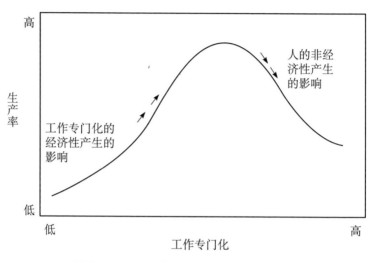

图表 8—2　工作专门化的经济性和非经济性

今天的观点　今天的绝大多数管理者仍然认为工作专门化是非常重要的，因为它帮助员工变得更高效。例如，麦当劳利用极高的工作专门化水平来高效、快速地制作食物并销售给顾客——这就是它被称为"快餐"的原因。一位员工在汽车点餐专用窗口接受订单，其他员工烹制汉堡块，一位员工制作炸鸡块，一位员工准备饮料，一位员工把顾客点的食品打包，等等。如此关注效率最大化导致日益提高的生产率。实际上，在许多麦当劳餐厅，你会看到有一个挂钟用来测量员工完成一份订单所需的时间；更仔细地观察，你也许会看到某处张贴着一个订单完成时间目标。然而，超过某种程度后，工作专门化不再带来高生产率。

部门化

你就读的大学是否设有学生服务部或助学金部？你是否通过管理系来修这门

课程？在确定由谁来从事什么工作任务之后，相同的工作活动必须组合到一起，从而使员工能够以一种协调的、整体的方式来完成它们。工作岗位组合到一起的方式称为**部门化**（departmentalization）。有五种常用的部门化形式可供使用，但组织也可以开发自己独特的划分方式。（例如，一家酒店可能有前台运营部、销售和餐饮服务部、客房内务和洗衣部、维修部等各个部门。）图表8—3举例说明了每种部门化类型及其优点和缺点。

职能部门化——根据职能来组合工作岗位

+ 把相似的专业及拥有相同技能、知识和定位的人员组
  合到一起可以带来更高效率
+ 使职能领域内部具有协调性
+ 获得高水平的专门化
− 不同职能部门间沟通不畅
− 对组织整体目标认识有限

地区部门化——根据地理区域来组合工作岗位

+ 更加有效率、有效果地处理特定区域内发生的事项
+ 更好地满足区域市场的独特需要
− 重复设置职能
− 可能会觉得与其他组织领域彼此隔离

（a）职能部门化和地区部门化

产品部门化——根据产品线来组合工作岗位

资料来源：庞巴迪公司年报。

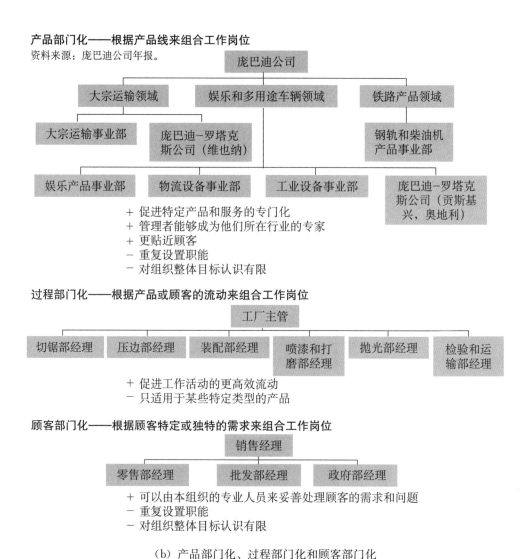

+ 促进特定产品和服务的专门化
+ 管理者能够成为他们所在行业的专家
+ 更贴近顾客
− 重复设置职能
− 对组织整体目标认识有限

过程部门化——根据产品或顾客的流动来组合工作岗位

+ 促进工作活动的更高效流动
− 只适用于某些特定类型的产品

顾客部门化——根据顾客特定或独特的需求来组合工作岗位

+ 可以由本组织的专业人员来妥善处理顾客的需求和问题
− 重复设置职能
− 对组织整体目标认识有限

（b）产品部门化、过程部门化和顾客部门化

图表 8—3　五种常用的部门化类型

　　今天的观点　绝大多数大型组织继续采用并融合这五种部门化类型中的大多数或全部。例如，日本的一家大型电气公司根据职能线来划分部门，围绕制造工序来划分制造单元，围绕七个地理区域来划分销售单元，而且把销售区域划分为四

种客户群体。Black & Decker 公司根据职能线来划分部门，围绕制造工序来划分制造单元，围绕地理区域来划分销售单元，并且根据客户群体来划分销售区域。

部门化的一种流行趋势是顾客部门化获得日益广泛的使用。由于获得和留住顾客对组织的成功至关重要，因此这种方法非常有效，这是因为它强调密切监测和响应顾客需求的变化。另一种流行趋势是使用工作团队，在工作任务变得更加复杂并且需要多元化的技能来完成这些任务时，更是如此。越来越多的组织正在采用的一种工作团队类型是**跨职能团队**（cross-functional team）。它是由来自不同职能领域的个体组成的工作团队。例如，在福特公司的原料规划和物流部，由来自该公司财务、采购、工程以及质量控制领域的员工和来自公司外部物流供应商的代表共同组成的一个跨职能团队，提出了好几项工作改进建议。我们将在后面更加完整地讨论跨职能团队（以及其他类型的团队）。

指挥链

假设你有一份工作，并且在处理某个事项时遇到了问题。你会怎么做？你会求助谁来帮你解决问题？人们需要知道自己的上司是谁。这就是指挥链的主要内容。**指挥链**（chain of command）是从组织的最高层延伸到最底层，用以界定谁向谁汇报工作的职权链。在对工作进行组织时，管理者需要考虑到指挥链，因为它可以帮助员工处理诸如"我向谁汇报工作"、"遇到问题时我向谁求助"等问题。为了更好地理解指挥链，你必须了解其他三个重要概念：职权；职责；统一指挥。让我们首先考察职权。

职权　职权是早期管理学者讨论过的一个重要概念；他们认为职权是把一个组织凝聚到一起的"黏合剂"。**职权**（authority）指的是某个管理职位所固有的发布命令和希望命令得到执行的权利。指挥链当中的管理者被赋予职权来从事他们的工作，即协调和监管其他人从事的工作。职权可以往下授予更低级别的管理者，在给他们提供某些特定权利的同时也施加某些特定限制。这些早期学者强调，职权是与某个人在组织内的职位息息相关的，而与他的个人特征毫无关联。他们认为，某个人在组织内的正式职位所固有的权利和权力是影响力的唯一来源，一旦某个命令下达，它就必须得到服从。

另一位早期的管理学者切斯特·巴纳德（Chester Barnard）提出了另一种职权观。这个观点被称为**权威接受论**（acceptance theory of authority），它认为职权来自下属是否接受的意愿。如果某位员工不接受管理者的命令，就不存在职权。巴纳德提出，只有当满足以下条件时，下属才愿意接受命令：

1. 他们理解该命令。

2. 他们认为该命令与组织的目的相一致。

3. 该命令与他们的个人信念并不矛盾。

4. 他们有能力按照该命令从事工作任务。

巴纳德的职权观看起来是站得住脚的，尤其是当涉及某位员工是否有能力按照命令来从事工作任务时。例如，如果我的管理者（我的系主任）走进课堂并要求我给我的一名学生做开放式心脏手术，传统的职权观主张我必须服从该命令。与此相反，巴纳德的职权观则主张，我应该告知我的管理者我缺乏必要的教育和经验来从事他要求我完成的任务，而且如果我服从该命令，那么可能并不符合这名学生（或者我们系）的最佳利益。是的，这是一个极端的、极不现实的例子。但是它确实指出，把管理者的职权简单地视为对某位下属工作行为的完全控制也是不现实的，除非在某些特定的情况下，例如在军队里，士兵必须绝对服从其指挥官的命令。不过，我们需要搞清楚的是，巴纳德认为绝大多数员工必须在其能力范围内服从上司给他们下达的命令。

早期的管理学者还区分了两种形式的职权：直线职权和幕僚职权。**直线职权**

（line authority）向管理者授予直接指挥下属工作的权利。如图表 8—4 所示，它是沿着指挥链从组织的最高层延伸到最底层的雇主—雇员职权关系。作为指挥链中的一环，一位拥有直线职权的管理者有权指挥下属的工作并且在无须咨询任何人的情况下作出某些特定决策。当然，在指挥链中，每一位管理者也要服从其上司的职权或指挥。

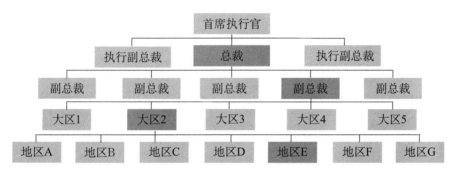

图表 8—4　指挥和直线职权链

需要记住的是，"直线"（line）这个术语有时用来区分直线管理者和幕僚管理者。在本章的语境中，直线管理者指的是这样的管理者，即他们在组织内的职能可以为实现组织目标作出直接贡献。例如，在一家制造公司，直线管理者通常从事生产和销售职能，而人力资源管理和薪酬管理等职能领域的管理者往往被视为拥有幕僚职权的幕僚管理者。一位管理者的职能被划分为直线职能还是幕僚职能，取决于该组织的目标。例如，在临时员工供应商 Staff Builders 公司，面试官拥有一种直线职能。与此类似，在薪酬管理服务提供商 ADP 公司，薪酬管理是一种直线职能。

随着组织变得日益庞大和复杂，直线管理者发现自己并不具有足够的时间、资源或专业技能来有效地完成工作。为此，他们创建了**幕僚职权**（staff authori-ty）来为他们提供帮助、支援和建议，并从总体上减少他们在信息和情报方面的负担。例如，无法有效处理医院所有必需物资采购的院长会成立一个采购部，这是一种幕僚职能。当然，该采购部的负责人对其下属的采购部员工则拥有直线职权。该医院院长可能还发现自己负担过重，因而需要一名助理，而该职位则会被划分为一个幕僚职位。图表 8—5 举例说明了直线职权和幕僚职权。

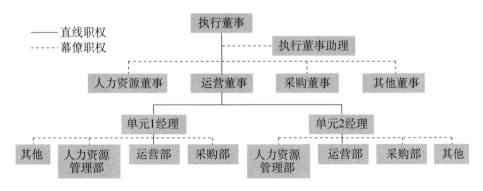

图表 8—5 直线职权 vs. 幕僚职权

职责 当管理者利用自己的职权向员工分配工作时，这些员工就承担了履行指定工作任务的义务。这种履行任务的义务或期望称为**职责**（responsibility）。员工应该为他们的绩效承担责任。只授予工作职权而不授予职责和责任会导致滥用职权。与此类似，如果员工没有被授予职权来完成某项（些）工作任务，那么他对该工作任务就不承担职责或责任。

统一指挥 最后，**统一指挥原则**（unity of command）（法约尔的 14 条管理原则之一）主张一个人应该只向一位管理者汇报。如果没有统一指挥原则，来自不同上司的相互冲突的命令会导致许多问题。CPAC 公司 Fuller Brands 事业部的一位销售经理达米安·伯克尔（Damian Birkel）就陷入了这样一种尴尬的境地，他发现自己要向两位上司汇报：其中一位负责百货商场业务，另一位则负责折扣连锁店业务。为把冲突降至最低程度，伯克尔制定了一个综合两位上司意见的工作事项列表，并且根据工作任务的变化而对列表上的事项进行更新或修改。

今天的观点　虽然早期的管理理论家（法约尔、韦伯、泰勒、巴纳德，以及其他人）认为指挥链、职权（直线职权和幕僚职权）、职责、统一指挥至关重要，但时代发生了变化。今天，这些元素已经远不如以前那么重要。例如，在位于法国图尔的米其林工厂，管理者已经用"鸟笼"会议取代由上至下的指挥链。在这种会议中，员工每天隔一段时间就在生产车间内的某根柱子旁开一个 5 分钟的碰头会，共同研究一些简单的图表以确定生产瓶颈问题。车间的管理者并不是充当上司，而是作为授权者。信息技术也使这些概念在今天变得不那么切题。员工可以在几秒钟之内就接触到过去只能由管理者获知的信息。信息技术也意味着员工可以不通过指挥链就直接与组织中的其他任何人进行沟通和交流。此外，许多员工，尤其是在围绕项目来开展工作的组织中，发现他们自己需要向多个上司汇报，从而违反了统一指挥原则。不过，如果相关各方能够管理好沟通、冲突和其他事项，这种安排也是可行的，而且确实行之有效。

管理跨度

一位管理者能够有效率、有效果地管理多少名员工？这就是**管理跨度**（span of control）所涉及的内容。传统观点认为管理者无法——而且不应该——直接监管五或六个以上的下属。确定管理跨度是很重要的，因为它在很大程度上决定了一个组织内的层级数量和管理者数量，这是了解该组织效率水平的一个重要考虑事项。其他所有条件不变，管理跨度越大，组织就越有效率。下述例子可以说明这个道理。

假设有两个组织，它们都拥有大约 4 100 名员工。如图表 8—6 所示，如果其中一个组织的管理跨度是 4 人，而另一个组织的管理跨度是 8 人，那么管理跨度更大的这个组织就可减少 2 个组织层级和大约 800 名管理者。如果管理者的平均薪水是每年 42 000 美元，那么该组织每年可以节省 3 300 万美元以上。非常明显，从成本方面来说，更大的管理跨度更有效率。不过，到达某个程度后，由于管理者再也无法拥有足够的时间来实施有效领导从而导致员工绩效恶化，因此更大的管理跨度反而会削弱管理效果。

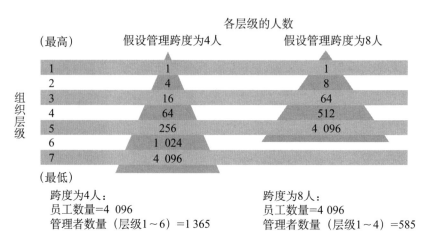

各层级的人数

图表 8—6　管理跨度对比

今天的观点　当今的管理跨度观点认为并不存在某个魔力数字。许多因素会影响到一位管理者能够有效率、有效果地管理多少名员工。这些因素包括该管理者和员工的技能和能力以及所从事工作的特征。例如，如果员工训练有素且经验丰富，那么管理者可以实施更大的管理跨度并运行良好。影响管理跨度的其他权变变量包括：下属所从事工作任务的相似性和复杂程度；下属工作地点的间隔距离；标准化程序的使用程度；组织信息系统的先进程度；组织文化的强度；管理者偏好的管理风格。

近年来的发展趋势是迈向更大的管理跨度，这与管理者追求加快决策速度、提高灵活性、更加贴近顾客、向员工授权以及减少成本是相一致的。管理者开始认识到，如果员工充分了解自己的工作并掌握组织中的各种流程，那么管理者可以应付更大的管理跨度。例如，在百事公司位于墨西哥的 Gamesa 饼干厂，现在每 56 名员工向一位管理者汇报。不过，为了确保绩效不会因为更大的管理跨度而受到影响，该公司就公司目标和程序对员工进行了充分培训。此外，新的薪酬体系更加强调质量、服务、生产率和团队工作。

集权和分权

当管理者进行组织时，需要回答的问题之一是"决策是在哪个组织层级制定的？"**集权**（centralization）是决策发生在组织高层的程度。如果高层管理者在作出关键决策时几乎不从组织低层获得输入，该组织就是更加集权化的。另一方面，低层组织成员提供的输入或作出的实际决策越多，该组织的**分权**（decentralization）程度就越高。需要记住的是，集权—分权并不是一个非此即彼的概念。这个划分是相对的，并不是绝对的；也就是说，任何一个组织都不可能是完全集权或分权的。

早期的管理学者认为一个组织的集权程度取决于情境。他们的目标是最合理、最有效率地使用员工。传统组织采用金字塔结构，权力和职权集中于组织的最高层及附近位置。在这种组织结构下，历史上一直沿用的集权式决策最为盛行。但是，今天的组织变得更加复杂，需要快速应对它们所处环境的动态变化。在这种情况下，管理者认为需要由最接近问题的那些个体来作出决策，无论他们处于哪个组织层级。实际上，过去 20 年的发展趋势——至少在美国和加拿大的组织中如此——是迈向更加分权的组织。图表 8—7 列出了能够影响一个组织使用集权或分权的一些因素。

更加集权	更加分权
● 环境是稳定的。 ● 低层管理者在决策方面的能力或经验不如高层管理者。 ● 低层管理者不想要决策发言权。 ● 决策是相对细微的。 ● 组织正面临一个关乎生死存亡的重大危机。 ● 公司的规模大。 ● 公司战略的有效实施取决于对所发生事情具有发言权的管理者。	● 环境是复杂的、不确定的。 ● 低层管理者在决策方面同样具有能力和经验。 ● 低层管理者想拥有决策发言权。 ● 决策的影响重大。 ● 企业文化是开放的，允许各级管理者对所发生的事情拥有发言权。 ● 公司各部分分散在不同的地理位置。 ● 公司战略的有效实施取决于参与决策的管理者以及制定决策的灵活性。

图表 8—7　集权或分权

今天的观点　今天，管理者常常选择能够让他们更好地实施其决策并实现组织目标的集权或分权程度。不过，在一个组织内行之有效并不必然保证在另一个组织内有效，因此管理者必须为各自的组织以及组织内的工作单元确定合适的分权程度。

随着组织变得越来越灵活，并且更快速地应对外部环境中的发展趋势，如今已经出现一种向分权式决策的明显转变。这个趋势也称为**员工授权**（employee empowerment），即向员工提供更多决策权。尤其在大型公司，低层管理者"更加接近行动"，因而通常比高层管理者更详尽了解所存在的问题以及如何最好地解决它们。例如，在设备制造商特雷克斯公司（Terex），首席执行官罗恩·德菲奥（Ron Defeo）是分权化管理的大力支持者，他告诉自己的管理者："交给你们这家公司，你们就要经营好。"他们确实做到了！2009 年，该公司在全世界只用了大约16 000名雇员以及人数很少的公司总部就创下了超过 40 亿美元的年收入。另一个例子是通用电缆公司（General Cable）位于墨西哥科阿韦拉的工厂，该工厂的员工负责管理仓库和车间里将近 6 000 个原材料库存单位。而且，该公司的管理者继续在想方设法把更多的职责交到工人的手中。

正规化

正规化（formalization）指的是一个组织中各项工作的标准化程度以及员工行为受规则和程序指导的程度。高度正规化的组织拥有清晰的工作描述、大量的规章制度，以及涵盖各方面工作内容的明确程序。员工对将从事什么任务、何时以及如何从事这些任务只拥有极少的自主权。当正规化程度较低时，员工对如何从事自己的工作拥有更多自主权。

今天的观点　虽然某种程度的正规化对于保持一致性和控制是必不可少的，但今天的许多组织更少地依赖于严格的规章制度和标准化程序来指导和规范员工行为。例如，考虑下述情况：

> 一位顾客走进某家全国大型百货连锁店的一个分店，想要当天冲洗一卷胶卷，可这个时间点比该店规定的最晚时间晚了 37 分钟。虽然销售人员知道他应该遵守店里的规章制度，可是他也知道自己当天就能把这个胶卷冲好，并且他希望满足该顾客的需求。于是，他接受了这个胶卷，违反了店里的政策，并希望自己的经理不会发现。

这名员工是否做错了？他确实"违反"了规章制度。但是，通过"违反"这项规定，他实际上为本店带来了收入并为顾客提供了良好的服务。

考虑到许多时候规则可能是过于限制性的，因此许多组织允许员工拥有某种程度的自由，向他们提供足够的自主权来作出他们认为在某些特定情况下最有利的决策。这并不意味着抛弃所有的规章制度，因为必然还有大量的重要规定是员工必须遵守的，而这些规定应当得以充分解释和强调，从而使员工理解为何要严格遵守它们。而对于其他规定，员工可以被授予某种程度的灵活性。

机械式和有机式结构

水上乐园附近的零售店储备额外的游泳衣似乎是合情合理的，对吧？如果 11 号尺码的女鞋在芝加哥热卖，那么储备更多 11 号尺码的女鞋似乎也是顺理成章的。在同店销售额 16 个月来不断下滑后，美国梅西百货公司的首席执行官特里·兰格伦（Terry Lundgren）确定现在是时候对公司进行重组以确保公司可以制定明智的零售决策。他正在使该公司变得更集权化和更本地化。虽然这可能看起来是自相矛盾的，但这次结构再设计似乎正在起效。兰格伦采取了集权化，把公司的采购、规划和营销业务由 7 个地区办事处集中到位于纽约的公司总部的一个办公室。他还用更多的地方经理（每一位负责 12 家商店）取代地区销售经理，这些地方经理可以花更多时间来思考销售什么商品。设计（或者再设计）一种能够行之有效的组织结构是至关重要的。基本的组织设计围绕两种组织形式展开，图表 8—8 对这两种组织形式进行了描述。

机械式组织	有机式组织
● 高度的专门化	● 跨职能团队
● 刻板的部门化	● 跨层级团队
● 清晰的指挥链	● 信息的自由流动
● 狭窄的管理跨度	● 宽泛的管理跨度
● 集权化	● 分权化
● 高度的正规化	● 较低的正规化

图表 8—8　机械式组织 vs. 有机式组织

机械式组织（mechanistic organization）（或科层组织）是综合前述六项组织设计要素的自然产物。坚持指挥链原则可以确保存在一种正式的权力等级制，使每个成员都由一位上司控制和监管。使管理跨度随着组织层级上升而变窄，会形成多层级的、标准化的组织结构。随着组织的最高层与最底层之间的距离日益扩大，最高管理层会实施越来越多的规章制度。因为他们无法通过直接观察来控制底层的活动并确保底层使用标准的行为规范，所以他们用规章制度来替代。早期的管理学者推崇高水平的工作专门化，这导致工作变得简单、重复和标准化。通过采用部门化而形成的进一步专门化会提高非人格化程度，更加需要多个管理层级来协调各个专门化的部门。

有机式组织（organic organization）是一种具有高度适应性的组织形式，其松散和灵活的程度等同于机械式组织僵硬和稳定的程度。不具有标准化的工作和规则条例，有机式组织的松散结构使得它可以根据需求快速改变。有机式组织也有劳动分工，但成员所从事的工作并不是标准化的。员工往往是精通技术的专业人士，并且受过良好培训，可以处理各种各样的问题。他们只需要很少的正式规章制度和直接监管，因为接受的培训已经在他们头脑中形成了职业行为标准。例如，一位石油工程师并不需要遵循关于如何确定石油资源与海岸线之间距离的具体程序。该工程师单独或者在征询同事意见后就能解决绝大多数问题。职业标准会指导他的行为。有机式组织的集权程度较低，因而专业人员能够快速应对所出现的问题，这是因为这种组织不会期望其高层管理者拥有制定正确决策所必需的专业技能。

传统的组织设计

当设计一种组织结构时，管理者可能会选择某种传统的组织设计。从本质上说，这些组织结构往往是更加机械化的。图表 8—9 简要总结了各种传统组织设计的优势和劣势。

简单结构
- 优势：快速；灵活；维护成本低；责任明确。
- 劣势：当组织成长时，该结构并不适用；依赖某个人是有风险的。

职能结构
- 优势：专门化带来的成本节约优势（规模经济，尽量减少人员和设备的重复设置）；将从事相似工作任务的员工组合到一起。
- 劣势：追求职能目标可能导致管理者不清楚什么最有利于整个组织；不同类型的职能专家相互隔离，因而对其他工作单元正在做的事情了解甚少。

事业部结构
- 优势：聚焦于结果——事业部经理对他们的产品或服务负责。
- 劣势：行动和资源的重复设置会增加成本并降低效率。

图表 8—9　传统的组织设计

简单结构

　　绝大多数公司刚开始时都是采用简单结构。**简单结构**（simple structure）是一种部门化程度低、管理跨度大、权力主要集中于某一个人、正规化程度极低的组织设计。不过，随着员工数量的增加，绝大多数公司并不会一直保持简单结构。它们的结构往往会变得更加专门化和正规化。于是，规章制度得以设立，工作变得专门化，各个部门相继成立，管理层级得以增加，而且整个组织变得日益官僚化。这时，管理者可能会选择一种职能结构或事业部结构。

职能结构

　　职能结构（functional structure）是一种把从事相似或相关职业的专业人员

组合在一起的组织设计。你可以把这种结构视为在整个组织内应用的职能部门化。

事业部结构

事业部结构（divisional structure）是一种由相对独立的事业部或业务单元组成的组织结构。在这种结构中，每个事业部都拥有有限的自主权，而且由事业部经理来负责管理该事业部并对其绩效负责。不过，在事业部结构中，公司总部通常扮演外部监管者的角色，以协调和控制各个事业部，而且它还常常提供财务和法律等方面的支援服务。例如，沃尔玛公司拥有两个事业部：零售（沃尔玛商场、国际部、山姆会员店，以及其他业务）和支持（配送中心）。

我们希望你已经在本章中体会到组织结构和设计（或再设计）是重要的管理任务。此外，我们也希望你认识到，关于如何组织的决策不仅仅对高层管理者很重要。无论处于哪个层级，管理者都可能必须处理工作专门化、职权、管理跨度等决策事项。下面我们将通过考察当代组织设计来继续讨论管理者的组织职能。

当代的组织设计

许多管理者发现传统的组织设计并不适合当今越来越动态和复杂的外部环境。作为替代，组织需要变得简约、灵活和创新；也就是说，它们需要变得更加有机化。因此，管理者正在寻找各种创新的方法来构建和组织工作。这些当代的组织设计包括团队结构、矩阵结构和项目结构、无边界组织，以及学习型组织。（图表 8—10 对这些组织设计进行了概括。）

团队结构

- 定义：整个组织由工作小组或工作团队构成的一种组织结构。
- 优点：员工参与和员工授权的程度更高。

  组织内各职能领域之间的壁垒或障碍更少。
- 缺点：没有清晰的指挥链。

  工作小组或团队承受较大的绩效压力。

矩阵—项目结构

- 定义：矩阵结构是指来自不同职能领域的专业人员被组织分派从事某个工作项目，并且在该项目完成之后返回他们原来的职能领域。项目结构是指员工持续不断地从事各种项目，即当某个项目完成之后，转而从事另一个项目。
- 优点：拥有流畅的、灵活的组织设计，从而能够快速应对外部环境的变化。

  更快速的决策。
- 缺点：为工作项目分派合适的人员时所面临的复杂性。

  工作任务和员工性格之间的冲突。

无边界结构

- 定义：不受各种预先设定的横向、纵向或外部边界所定义或限制的一种结构；这种结构包括虚拟组织和网络组织。
- 优点：拥有极高的灵活性和快速应对能力。

  能够有效利用自己在任何地方发现的人才。
- 缺点：缺乏控制。

  沟通困难。

学习型结构

- 定义：能够使员工持续不断地获得和分享新知识并应用这些知识的一种结构。
- 优点：在整个组织内共享知识，这是竞争优势的可持续来源。
- 缺点：有些员工由于担心失去他们的权势而不愿分享知识。

  大量经验丰富的员工即将退休。

图表 8—10　当代的组织设计

团队结构

谷歌公司联合创始人拉里·佩奇（Larry Page）和谢尔盖·布林（Sergey

Brin）创建了一种"以高度专注的小型团队来处理绝大多数大型项目"的公司结构。**团队结构**（team structure）指的是整个组织由工作小组或工作团队构成并完成工作任务的一种组织结构。在这种结构中，员工授权至关重要，因为并不存在从组织的最高层延伸至最底层的管理职权链。员工团队以它们认为最佳的方法来设计和从事工作，不过，这些团队也需要为自己的工作绩效承担责任。

在大型组织中，团队结构通常为职能型或部门型组织结构提供补充，从而使组织既拥有科层制的效率，又获得工作团队的灵活性。例如，亚马逊、波音、惠普、路易威登、摩托罗拉以及施乐等大型组织都广泛采用员工团队来提高生产率。

矩阵结构和项目结构

非常流行的当代组织设计也包括矩阵结构和项目结构。**矩阵结构**（matrix structure）把来自不同职能领域的专业人员分派去从事各种工作项目，而每个工作项目则由一名项目经理领导（见图表 8—11）。这种设计的一个独特方面是它创建了一种双重指挥链（dual chain of command），因为矩阵组织中的员工拥有两位经理：他们的职能领域经理以及他们的产品或项目经理，而且这两位经理共同分享对该员工的管理权。在与项目的目标相关的领域，项目经理对属于项目团队成员的专业人员拥有管理权。然而，关于晋升、薪资建议以及年度评估的任何决定通常来说仍然是职能领域经理的职责。这种矩阵设计"违反"了主张每名员工应该只对一位上司负责的统一指挥原则。然而，如果这两位经理能够定期沟通、共同协调对员工的工作要求并且共同解决分歧，那么这种设计能够而且确实行之有效。

也有许多组织采用**项目结构**（project structure）。在这种结构中，员工持续

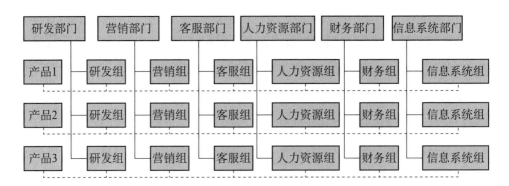

图表 8—11　矩阵组织的示例

不断地从事各种工作项目。与矩阵结构不一样的是，项目结构并不具有员工在完成一个工作项目后就可返回的正式部门。另外，在项目结构中，所有工作都是由员工团队来完成的。例如，在设计公司 IDEO，其项目团队的组建、解散和再组建都根据工作需要而定。员工"加入"项目团队是因为他们能够给该项目带来所需的技能和能力。不过，一旦该项目完成，他们就需要转移到另一个工作项目。

项目结构往往是更加灵活的组织设计，不存在部门化或者僵化的、能够延缓决策或行动的组织层级。在这种结构中，管理者充当协调者、导师和教练。他们消除或尽量减少组织中的障碍，并且确保工作团队拥有它们所需要的资源来有效率、有效果地完成工作任务。

无边界组织

无边界组织（boundaryless organization）指的是不被各种预先设定的横向、纵向或外部边界所定义或限制的一种组织。通用电气公司前任首席执行官杰克·韦尔奇杜撰了这个术语，因为他希望消除通用电气内部的横向和纵向边界，并且打破该公司与其客户及供应商之间的外部边界。虽然消除边界的理念可能显得很怪异，但当今许多最成功的组织发现，它们可以通过打破组织结构和保持灵活性来实现最有效的运营：对于这些组织而言，最理想的是不形成一种僵化的、有界限的、预先设定的组织结构。

那么，我们所说的边界（boundaries）指的是什么？边界有两种类型：（1）内部边界——由工作专门化和部门化导致的横向边界，以及把员工划分为不同组织层级和级别的纵向边界；（2）外部边界——把组织与其顾客、供应商及其他利益相关群体区别开来的边界。为了消除或尽量减少这些边界，管理者可能会采用虚拟组织或网络组织等组织设计。

虚拟组织　你是否考虑过从事某种实习工作（或者可能已经从事过）？如果是一种并不需要你前往某个工作场所，而在你的沙发上通过电脑来完成的实习工作，你会怎么办？这样的虚拟实习工作变得相当流行，尤其是在那些拥有在线业务（这是理所当然的）的中小型公司。这种类型的虚拟实习工作通常来说涉及"研究、销售、营销以及社会媒介开发"——只需一台电脑和上网终端就可以在任何地方完成的工作任务。有些组织的结构设计允许本组织的绝大多数员工成为虚拟员工。

一个**虚拟组织**（virtual organization）通常由作为核心的少量全职员工以及工作项目需要时被临时雇用的外部专业人员构成。例如 StrawberryFrog 公司，这是一家全球性的广告公司，在阿姆斯特丹、纽约、圣保罗和孟买都设有办事处。它的管理人员很少，但却拥有一个由虚拟的自由职业者组成的全球网络，该公司在必要时可以雇用这些自由职业者来从事公司客户委托的项目。依靠这些虚拟员工，该公司既能够拥有一个全球范围的人才网络，同时还不需要承担所有那些不必要的间接费用以及组织结构方面的复杂性。

网络组织　美国食品企业 Smart Balance 通过自己生产的保护心脏健康的产品来帮助人们保持苗条、精干的身材。该公司的组织结构也同样苗条、精干。该公司只拥有 67 名员工，把包括产品制造、流通和销售在内的几乎所有其他组织职能都外包出去。该公司的结构设计也能够消除各种组织边界，而且可以被描述为一种**网络组织**（network organization），即利用它自己的员工来从事某些工作活动，并且利用外部供应商网络来提供其他必需的产品部件或工作流程。这种组织形式有时候也被制造业公司称为模块组织。这种结构设计使得组织通过把其他工作活动外包给那些最善于从事这些活动的公司，从而能够全神贯注于本组织最善于从事的活动。例如，英国的微芯片设计公司 ARM 的战略是寻找大量的合作伙伴。它与这些合作伙伴签署合同，让它们来从事制造和销售。因为 ARM 并不从事制造，所以它会鼓励自己的客户（该公司设计的芯片是全世界 98% 的手机最关键的部件）提出它们喜欢的任何要求。这种灵活性在手机市场上非常有价值，因为在这个领域，拥有量身定制的芯片和软件能够提供一种竞争优势。在波音公司，主管 787 梦幻飞机（787 Dreamliner）开发的负责人需要管理数以千计的员工以及大约 100 家供应商，而这些员工和供应商分布在不同国家的 100 多个地点。在潘世奇卡车租赁公司（Penske Truck Leasing），许可证和所有权凭证的检测、司机驾驶记录的数据登记、报税和会计方面的数据处理等数十种业务流程都已经外包给墨西哥和印度的公司。

学习型组织

在竞争日益激烈的全球环境中做生意，英国零售商特易购公司（Tesco）深刻认识到商场做好幕后管理工作是何其重要的事情。而且，该公司通过采用一种已获得证明的有效"工具"，确实做到了这一点。这种工具称为"特易购盒子"（Tesco in a Box），它是一套独立、完善的 IT 系统，而且它所配备的业务流程体系能够为特易购公司所有的国际业务运营提供模型。这个系统促进了公司运营的一致性，同时也是整个公司分享创新的一种好方法。特易购公司是学习型组织的一个具体示例。**学习型组织**（learning organization）指的是培养出持续学习、适应和改变的能力的组织。"今天的管理挑战是鼓舞和培养知识型员工并且使他们能够在日常工作中解决各种无法预料的问题。"在一个学习型组织中，员工持续不断地获得和分享新知识，并把这些知识应用于工作或决策。有些组织理论家甚至更加激进，认为一个组织的这种能力——即学习并应用新知识的能力——可能是竞争优势的唯一可持续来源。一个学习型组织需要具备哪些结构特征？

整个组织内的员工——包括所有职能领域以及所有组织层级——都必须共享信息，并且在工作活动中进行协作。这样一种环境就要求物理的和结构的壁垒和障碍减少到最低程度，从而使员工能够以最佳的方式共同完成组织的工作任务，并且在这个过程中相互学习。最后，对于学习型组织而言，获得充分授权的工作团队往往是其结构设计的一个重要特征。这些工作团队可以自主决定从事哪些工作或解决哪些问题。拥有获得充分授权的员工和员工团队，就很少需要"老板"来进行领导和控制。反而，管理者充当的是协调者、支持者和倡导者。

回应"管理者困境"

当李励达改造礼来公司的运营结构时，他需要考虑如何组织其中的每个部门。

● 为这五个全球业务单元都创建一种事业部结构。

● 为产品研发中心的新产品开发团队采用一种更加有机化的结构。

● 为驱动新产品快速通过法定批准程序的那些部门及员工采用一种更加机械化的结构。

● 在不同业务单元间建立跨职能团队来分享最佳实践和关键知识，以改进产品开发过程。

人力资源管理

管理者困境

　　管理者必须去做的最艰难的事情之一也许就是告诉一位员工他将被解雇。自2008年初的这次经济衰退以来，大约800万美国人已经被解雇。在小型企业，宣布解雇某个员工也许更加痛苦，因为在这种企业里，常常存在更多的私人感情，员工们更像是一个家庭。在宣布这种消息时，管理者可能担心员工会非常激动或者愤怒，虽然这些反应并不会经常出现。如果员工没有预先得知将要裁员，这样的反应更有可能出现。还有少数时候，被裁掉的员工会表现出震惊、不敢相信，甚至还会哭泣。

　　在位于威斯康星州格拉夫顿的公羊工具公司（Ram Tool），一个小型家族制造企业，这个任务落在了公司行政副总裁谢利·泼卢姆（Shelly Polum）的肩上。在由九位成员组成的管理团队开会讨论哪些员工将被解雇之后，谢利不得不通知四名员工他们已经被公司解雇。"完成这个任务时，她竭力保持镇定，跑回自己的办公室，迅速把门关上。然后，她跌坐在地板上，哭成一个泪人。"如何把这个过程变得不那么有压力？

　　你该怎么做？

随着组织结构的成型，管理者必须找到合适人选来填充那些空缺的工作岗位，或者在商业环境需要时把那些多余的员工解雇。这就是人力资源管理发挥作用的地方。这是一项重要任务，涉及让正确数量的正确人选在正确的时间处在正确的岗位上。在本章，我们将考察管理者做这些事情的程序。

管理者在人力资源管理领域面临的一项主要挑战是确保公司拥有一支高质量的员工队伍。获得和留住有才华的优秀员工对于每一个组织的成功都至关重要，无论该组织是刚起步还是已经在商界打拼多年。如果一个组织没有严肃对待自己的人力资源管理职责，那么它的绩效会受到影响。因此，当每一位管理者进行组织时，他的一部分工作就是人力资源管理。所有的管理者都会参与某些人力资源管理活动，例如对求职者进行面试、为新员工提供上岗培训以及对下属员工的工作绩效进行评估，即便组织设有一个单独的人力资源管理部门。

人力资源管理过程

"在欧莱雅公司，成功始于公司员工。员工是我们最宝贵的资产。尊重员工，尊重他们的意见和差异，是我们获得长期可持续增长的唯一途径。"许多组织都公开声称员工是最重要的资产，并且承认员工在组织的成功中所发挥的重要作用。不过，人力资源管理为什么很重要？有哪些外部因素会影响人力资源管理过程？

人力资源管理为什么很重要？

人力资源管理之所以重要，有三个原因。第一，如同各种研究已经得出的结论那样，它能够成为竞争优势的一个重要来源。而且，这适合于全世界范围内的组织，而不仅仅是美国公司。一项调查了全球 2 000 多家公司的"人力资本指数"（Human Capital Index）得出结论，以人为导向的人力资源管理通过创造超额股东价值来为组织提供一种优势。

第二，人力资源管理是组织战略的重要组成部分。通过公司员工来使组织在竞争中获得成功，这意味着管理者必须在如何看待他们的员工及如何看待工作关系方面做出重大改变。他们必须与员工精诚合作，并且把员工当作合作伙伴而不是应当竭力避免或最小化的成本。这就是西南航空公司和戈尔联合公司（W. L. Gore）等以人为导向的组织所做的事情。

第三，人们发现，组织对待员工的方式会对组织绩效产生显著影响。例如，一项研究宣称，人力资源管理实践的重大改善会使公司的市场价值提升30％之多。另一项研究对《财富》"最佳雇主"排行榜前100家公司的平均股东投资回报率进行了追踪，发现这些公司在10年、5年、3年和1年中的回报率都显著高于标准普尔500指数公司。能够使个体绩效和组织绩效都达到高水平的工作实践称为**高绩效工作实践**（high-performance work practice）（见图表9—1）。这些高绩效工作实践的共同之处似乎是强调：以员工为中心；提高员工的知识、技能和能力；提高员工的工作动力；减少磨洋工现象；在鼓励低绩效员工离开的同时更好地留住优秀员工。

- 自我管理的团队
- 决策权的下放
- 用来开发知识、技能和能力的培训计划
- 灵活的工作任务分配
- 开放式沟通
- 基于绩效的薪酬
- 基于人员与岗位相匹配及人员与组织相匹配的员工定岗
- 广泛的员工参与
- 向员工授予更多的决策自主权
- 提高员工的知情权

图表 9—1　高绩效工作实践

即便一个组织并不采用高绩效工作实践，但为了确保组织拥有合格员工来从事必须完成的工作任务，它也必须实施其他各种具体的人力资源管理活动，而这些活动就构成了人力资源管理过程。图表 9—2 展示了这个过程的八种活动。前三种活动确保组织识别和甄选合格的员工；接下来的两种活动能够使员工的技能和知识不断得到更新；最后三种活动确保组织留住高绩效的优秀员工。在讨论这些具体的活动之前，我们需要考察那些会对人力资源管理过程产生影响的外部因素。

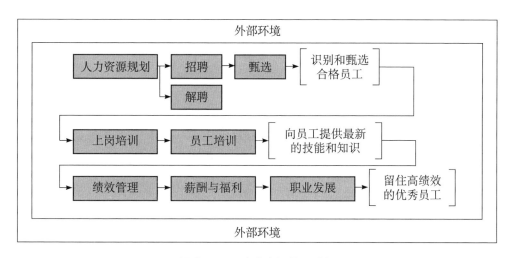

图表 9—2　人力资源管理过程

对人力资源管理过程产生影响的外部因素

C. R. England，一家全国性的运输公司，在星期五下午公布了一则招聘启事，为其下属一家位于印第安纳州伯恩斯海港的卡车司机培训学校招聘一名行政助理，起薪为每小时 13 美元。到下个星期一早晨该公司的员工招聘主管开始上班时，公司的电子邮箱中已经有大约 300 份求职申请。此外，还有一沓厚达 1.5 英寸的简历堆在办公桌上，这些简历把公司传真机的纸全部打完。在这 500 份求职申请中，有一个在 4 个月前失业的人，她给这名招聘经理留下了如此深刻的印象，以至于这份工作非她莫属，从而击败了剩下的 499 名候选人，其中包括一名拥有 18 年工作经验、以前在 IBM 公司担任分析员的求职者，一名担任过人力资源经理的求职者，以及一名拥有硕士学位、在德勤会计师事务所工作了 12 年的求职者。这并不是个例。本次经济衰退使得填补一个职位空缺几乎成为一次魔鬼式锻炼。

这是人力资源管理面临的新的现实。整个人力资源管理过程都会受到外部环境的影响。对该过程产生最直接影响的外部因素包括经济、工会、政府的法律法规以及人口发展趋势。

经济对人力资源管理的影响　本次全球经济衰退给全世界范围内的人力资源管理实践留下了不可磨灭的印记。例如，在日本，员工过去习惯于依靠两样东西：一份养家糊口的工作和一份体面的养老金。现在，终身雇佣已经是明日黄花，而且公司的养老金计划也正在摇摇欲坠。在欧盟成员国中，根据预计，失业率将会继续上升，而西班牙则遭受最沉重的打击。在泰国，汽车制造行业的员工的工作时间减少，这严重影响了他们的收入及技能更新。在美国，劳动经济学家宣称，虽然工作岗位数量会缓慢恢复，但这些岗位已经不是员工过去熟悉的那些岗位。许多是临时岗位或合同制岗位，而不是具有丰厚福利的全职岗位。而且，在本次经济衰退中失去的 840 多万个工作岗位，有许多岗位不会重新出现，而是被朝阳行业中的其他工作岗位取代。所有这些变化都对雇主和雇员产生了显著影响。由全球专业咨询服务公司韬睿惠悦实施的一项全球劳动力研究（Global Workforce Study）证实，本次经济衰退"从根本上改变了美国员工看待其工作和领导者的方式……美国员工已经显著降低了自己对职业和退休的未来预期"。

这些发现对一个组织如何管理自己的人力资源具有非常复杂的影响。

工会 工会（labor union）是代表员工利益并通过集体谈判来设法保护员工利益的组织。在已经实现工会化的组织中，许多人力资源管理决策都是由集体谈判合同规定的，而这些集体谈判合同通常界定了许多事项，例如招聘来源；聘用、晋升和辞退标准；获得培训的资格；纪律事项。由于获得的信息有限，因此难以确定全球劳动力队伍的工会化程度是多少。当前的估计是，大约12.3％的美国劳动力是工会成员。但是除法国（大约9.6％的劳动力是工会成员）之外，其他国家的劳动力的工会化程度更高。例如，在日本，大约19.6％的劳动力属于某个工会；在德国，有27％的劳动力是工会成员；丹麦是75％；澳大利亚是27.4％；加拿大是30.4％；墨西哥是19％。我们看到的一种工会成员资格发展趋势（尤其是在工业化程度更高的国家）是：在私营企业，工会成员的比例正在不断下降，而在公共部门（其中包括教师、警察、消防员以及政府雇员），工会成员的比例却在逐渐上升。虽然工会可以影响一个组织的人力资源管理实践，但最显著的外部环境制约因素是政府的法律法规，在北美更是如此。

人力资源管理的法律环境 2.5亿美元。这是纽约市一个陪审团判给原告们的惩罚性损害赔偿。这些原告控告制药企业诺华公司歧视女性员工。这可是数亿美元。这也是沃尔玛公司在一个性别歧视集体诉讼案件中有可能支付的惊人赔偿数额。如同你看到的那样，一个组织的人力资源管理实践要受到本国法律的管辖。例如，在制定关于谁将被聘用、哪些员工将被选中参加一项培训计划或者一位员工的薪酬将是多少的决策时，不得考虑种族、性别、宗教、年龄、肤色、国籍或残疾等因素。例外情况只能发生在某些特殊情形下。例如，社区消防队可以拒绝坐轮椅者应聘消防员岗位；但如果这位残疾人申请办公室文职工作，例如调度员岗位，那么残疾不能作为拒绝聘用的理由。不过，这样的事项很难明确界定。例如，当员工持有的宗教信仰要求其穿戴某种特殊式样的服装时，如长袍、长衬衫或留长发，等等，就业法可以为绝大多数这样的员工提供保护。但是，如果这种特殊式样的服装可能在特定的工作场合（例如操作机器时）很危险或不安全，那么公司可以拒绝雇用不愿遵从安全着装规范的人员。

一系列重要的法律法规显著影响了管理者在法律范围内能够做什么和不能做什么。因为劳动诉讼案件越来越针对管理者以及他们所在的组织，所以管理者必须了解自己在法律范围内能够做什么和不能做什么。设法平衡许多法律中的"应当与不应当"往往属于**平权行动**（affirmative action）的范畴。美国的许多组织采用平权行动计划来确保自己的决策和实践能够促进少数族裔和女性等受保护群体的就业、晋升和任期。也就是说，一个组织必须避免实施歧视，并且积极寻求各种方法来改善受保护群体的地位。不过，美国的管理者并不能完全自由地决定雇用、晋升或解雇哪些员工，也不能完全自由地以自己喜欢的方式来对待员工。虽然法律法规帮助减少了就业歧视和不正当的工作实践，但它们也减少了管理者对人力资源管理决策的自主权。

在德国，法律要求公司实施员工代表参与，其目的是在组织内重新分配权力，保护劳工权益以使之尽可能达到与管理层及股东利益同等重要的程度。两种最普遍使用的员工代表参与形式是工作委员会和董事会代表。**工作委员会**（work council）是员工和管理层联系的纽带。它们是由被任命的或选举产生的员工组成的团体，管理层在制定与人事有关的决策时必须咨询这些员工的意见。**董事会代表**（board representatives）是成为公司董事会成员并代表公司员工利益的员工。

人口发展趋势　回到 2007 年，在宝马公司位于德国下巴伐利亚行政区首府丁戈尔芬、拥有 2 500 名员工的传动工厂，负责人非常担心由于员工队伍老龄化而导致生产率有可能在未来出现不可避免的下滑。也就是在这个时候，宝马公司的高管决定重新设计这家工厂，以使之适合于更年老的员工。在员工的帮助下，他们对工作场所进行了物理改造。例如，采用新型的木地板来减少员工的关节劳损，采用特殊的座椅供员工就座或放松片刻，从而有助于减少员工的体力消耗。如同这个案例所示，人口发展趋势正在显著影响美国及全世界的人力资源管理实践。

识别和甄选合格员工

每一个组织都需要人员来从事本组织业务经营所必需的工作。它们如何获得这些员工？更重要的是，它们如何确保自己获得有才华的合格员工？人力资源管理过程的第一个阶段包含三项任务：人力资源规划；招聘和解聘；甄选。

人力资源规划

人力资源规划（human resource planning）是管理者用来保证他们能够使正确数量和正确类型的合格人员在正确时间处于正确位置的一个过程。通过人力资源规划，组织可以避免突然的人员短缺和过剩。人力资源规划包括两个步骤：（1）评估当前的人力资源；（2）满足未来的人力资源需求。

当前评估 管理者在开展人力资源规划工作时，首先要对组织当前的员工进行详细评估。这种评估通常包括诸如员工姓名、受教育程度、所受培训、就业经历、所持语种、特殊能力和专业技能等个人信息。先进的数据库可以使获得和保存这些信息变得相当容易。例如，斯伦贝谢公司（Schlumberger），全球最大的油田技术服务公司，其负责南美和北美地区的人事主管斯蒂芬妮·考克斯

（Stephanie Cox）采用了一种称为"人才赛"（PeopleMatch）的公司规划程序来帮助挑选管理人才。假设她需要为巴西办事处寻找一位管理者，于是她输入任职资格：多才多艺，能说葡萄牙语，并且是一名"具有很高潜力"的员工。在一分钟之内，屏幕上出现了 31 名候选人的名字。这就是良好的人力资源规划应该做到的——帮助管理者确定他们需要的人。

在当前评估中，一项重要的内容是**工作分析**（job analysis）。工作分析是一种评估，它定义了这项工作及从事该工作所需的行为。例如，在柯达公司工作的第三级会计师的工作职责是什么？至少需要什么知识、技能和能力才足以从事这份工作？这些任职要求与第二级会计师或者会计经理的任职要求有何异同？用于工作分析的有关信息可通过以下方式收集：直接观察从事该工作的员工；与员工单独或者以小组形式面谈；让员工完成一份调查问卷或者在记事本上记录日常工作活动；或者让工作"专家"（通常是管理者）来确定一项工作的具体特征。

利用来自工作分析的有关信息，管理者可以制定或修改工作说明书和工作规范。**工作说明书**（job description）是一份描述工作的书面声明，一般描述的是工作内容、工作环境和工作条件。**工作规范**（job specification）陈述任职者成功开展这项工作所必须具有的最低任职资格。它确定了有效履行这项工作所必须具备的知识、技能和态度。当管理者开始招聘和甄选时，工作说明书和工作规范都是非常重要的文件。

满足未来的人力资源需求　未来的人力资源需求是由组织的使命、目标和战略决定的。对员工的需求源自对组织的产品或服务的需求。例如，由于缺乏合格的员工，康宁公司不得不放慢其进军发展中国家的步伐。为了延续自己的增长战略，它不得不仔细规划如何获得足够数量的合格员工。

在评估当前的能力和未来的需求之后，管理者就能估计出组织中人员配备不足或配备过多的那些领域。于是，他们准备好进入人力资源管理过程的下一个步骤。

招聘和解聘

印度两家最大的技术外包公司对人才的争夺已经导致一场全力以赴的招聘之战。在美国，高科技行业也正处于一场招聘战之中，许多初创公司在与谷歌公司和英特尔公司等巨头争夺优秀人才。

如果存在员工空缺，那么管理者应当利用通过工作分析收集到的信息来指导自己的**招聘**（recruitment），即发现、识别和吸引合格的求职者。另一方面，如果人力资源规划表明存在员工过剩，那么管理者可能希望通过**解聘**（decruitment）来减少组织的员工数量。

招聘 有些组织通过有趣的方法来获得员工。例如，微软公司创建了一个新的网站，它把 103 个国家的网站整合成一个与就业有关的网站。在这个网站，潜在的求职者可以找到与招聘有关的员工博客，其内容涵盖每一件事情，从面试小窍门到简历上一句失败的开场白是否会对在微软公司申请职位造成负面影响。虽然谷歌公司一天收到 3 000 份求职申请，而且有能力承担高昂成本来实施极为苛刻的招聘，但是它也需要计算机科学和工程领域的优秀求职者。该公司做的一件趣事是谷歌游戏（Google Games），在该公司的校园活动中用一天时间来开展学生团队竞赛。德勤会计师事务所创办了自己的德勤电影节（Deloitte Film Festival），让本公司的员工组成团队来拍摄关于公司生活的电影，并且在校园招聘中利用这些电影来吸引潜在的求职者。图表 9—3 解释了管理者可以用来发现潜在求职者的不同招聘途径。

招聘途径	优点	缺点
互联网	可触及大量人员；可立即获得反馈	产生许多不合格的求职者
员工推荐	公司员工可以提供关于本公司的信息；能够获得优秀的候选人，因为好的推荐会提升推荐者的声望	可能不会增加员工多样性
公司网站	辐射范围广；能够瞄准某些特定群体	产生许多不合格的求职者
校园招聘	大量的候选人集中在一起	仅限于初级职位
专业的招聘机构	非常熟悉该行业面临的挑战和要求	对特定组织没什么承诺

图表 9—3　不同的招聘途径

虽然在线招聘非常流行，而且使组织能够经济、快速地找到求职者，但求职者的质量可能没有其他来源那么好。有研究发现，员工推荐通常能够带来最好的求职者。为什么？因为本公司的员工了解这份工作以及自己所推荐的人选，他们往往会推荐能够充分胜任这份工作的求职者。此外，公司的员工常常会觉得他们在公司的声望承担了一定风险，因而只有当他们相信所推荐的人选不会让自己陷入不利局面时才会进行推荐。

解聘　控制劳动力供应的另一种方法是解聘。对于任何一位管理者来说，实施解聘都不是一项愉快的任务。图表 9—4 展示了一些解聘选择方案。虽然可以解雇员工，但其他的选择方案可能更好。不过，无论你采取何种方案，减少一个组织的员工数量永远都不是一件容易的事情。

选择方案	描　述
解雇	永久的、非自愿的工作终止
临时解雇	临时的、非自愿的工作终止；可能只持续几天，也可能延续几年
自然减员	对自愿辞职或正常退休腾出的职位空缺不予填补
调换岗位	把员工横向或向下调动；通常不会降低成本，但可缓解组织内的劳动力供求不平衡
缩短工作周	让员工每周工作更少时间、分享工作岗位或者以兼职身份工作
提前退休	为年龄大、资历深的员工提供激励，使其在正常退休年龄之前退休
工作分享	让几个员工分担一份全职工作

图表 9—4　解聘的选择方案

甄选

招聘步骤吸引来一批候选人之后，人力资源管理过程的下一个步骤就是**甄选**（selection），即对求职者进行筛选以确定这项工作的最佳人选。甄选涉及预测哪些候选人在被雇用之后会取得成功。例如，在为一个销售职位进行招聘时，甄选过程应该预测哪些候选人将会创造更高的销售额。如图表 9—5 所示，任何甄选决策都会导致四种可能的结果——两种正确，另外两种错误。

		甄选决策	
以后的工作绩效		接受	拒绝
	成功	正确的决策	错误地拒绝
	不成功	错误地接受	正确的决策

图表 9—5　甄选决策的结果

当求职者被预测会取得成功而且后来在工作岗位上确实取得了成功，或者当求职者被预测不会取得成功并且没有被雇用时，这项决策就是正确的。在第一种情况下，我们成功地接受了该求职者；在第二种情况下，我们成功地拒绝了该求职者。

如果我们错误地拒绝了那些以后会在这项工作中取得成功的求职者（错误地拒绝），或者错误地接受了那些最终在这项工作中表现糟糕的求职者（错误地接受），就会出现各种问题。这些问题可能是非常严重的。考虑到当今与人力资源相关的法律法规，错误地拒绝不只是导致组织为找到合格候选人而花费额外的筛选费用。为什么？因为这可能会使该组织面临歧视指控，尤其当来自受保护群体的求职者被不合比例地拒绝时。例如，纽约市消防局进行的两次消防员笔试被发现对黑人求职者和拉丁裔求职者具有迥然不同的影响。另一方面，错误地接受会导致的成本包括：培训该员工的成本、因为该员工的能力不足而导致的利润损失、解雇该员工的成本以及随后进行招聘和筛选的成本。任何甄选行为的重点都应当是降低发生错误拒绝或错误接受的可能性，同时提高制定正确决策的可能性。管理者可以通过采用既有效度又有信度的甄选程序来做到这一点。

效度和信度　一种有效度的甄选工具，其特征就是该甄选工具与某种相关标准之间存在一种已被证明的相关关系。联邦就业法禁止管理者使用某种测试成绩来对求职者进行甄选，除非有明确证据表明，在该项测试中获得较好成绩的个体一旦持有这份工作，其工作绩效会超过那些获得较低成绩的个体。因此，管理者就有责任去证明自己用来区分求职者的那些甄选工具与工作绩效之间存在有效的相关关系。

一种有信度的甄选工具指的是它能够对同一事物产生持续一致的测量结果。在一项有信度的测试中，任何一名个体的成绩应当在较长一段时间内保持相当稳定，从而表明被测量的那些特征也是相当稳定的。如果甄选工具没有信度，它就不可能是有效的。使用这样一种甄选工具就犹如你每天在一个不稳定的磅秤上测量自己的体重。如果这个磅秤是没有信度的——每次你踩上去，测量结果随机发生变化，体重的波动范围达到5～10磅——那么测量结果就没有什么意义。

越来越多的公司正在采用一种被称为"岗位填补质量"（quality of fill）的新测量工具来评估招聘效果。这种测量方法考察优秀新员工和没有发挥出自身潜力的新员工分别作出的贡献，并且对他们的贡献进行对比。这种测量方法主要考虑五项关键要素：员工任期；工作绩效评估；在第一年工作中进入高潜力培训计划的新员工数量；获得晋升的新员工数量；新员工表现出的特征。这种测量工具有助于组织评估自己的甄选过程是否行之有效。

甄选工具的类型　最常用的甄选工具包括：申请表、笔试和绩效模拟测验、面试、履历调查，以及在某些情况下的身体检查。图表9—6列出了上述每一种甄选工具的优点和缺点。由于许多甄选工具对于管理者的甄选决策只具有有限的价值，因此管理者应当采用那些能够对某项特定工作的工作绩效作出有效预测的甄选工具。

申请表

- 几乎可以普遍使用
- 用来收集信息时最为有用
- 能够预测工作绩效，但是要创建这样一份申请表并不容易

笔试

- 必须与工作岗位有关
- 包括智力、态度、能力、性格及兴趣测试
- 应用得非常普遍（例如，性格测试、态度测试）
- 能够对管理岗位作出相对较好的预测

绩效模拟测验

- 采用实际的工作行为
- 工作抽样——通过与该岗位有关的工作任务来测试求职者；适合于按部就班的工作或标准化的工作
- 评价中心——模拟工作；适合于评估管理潜力

面试

- 几乎可以普遍使用
- 必须知道什么可以问，什么不可以问
- 在甄选管理岗位时比较有用

履历调查

- 用来核实求职者的数据——这是一种有价值的信息来源
- 用来核实推荐信——这不是一种有价值的信息来源

身体检查

- 适合于对身体素质有某些特定要求的工作岗位
- 主要是为了各种保险项目

图表 9—6 甄选工具

真实工作预览 管理者需要密切关注的一件事情是如何描述组织及正在招聘的工作岗位。如果他们只向求职者讲述好的方面，那么很有可能使员工日后产生不满，并且导致员工的高离职率。当求职者获得的信息被过分粉饰时，负面的事情就可能发生。第一，与工作岗位不匹配的求职者很可能不会在甄选过程中被淘汰掉。第二，虚夸的信息会形成不切实际的预期，可能使新员工迅速对工作感到不满并离开组织。第三，当新员工面对工作中出乎意料的现实困难时，他们会感到失望，并且不会全身心地为组织服务。此外，这些新员工可能会觉得自己在招聘过程中被误导了，因此成为问题员工。

为了提高员工的工作满意度和降低离职率，管理者应当考虑提供**真实工作预览**（realistic job preview，RJP），它包括关于这家公司和这项工作的正面和负面信息。例如，除了在面谈中通常要陈述的正面评价之外，可能还要向求职者告知：在工作时间内与同事交谈的机会有限；晋升机会很少；或者工作时间无定律，可能不得不在周末加班。大量研究指出，与那些只听到虚夸信息的求职者相比，经历了真实工作预览的求职者对于他们将要从事的工作具有更加切合实际的预期，而且能够更好地应对工作中可能出现的挫折。

向员工提供必需的技能和知识

如果正确地实施了招聘和甄选过程，那么我们应当已经雇用了能够在工作岗位上取得成功的合格员工。但是，要想取得成功的工作绩效，要求的不仅仅是拥有某些特定的技能。新员工还必须适应组织的文化，并且通过培训学会以一种与组织目标相一致的方式从事这份工作。公司现有的员工可能也必须通过培训计划来提高或更新自己的技能。人力资源管理采用上岗培训和员工培训来完成这些帮助员工适应环境或提高技能的任务。

上岗培训

当你作为新生入校时，是否参加过某种有组织的"大学生活介绍"活动？如果参加的话，那么你可能已经被告知学校的规章制度，以及申请财务资助、兑换支票、课堂注册等事项的程序；而且，很可能还会有人向你介绍学校的一些行政管理人员。刚开始从事一份新工作的员工同样需要这种对其工作岗位和所在组织的入门介绍。这种介绍称为**上岗培训**（orientation）。

有两种类型的上岗培训。第一种是工作部门上岗培训，使新员工了解所在工作部门的目标以及他的工作如何为其工作部门的目标作出贡献，并且把他介绍给现在的同事。第二种是组织上岗培训，使新员工了解公司的目标、历史、经营哲学、程序和规章制度。它还应该包括介绍有关的人力资源制度，甚至包括带领新员工参观组织的工作或生产场所。

许多组织都有正式的上岗培训计划，不过其他许多组织采用一种更加非正式的方式，例如由管理者将新员工委托给组织中资历较深的一位同事，由这位同事将新员工介绍给周围的同事，并告知那些重要的设施处于什么位置。此外，也可以使用密集型的上岗培训计划，就如同总部位于亚特兰大的猎头公司任仕达（Randstad）所做的那样。任仕达公司为期16周的上岗培训计划涵盖了从企业文化到在职培训的所有事项。该公司负责制定培训计划的高管说道："这是一个非常严格的过程，它不仅仅是关于新员工必须了解什么和做什么，而且还包括管理者必须去做什么。"管理者确实有这种义务，即采取有效率、有效果的方式使新员工融入本组织。他们应当开诚布公地与新员工讨论员工与组织双方的共同义务。使新员工尽快地熟悉情况和进行工作，这符合组织和员工的最佳利益。成功的上岗培训会使新员工舒适、轻松地完成从外来者向内部人的转变，降低以后出现不良工作绩效的可能性，并且减少新员工在工作头一两周就突然辞职的可能性。

员工培训

总的来说，飞机并不会导致航空事故，而是人导致了这些事故。大多数碰撞、坠毁和其他航空事故——将近 75% 的比例——源于飞行员或空中交通管制员的失误，或者源于不充分的维修保养。天气和结构缺陷通常是其余航空事故的罪魁祸首。我们引用这些统计数据来说明航空业实施培训的重要性。通过更好的员工培训，这样的维修保养失误和人为失误能够得以避免或者显著减少，就如同 2009 年 1 月全美航空公司（US Airways）1549 航班在哈德逊河上完成令人难以置信的安全"着陆"一样。机长切斯利·苏勒伯格（Chesley Sullenberger）把这个积极的结果归功于所有飞行员和机组人员接受过的广泛、密集的培训。在几张 4×8.5 英寸的卡片上，就能够找到 Ruth's Chris Steak House 餐厅的员工必须掌握的所有事项。无论是有焦糖的香蕉奶油派的制作方法还是如何招呼顾客，卡片上都有相关的指示。而且，由于所有工作岗位都有相对应的卡片，因此员工知道什么样的行为和技能可以使自己获得晋升。这是一种独特的员工培训方法，但是它确实行之有效。自实施该卡片系统之后，员工的离职率下降了，这在餐饮业可是非常不容易实现的。

员工培训是一项重要的人力资源管理活动。随着工作要求的改变，员工技能也必须改变。据估计，美国工商企业每年要投入超过 522 亿美元用于正式的员工培训。不过，在本次经济衰退期间，这个数字已经在下滑。当然，决定实施哪种类型的员工培训、什么时候实施以及应当采取什么形式，这都属于管理者的职责。

员工培训的类型 图表 9—7 描述了组织提供的培训的主要类型。其中最普遍的一些类型包括专业/具体行业知识、管理/监管技能、法律信息（例如性骚扰、安全事项，等等）以及客服等培训。对于许多组织来说，员工人际关系技能培训——沟通、冲突解决、团队建设、客服，等等——是重中之重。例如，在总部位于温哥华的波士顿比萨国际公司（Boston Pizza International），其培训和开发主管说："我们的员工知道公司的概念；他们具备所有的硬技能。不过，他们缺乏软技能。"因此，该公司发起了一项称为波士顿比萨学院（Boston Pizza College）的培训计划。该计划采用亲身体验的情境学习方法来培训多种人际关系技能。对于佳能公司来说，维修人员的技术技能是非常重要的。作为培训的一个组成部分，维修人员需要玩一种电脑游戏，而在这个游戏中，"光线乱闪，还发出嗡嗡的声音，犹如复印机的零部件被严重损坏"。该公司发现，与采用传统的培训手册相比，新方法可以使维修人员的综合实力提高 5%～8%。

类型	内 容
一般培训	沟通技能，电脑系统应用和编程，客服，高管培训和开发，管理技能和开发，个人发展，销售，监管技能，技术技能和知识
具体培训	基本的工作/生活技能，创造力，客户教育，多样性/文化意识，写作辅导，变革管理，领导力，产品知识，公开演讲能力，安全知识，工作伦理，性骚扰，团队建设，身心健康，等等。

图表 9—7 培训的类型

资料来源：Based on "2005 Industry Report—Types of Training," *Training*, December 2005，p. 22.

培训方法 虽然可以采用传统的方法来实施员工培训，但许多组织更加依赖于以先进技术为基础的培训方法，因为它们具有更高的便利性、更低的成本以及更强大的信息传达能力。图表 9—8 描述了管理者可能会采用的各种传统的培训方法及基于先进技术的培训方法。在所有这些培训方法中，专家们认为组织将日益依赖于电子化的学习工具来传达重要的信息和开发员工的技能。

传统的培训方法

在岗培训——对工作任务进行初始介绍之后，员工通过实际执行这些任务来学习如何从事它们。

工作轮换——员工在某个特定领域内的不同岗位上工作，从而接触各种各样的工作任务。

辅导制 ——员工跟随一位经验丰富的同事一起工作，这位同事向他提供信息、支持和鼓励；在某些特定行业也称为学徒制。

实验练习——员工参与角色扮演、模拟或其他类型的面对面培训。

工作手册——员工参考培训手册和操作手册来获得有关信息。

课堂讲座——员工参加传达特定信息的演讲或讲座。

基于先进技术的培训方法

只读光盘/数字化光盘/录像带/录音带/播客视频——员工采用这些能够传达信息或示范特定技巧的特定媒介。

视频会议/电话会议/卫星电视——当传达信息或示范技巧时，员工可以听取、观看或者参与。

电子化学习——基于互联网的学习，员工可以参与多媒体的模拟功能或其他互动模块。

图表 9—8　员工培训方法

留住高绩效的优秀员工

在宝洁公司，年中的员工评估用来对工作目标实施调整，以更精确地反映在这样一种严峻的经济环境中能够实现什么目标。该公司要求管理者聚焦于员工实现的成绩，而不仅仅是指出员工需要改进的地方。宝洁公司的人力资源总监说道："尤其是在这种经济环境中，人们在存亡线附近苦苦挣扎。设置可实现的目标对于保持士气非常重要。"

一旦一个组织投入高昂费用来招聘和甄选员工，并且对他们进行上岗培训和在职培训，它就希望留住这些员工，尤其是那些高绩效的优秀员工。在这个领域发挥重要作用的两种人力资源管理活动是员工绩效管理以及制定合适的薪酬和福利计划。

员工绩效管理

管理者需要了解员工是否在有效率、有效果地从事他们的工作任务。这就是**绩效管理系统**（performance management system）所做的事情——建立绩效标准来评估员工绩效。管理者如何评估员工的工作绩效？这就需要各种不同的绩效评估方法。

绩效评估方法　70％以上的管理者承认自己难以为一名表现不好的员工作出负面的绩效评价。当管理者和员工都认为这种负面评价于己无益时，情况更是如此。虽然评估某个人的工作绩效从来就不是一项容易的任务，尤其是评估那些在工作中表现不好的员工，但是管理者可以通过以下七种不同的绩效评估方法来更好地完成这个任务。图表9—9逐项描述了这七种评估方法，其中包括它们的优点和缺点。

薪酬与福利

我们大多数人都希望从雇主那里获得合适的薪酬。设计一种合适、有效的薪酬体系是人力资源管理过程的重要组成部分。它可以帮助吸引和留住那些有才华的优秀员工，而这些人可以帮助组织实现使命和目标。此外，一个组织的薪酬体系已经被证明对该组织的战略绩效也有影响。

书面描述法

考评者以书面形式来描述员工的优缺点、以往绩效及潜力，并且提供改进建议。

＋ 简单易行

－ 与其说是评估员工的实际工作绩效，不如说是衡量考评者的写作能力

关键事件法

考评者重点关注那些能够区分工作绩效是否良好的关键行为。

＋ 事例丰富，以具体行为作依据

－ 耗时；无法量化

评分表法

一种非常流行的绩效评估方法，它列出一系列绩效要素和一种增量尺度，然后由考评者根据这个列表来对员工进行逐项评分。

＋ 提供定量的数据；不会耗费太长时间

－ 无法针对工作行为提供有深度的信息

行为定位评分法

也是一种非常流行的绩效评估方法，它综合了关键事件法和评分表法的重要内容；考评者使用某种评分量表，但量表中的评分项目是工作中的具体行为事例。

＋ 聚焦于具体的、可测量的工作行为

－ 耗时；难以开发

多人比较法

通过与工作群体中其他员工的比较来评估员工。

＋ 把员工与其他员工分别进行比较

－ 员工数量多时难以操作；可能会引发法律问题

目标管理法

根据员工完成特定目标的程度来评估他们。

＋ 聚焦于目标；以结果为导向

－ 耗时

360 度评估法

利用来自上司、员工本人及同事的反馈意见。

＋ 全面

－ 耗时

图表 9—9　绩效评估方法

管理者制定的薪酬体系必须能够反映工作和工作场所不断变化的特征，以使员工获得足够多的激励。组织提供的薪酬可以包括多种类型的奖励和福利，例如基本工资和薪水、工资和加薪、激励工资，以及其他各种福利和服务。有些组织会向员工提供一些非同寻常但却比较流行的福利。例如，在美国高通公司，员工会获得冲浪课程、皮划艇旅行以及棒球比赛门票。CHG 医疗保健服务公司在工作场所中设置了一个健身中心，每天早晨为员工提供新鲜水果，每年还提供一次身心健康教育。J. M. Smucker 公司将礼品篮送到每一个新员工的家中，而且所有员工都可以获得垒球比赛和保龄球之夜的门票。

管理者如何决定谁获得什么？有几种因素会影响不同员工获得的一揽子薪酬和福利。图表 9—10 简要总结了这些因素，主要是基于岗位的因素以及基于所在公司或行业的因素。不过，许多组织正在采用其他方案来决定员工的薪酬：基于技能的薪酬和浮动薪酬。

基于技能的薪酬（skill-based pay）体系根据员工表现出的工作技能和能力来确定薪酬。在这种类型的薪酬体系中，员工的职务头衔并不决定他的薪酬高低，技能水平才是决定因素。有研究表明，与服务业组织或追求技术创新的组织相比，这种类型的薪酬体系往往在制造业组织中获得更大成功。另一方面，许多组织采用**浮动薪酬**（variable pay）体系，即个人薪酬取决于其绩效水平。90％的美国组织采用某种类型的浮动薪酬方案，而在加拿大和中国台湾，则分别有81％的组织这样做。

虽然有许多因素会影响一个组织薪酬体系的设计，但灵活性是一项关键的考虑因素。传统薪酬方案反映的是一个更加稳定的时代：一个员工的薪酬在很大程度上由他的资历和工作级别决定。考虑到当今许多组织面临的动态环境，薪酬设计的发展趋势是使薪酬体系变得更加灵活，并且减少薪酬等级的数量。不过，无论管理者采取哪种方法，他们都必须建立一种公平、公正、合理并具有激励作用的薪酬体系，从而使组织能够招募到并且留住一支有才华的、富有生产力的员工队伍。

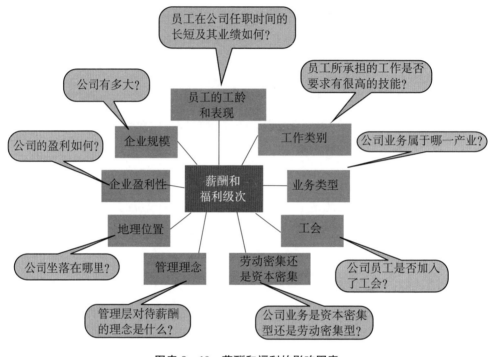

图表 9—10　薪酬和福利的影响因素

回应"管理者困境"

谢利必须接受的第一件事情就是，裁员决定并不是针对具体某个人或某群人的私人攻击，而是不得不实施的一项商业决策。要想使这个过程不那么有压力，关键是要精心准备好与被裁员工的交流。

为谢利提供以下几项建议：

● 向其他公司打听，以了解它们的招聘需求，并且帮助本公司被裁掉的员工顺利完成工作转变过程。

● 如果公羊工具公司提供某种员工援助计划，那么可以与该计划联系，以便让他们为谢利及受影响的员工提供某种帮助。

● 向受影响的员工强调，裁员并不是一次私人攻击，而是一项必要的商业决策。

● 在裁员时尽量不要向员工倾注太多感情，无论和员工之间的私人关系如何紧密；谢利必须学会把商业决策和私人关系分开。

如果谢利能够尽自己最大能力来帮助那些受影响的员工完成转变过程，这些员工也许会更好地消化自己被解雇的消息，并且明白这样一个道理，即如果自己保持积极的态度，那么机会总会到来。许多卓越的领导者也有过被解雇的经历，而正是他们在这段困难时期的所作所为让他们蜕变成更优秀、更强大的领导者。

第 10 章

沟　通

管理者困境

Tweets。Twittering。五年前，我们对这两个单词的了解还仅仅是鸟类以及它们发出的叫声。现在，几乎每个人都知道推特（Twitter）还是一种在线服务，利用这种工具，数以百万计的用户通过网络、手机或其他设备来进行 140 个字符内的短信息交流。在推特的三位创始人杰克·多西（Jack Dorsey）、比兹·斯通（Biz Stone）和埃文·威廉姆斯（Evan Williams）看来，推特具有多重意义：一种信息发送服务；一种与顾客接触的客服工具；实时搜索；一种微博。推特的用户数量表明，它已经变得十分流行。

推特已经占领的一个领域是大学体育界。例如，路易斯安那州立大学橄榄球队首席教练莱斯·迈尔斯（Les Miles）把自己称为"一个对推特上瘾的家伙"。他明白即时沟通的威力。迈尔斯想要在激烈竞争中拔得头筹，尤其是在招募优秀球员和向球迷发布消息时，他说道："它（推特）使我们能够向'粉丝们'传达大量信息。而想要申请加入我们球队的候选人也可以通过推特与我们进行沟通和交流。"在 2009 年秋季联赛期间，他在比赛之前（通过一名助理）、中场休息以及比赛之后都发布推特。组织面临的挑战是如何控制信息流。

你该怎么做？

欢迎来到沟通的新世界！在这个"世界"中，管理者必须深刻理解沟通——各种形式的沟通——的重要性和缺陷。管理者和员工之间的沟通是十分重要的，因为它提供了完成工作任务所必需的信息。因此，毋庸置疑的是，沟通和管理绩效息息相关。

沟通的本质和职能

最近这个夏季的一天，在通用汽车公司底特律总部，雪佛兰事业部的员工收到一份内部备忘录，该备忘录要求他们在提及他们的汽车品牌时停止使用"雪佛兰"（Chevy）这个单词。虽然雪佛兰是世界上最著名、历史最悠久的品牌名称之一，代表着一个最畅销的轿车和卡车系列，而且因为一首讲述开着雪佛兰到河堤上但河堤已干涸的经典歌曲《美国派》而成就不朽形象，但是雪佛兰事业部的两名高管以维护品牌一致性为理由，签发了这份备忘录。在这份备忘录被媒体获知并激起强烈的公众反响后，通用汽车公司撤销了这份备忘录。该公司在 YouTube 网站的雪佛兰专区发布了一段访谈视频，访谈对象是签署这份备忘录的其中一名高管。在视频中，该高管在不到两分钟时间内使用"雪佛兰"这个单词的次数不少于六次。他还声称该备忘录是一份"粗糙的草稿"，而且"有点可笑"，并且解释说"发展方向不会发生重大改变"。这个例子表明，管理者需要深刻理解沟通的影响，这具有重要意义。

管理者必须充分重视有效沟通的重要性，这是因为管理者做的每件事情都涉及沟通。请注意，并不是其中一些事情，而是每件事情！没有掌握相关信息，管理者就无法制定决策。这些信息必须通过沟通才可以获得。制定了某项决策之后，沟通还是会再次出现。否则，没有人知道这项决策已被制定。没有沟通，就无法形成最好的创意、最有创造性的建议、最好的计划或者最有效的工作再设计。

什么是沟通？

沟通（communication）就是意思的传递和理解。首先要强调的是意思的传递：如果信息或者观点没有表达出来，就不会发生沟通。此外，如果没人听见讲话者说话，或者没人阅读作者撰写的材料，那么也不会发生沟通。不过更重要的是，沟通还包括意思的理解。要想使沟通变得成功，意思必须被准确地表达和理解。把一封用西班牙语写的信寄给一个不懂西班牙语的人，这不能视为沟通，直到这封信被翻译成这个人能够阅读和理解的语言。完美的沟通，如果确实存在的话，应当是发送者准确表达自己的本意，而且这些想法和观点被接收者原原本本地接收和理解。

需要记住的另一点是，良好的沟通常常被沟通双方误解为对信息达成的一致意见，而不是对信息的清晰理解。如果某个人不同意我们这个观点，那么我们认为这个人并没有完全理解我们的立场。换句话说，有许多人把良好的沟通定义为让某个人接受自己的观点或意见。不过，我能够清楚地理解你的意思，但却并不同意你所说的话。

我们想指出的最后一点是沟通包括**人际沟通**（interpersonal communication）和**组织沟通**（organizational communication）。人际沟通是两人或多人之间的沟通；而组织沟通是组织中的各种沟通模式、网络和系统。对于管理者来说，这两种沟通类型都非常重要。

沟通的功能

施乐公司加拿大有限责任公司的董事长、总裁兼首席执行官凯文·M·沃伦 (Kevin M. Warren) 被国际商业交流者协会（IABC）授予 2010 年领导者卓越沟通奖（Excellence in Communication Leadership）。该奖项表扬那些促进良好沟通并致力于发展和支持组织沟通的领导者。他的推荐书上写道："凯文始终都是沟通的倡导者。他是沟通的最有力支持者，也是值得他人学习的榜样。凯文深刻地懂得员工沟通、员工敬业度与企业最终的成功之间的紧密关系。他对沟通的强烈认同产生了深远的积极影响，而且这种影响扩展到所有利益相关方的员工之外。"

在施乐公司加拿大有限责任公司以及其他许多组织，沟通具有四种主要功能：控制；激励；情绪表达；信息。每种功能都同等重要。

沟通可以通过几种方式来控制员工行为。组织具有员工需要遵循的权力层级和正式指导原则。例如，当员工被要求遵循自己的工作说明书、遵守公司政策或者就某起工作申诉与自己的直接上司进行沟通时，沟通就用来实施控制。非正式沟通也可以控制行为。当某个工作群体取笑其中一位成员工作过于努力从而忽视群体规范时，他们就是在非正式地控制该成员的行为。

其次，通过向员工明确阐述他们要完成什么工作任务、他们的工作表现如何以及当表现不达标时可以采取什么措施来改进绩效，沟通可以发挥激励功能。当员工设置具体目标、为实现这些目标而努力以及获得目标进度反馈时，沟通都是不可或缺的。

对于许多员工来说，他们的工作群体是一个最主要的社交场所。在该群体内发生的沟通是成员表达和分享失落感和满足感的一种基本机制。于是，沟通为员工表达自身情绪和满足社交需要提供了一种途径。

最后，个体和群体都需要信息来完成组织中的工作任务。沟通可以提供这些信息。

有效的人际沟通

由于电子邮件方面的错误、低效和误解，一家拥有 100 名员工的公司每年可能会损失约 450 000 美元或者更多。纽约一家营销公司的首席执行官在与一位潜在客户进行 90 分钟的会谈中，该客户一直在玩自己的 iPhone 手机。用手机干什么？玩一种赛车游戏，虽然他时不时会抬头看看是什么情况并提几个问题。一家人力资源咨询公司进行的研究发现，由于没有真正理解自己的工作，美国和英国的员工每年给他们所在的公司造成 370 亿美元的损失。

沟通有时并没有实现其应有的有效性。其中一个原因是管理者会面临各种扭曲人际沟通过程的障碍。让我们来考察这些妨碍有效沟通的障碍。

沟通的障碍

过滤 过滤（filtering）是指故意操纵信息以使其更容易被接收者认同。例如，当一个人只向自己的经理汇报他想听的消息时，信息就在被过滤。或者，如果通过各个组织层级向上传送的信息被各级发送者不断加以浓缩或总结，这也是过滤。

在组织中会发生多少过滤，这往往是一个关于组织纵向层级数量和组织文化的函数。一个组织中的纵向等级越多，发生过滤的机会就越多。如果组织采用更加协作和合作的工作安排，信息过滤问题可能会得到一定程度的遏制。此外，电子邮件可以减少信息过滤，因为沟通更加直接。最后，通过奖励什么类型的行为，组织文化会鼓励或抑制信息过滤。组织文化越强调形式和外表，管理者就越有动力按照这种风格来过滤信息。

情绪　接收者在收到信息时心情如何也会影响他如何解读该信息。极端情绪最有可能妨碍有效沟通。在这种情况下，我们常常会抛弃自己理性、客观的思维活动，并代之以情绪性的判断。

信息超载　一位营销经理前往西班牙出差一个星期，在这期间他无法上网查阅自己的电子邮件，而当他出差回来之后发现自己有 1 000 封邮件。让他完整阅读和答复每一封邮件而不面临**信息超载**（information overload），这是不可能的。信息超载指的是信息超出我们的处理能力。当今的员工常常抱怨信息超载问题。统计数据表明，87％的员工使用电子邮件，而且每个商务电子邮件用户每天平均花 107 分钟来处理电子邮件，这大约是每天工作时间的 25％。其他有些统计数据表明，员工平均每天发送和接收 150 封电子邮件。全世界每天发送的电子邮件数量高达 973 亿。伴随着接收电子邮件、短信、电话、传真以及参加会议和阅读专业资料的需要，大量的数据和信息排山倒海般扑向我们。当人们面对的信息超出自己的处理能力时，会出现什么情况？他们往往会忽略、忽视、遗忘或有选择性地挑选信息。或者，他们可能会停止沟通。不管怎样，最后导致的结果是信息遗漏和沟通效果受到影响。

防卫　当人们感到自己受到威胁时，他们采取的应对方式往往会妨碍有效沟通，并削弱其实现相互了解的能力。他们变得具有防卫心理——在言语上攻击他人，发表讽刺挖苦的意见，对他人过于品头论足，或者质疑他人的动机。

语言　同样的词汇，对不同的人有不同的意思。有许多变量会影响一个人使用的措辞以及他对单词的定义，而年龄、受教育程度和文化背景是其中尤为明显的三个变量。

在一个组织中，员工来自各种不同的背景，而且具有不同的言谈模式。即便是同一个组织中不同部门的员工，也常常具有不同的**行话**（jargon）——某个群体的成员在内部沟通时使用的专业术语或技术语言。

民族文化　由于技术和文化的原因，中国人不喜欢语音邮件。这种总体倾向生动说明了沟通差异不仅可以源于不同的语言，而且可以源于不同的民族文化。例如，我们可以把重视个人主义的国家（例如美国）与强调集体主义的国家（例如日本）进行比较。

在一个重视个人主义的国家，例如美国，沟通更加正式，而且语义明确。管理者在很大程度上依赖于报告、备忘录以及其他各种正式的沟通方式。在一个强调集体主义的国家，例如日本，会发生更多的人际接触和交往，而且鼓励进行面对面的沟通。一位日本管理者会首先就某个事项征询下属的意见，然后才起草一份正式文件来阐述已经达成的一致意见。

克服这些障碍

通常来说，一个人必须听见新信息七次，才能真正了解这些信息。考虑到这个事实以及我们刚刚描述的沟通障碍，管理者如何成为更有效的沟通者？

运用反馈　许多沟通问题直接源于误解和不准确。如果管理者在沟通过程中获得反馈，包括言语的和非言语的反馈，那么产生这些问题的可能性会有所降低。

管理者可以就所传递的信息提问，以判断该信息是否被接收者正确地接收和理解。或者，管理者可以要求接收者用他自己的话重述该信息。如果管理者听到了正确的意思，那么理解和准确性可以得到保证。反馈还可以提供一些更微妙的信息，因为接收者的总体评论能够使管理者了解到接收者对所接收信息的反应。

反馈并不要求必须是言语的。如果一位销售经理在电子邮件中要求所有销售代表完成一份新的月度销售报告，但其中有些销售代表并没有如期上交该报告，该销售经理就获得了反馈。反馈表明，该销售经理需要澄清最初的沟通。与此类似，管理者可以寻找非言语线索来判断某个人是否收到了正确的信息。

简化语言　由于语言会成为一种沟通障碍，因此管理者应当考虑信息将传递给什么听众，并且根据听众来具体调整措辞。请记住，信息被正确地接收和理解，有效沟通才得以实现。例如，一家医院的院长应当总是以清晰、易懂的语言来进行沟通，并且根据员工群体的不同而有针对性地调整措辞。院长与外科医务人员沟通时的语言应当明显不同于与办公室员工沟通时的语言。如果在一个了解其正确含义的群体内使用，行话可以促进交流和理解，但如果在该群体之外使用这些行话，可能会产生诸多问题。

积极倾听　当某个人说话时，我们是倾听者，但我们常常并没有认真倾听。倾听是主动思考讲话者的意思，而单纯的听则是被动的。倾听时，接收者也在努力融入沟通。

我们当中的许多人都是糟糕的倾听者。为什么？因为倾听很困难，而我们当中的绝大多数人更愿意说话。实际上，倾听常常比说话更令人疲劳。和单纯的听不一样，**积极倾听**（active listening）是指听取说话者的完整意思而不作出先入为主的判断或解读。积极倾听要求听者全神贯注。平均来说，一个人说话的速度是每分钟大约 125～200 个单词，而倾听的速度可以达到每分钟 400 个单词以上。这种差值显然给大脑留下了大量时间和机会来开小差。

通过形成与信息发送者的共鸣——也就是说，把你自己当作这位信息发送者，设身处地从他的角度来思考——我们可以提高积极倾听的效果。由于不同的信息发送者具有不同的态度、兴趣、需要和预期，因此共鸣可以使倾听者更容易理解某一信息的真正内容。一个产生共鸣的倾听者并不急于对信息的真正内容作出自己的判断，而是先认真聆听说话者所说的话。这样做的目的是使自己更好地领悟一次沟通的完整意义，不会由于自己先入为主的判断或解读而扭曲其含义。图表 10—1 列出了积极倾听者的其他具体行为。你从中可以发现，积极倾听很费神，但它能使沟通有效得多。

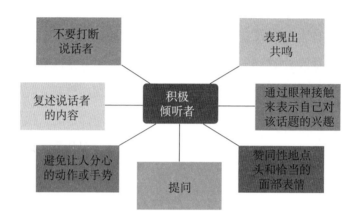

图表 10—1　积极倾听者的行为

资料来源：Based on J. V. Thill and C. L. Bovee, *Excellence in Business Communication*, 9th ed. （Upper Saddle River，NJ：Prentice Hall，2011），pp. 48-49；and S. P. Robbins and P. L. Hunsaker, *Training in Interpersonal Skills*, 5th ed. （Upper Saddle River，NJ：Prentice Hall，2009），pp. 90-92.

控制情绪　如果认为管理者始终能以一种理性的方式进行沟通，那就太天真了。我们知道，情绪会妨碍和扭曲沟通。当管理者对某个事项感到十分失望时，他更有可能误解收到的信息并无法清晰、准确地传达自己的意思。该怎么办？最简单的答案是在沟通之前冷静下来并控制自己的情绪。

注意非言语线索　如果行动胜于言语，那么在你说话时确保相应的行动符合并强化这些语言就非常重要。一位有效的沟通者会密切注意自己的非言语线索，以确保它们传达正确的信息。

组织沟通

你也许有过出席员工会议的经历，当管理者询问谁还有什么问题时，全场鸦雀无声，无人应答。沟通可以成为一件有趣的事情，尤其是在组织中。我们知道，管理沟通十分重要，但它是一条双向道。如果不考察组织沟通，我们就无法真正理解管理沟通。在这一节，我们将考察组织沟通的几个重要方面，其中包括正式沟通与非正式沟通、沟通的流动模式、正式的和非正式的沟通网络，以及工作场所设计。

正式沟通 vs. 非正式沟通

一个组织内的沟通常常被描述为正式沟通或非正式沟通。**正式沟通**（formal communication）指的是在规定的指挥链或组织安排内发生的沟通。例如，当管理者要求一名员工完成某项工作任务时，这就是正式沟通。正式沟通的另一个例子是员工向自己的经理汇报一个问题。

非正式沟通（informal communication）指的是不被组织的层级结构所限定的组织沟通。当员工在午餐室、走廊或者下班之后在公司的健身房中彼此交谈时，他们就是在参与非正式沟通。员工们会形成友谊关系，并且彼此沟通和交流。在组织内，这种非正式沟通系统可以实现两个目的：（1）使员工能够满足自己的社交需要；（2）能够提高一个组织的绩效，因为它会提供各种非正式的但往往更加快速和高效的沟通渠道。

沟通的流动方向

我们还可以考察组织沟通的流动方向：向下、向上、横向或者斜向。

下行沟通 每天的早晨及其他几个时间段，联合包裹服务公司包裹递送部门的管理者都会召集员工举行正式会议，而且每次会议的时间恰好为3分钟。在这短短的180秒钟内，管理者会转述公司通告，并且介绍本地信息，例如交通状况或顾客投诉。每次会议的最后是安全提示。这种3分钟会议已经被证明是如此成功，以至于该公司的许多办公室职员也采用这个创意。**下行沟通**（downward communication）是从管理者流向下属员工的沟通。它被用来通知、命令、协调和评估员工。当管理者为其下属员工分配工作目标时，他们就在使用下行沟通。当他们向员工提供工作说明书、告知有关的公司政策和程序、指出需要注意的问题或者评估员工的工作绩效时，他们也是在使用下行沟通。管理者可以运用我们先前描述的任何沟通方式来进行下行沟通。

上行沟通 管理者需要从自己的下属员工那里获得信息。例如，员工向管理者提交报告，以向管理者汇报工作进度或任何问题。**上行沟通**（upward communication）是从下属员工流向管理者的沟通。它可以使管理者了解员工如何看待自己的工作、同事以及整个组织。管理者也依靠上行沟通来了解关于如何改进工作的观点和建议。上行沟通的例子包括由员工提交的绩效报告、建议信箱、员工态度调查、申诉程序、管理者—员工讨论会，以及员工有机会与其管理者或公司高层代表讨论各种问题的非正式群体探讨会。

上行沟通的运用程度取决于组织文化。如果管理者创建了一种相互信任和尊重的氛围，并且采用参与式决策或员工授权，那么由员工参与决策，因此会出现相当多的上行沟通。在一种更加结构化的、权力更加集中的环境中，仍然会出现上行沟通，但相当有限。

横向沟通　在同一组织层级的员工之间发生的沟通称为**横向沟通**（lateral communication）。在今天的动态环境中，为节省时间和促进协调，组织常常需要进行横向沟通。例如，跨职能团队就非常依赖于这种形式的沟通和互动。不过，如果员工不向其管理者通报已作出的决策或已采取的行动，那么会引起各种冲突或矛盾。

斜向沟通　**斜向沟通**（diagonal communication）是横跨不同工作领域和组织层级的沟通。当信用部的一名信用分析师就某顾客的信用问题直接与地区销售经理沟通时——请注意，他们属于不同的部门和组织层级——该分析师就是在运用斜向沟通。由于所具有的效率和速度，斜向沟通对组织大有裨益。电子邮件的更广泛使用可以促进斜向沟通。在许多组织中，员工可以通过电子邮件与其他任何员工进行沟通，无论该对象属于哪个工作部门或组织层级，即便是高层管理者。在许多组织，首席执行官会实施一项"公开信箱"电子邮件政策。例如，根据美国国防合同承包商雷神公司（Raytheon Company）总裁威廉·H·斯旺森（William H. Swanson）的计算，他已经收到并回复了 150 000 多封来自公司员工的电子邮件。辉瑞公司前首席执行官小亨利·麦金内尔（Henry McKinnell Jr.）宣称，他每天收到的内部电子邮件中，大概有 75 封是"无法通过其他沟通途径获得的"。不过，如果员工不向其管理者通报相关内容，斜向沟通也可能引起各种问题。

组织沟通网络

横向和纵向的组织沟通可以组合成各种各样的沟通模式，也称为**沟通网络**（communication networks）。图表 10—2 描绘了三种常用的沟通网络。

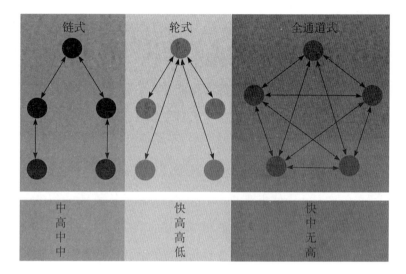

评价标准：
速度
准确性
领导者的产生
成员满意度

图表 10—2　组织沟通网络

沟通网络的类型　在链式网络中，无论是上行还是下行沟通，都按照正式的指挥链流动。轮式网络中则是由一位明确的强有力的领导者与工作群体或团队中其他成员进行沟通。该领导者充当所有沟通都会经过的中心。最后，在全通道式网络中，沟通可以在工作团队的所有成员之间自由流动。

使用哪种形式的沟通网络，取决于你的目标。图表 10—2 还根据以下四种标准概括了每种沟通网络的效果：速度；准确性；领导者的产生；成员满意度。有一个结论是显而易见的：没有哪一种沟通网络是万能灵药。

小道消息　在结束沟通网络的讨论之前，我们还必须考察**小道消息**（grape-vine），即非正式的组织沟通网络。在几乎每一个组织中，小道消息都很活跃。它是不是一种重要的信息来源？你可以猜猜看！我们的调查显示，63％的员工说自己首先通过小道消息中的传闻或流言得知重要事项。

毋庸置疑，小道消息是所有沟通网络的一个重要组成部分，值得我们去考察和理解。小道消息既是信息过滤器，也是反馈机制，它凸显了员工认为非常重要但却感到迷惑不解的事项。更重要的是，从管理者的角度来看，对小道消息的内容和传播途径进行分析是可行的：正在传播什么信息，信息是如何传播的，哪些人是关键的信息传播枢纽。通过了解小道消息的传播途径和模式，管理者可以了解员工的关注事项，并且利用小道消息网络来传播重要信息。因为小道消息无法被杜绝，所以管理者应当把它作为一种重要的信息网络并加以"管理"。

通过小道消息网络传播的传闻和流言无法彻底杜绝。不过，管理者能够使它们的负面影响降至最低。如何做到这一点？通过与员工进行公开、充分和坦诚的沟通，尤其当员工可能不喜欢管理层提出的或已经实施的管理决策时。开诚布公的沟通能够给一个组织带来诸多利益。华信惠悦咨询公司的一项研究得出结论，有效的沟通"把员工与该组织的业务紧密联系起来，强化该组织的愿景，促进工作流程的改进，推动变革，而且还通过改变员工行为来改进该组织的绩效"。那些拥有有效沟通的公司，其股东的 5 年期投资回报率比那些沟通效果并不理想的公司要高出 91%。该研究还表明，那些作为高效沟通者的公司，其实现高员工敬业度的可能性比沟通效果并不理想的公司要高出 3 倍。

工作场所设计与沟通

除沟通的流动方向以及组织沟通网络之外，对组织沟通产生影响的另一个因素是工作场所设计。虽然已经拥有各种先进的信息技术以及由此获得的员工机动性，但一个组织的许多沟通仍然发生在工作场所中。实际上，在一个工作周中，每个员工平均有 74% 左右的时间是在办公室中度过的。这个办公场所的设计和布局会影响在此发生的沟通，还会影响该组织的整体绩效。实际上，在对美国员工进行的一项调查中，90% 的调查对象认为更好的工作场所设计和布局会带来更高的整体绩效。

　　研究表明，工作场所设计应当为四种类型的员工工作提供有力支持：聚精会神地工作；协作；学习；社会化。聚精会神地工作指的是员工专注于完成某项工作任务。在协作时，员工需要在一起工作，以完成某项工作任务。学习指的是员工参与培训或从事某项新任务，它可能需要聚精会神的工作和协作。当员工非正式地聚集到一起进行闲谈或交流时，社会化就会发生。有一项调查发现，当员工的附近有这种类型的"绿洲"或非正式聚会场所时，他们进行面对面沟通的次数要比那些很少有机会进入这种区域的员工多出 102％。因为沟通能够而且确实发生在这种环境中，所以，工作场所设计需要考虑到所有的组织沟通和人际沟通——无论什么类型和方向——并且作出相应的调整，以实现最有效的沟通。

　　管理者设计具体的工作环境时，两种常用的设计要素对沟通具有最显著的影响。第一种要素是工作场所中使用的隔墙和屏障。当今的许多组织采用**开放式工作场所**（open workplace）；也就是说，它们很少使用有形的隔墙和屏障。研究表明，开放式工作场所既具有优点，也存在缺点。对于这种设计及其对沟通的影响，我们可以肯定的一件事情是可视性（visibility）。与在可视性更低的区域办公的员工相比，在开放式格子间办公的员工与团队成员进行面对面沟通的次数要多出将近 60％。可以肯定的另一件事情是密度（density）。更多员工处于同一个工作区域意味着会发生更多的面对面沟通。与员工密度低的工作场所相比，员工密度高的工作场所团队成员沟通的次数要多出 84％。如果员工之间的沟通和协作非常重要，那么管理者需要在工作场所设计中考虑可视性和密度。

　　第二种工作场所设计要素是可调节式工作安排、设备和办公家具的可获得性。由于越来越多的组织已经转向非传统的工作安排，因而可调节的、量身定制的员工办公场所变得至关重要，而且能够显著影响组织沟通。例如，有一项研究发现，可调节式隔墙可以增强私密性，并且导致更有效的沟通。

　　随着公司压缩办公场所以节约成本，管理者需要确保更狭小而且通常更开放的办公场所能够行之有效，并促进有效率、有效果的工作。如果办公场所在为员工提供一些私密空间之余还可以使员工有机会实施协作努力，那么人际沟通和组织沟通的水平会相应提高，并促进该组织的整体绩效。

当今组织中的沟通问题

"脉搏午餐"。花旗银行马来西亚办事处的管理者使用这种方法来处理顾客忠诚度下降、员工士气下滑、员工离职率上升等迫在眉睫的问题。通过在非正式的午餐场合与员工交流并听取他们的意见，也就是掌握他们的"脉搏"，管理者作出了有针对性的改革，进而把顾客忠诚度和员工士气提高 50％，把员工离职率降至几乎为零。

在当今的组织中，成为一名有效的沟通者意味着与各种人员紧密联系——不仅与员工和顾客保持联系，而且与组织的所有利益相关群体保持联系。在这一节，我们将考察对当今管理者意义重大的几个问题：管理互联网世界中的沟通；管理组织的知识资源；与顾客沟通；获得员工的投入。

管理互联网世界中的沟通

人力资源管理软件公司 SuccessFactors 的创始人、首席执行官拉斯·达尔高（Lars Dalgaard）最近给员工发了一封电子邮件，禁止员工在一周时间内发送内部电子邮件。他的目标是什么？让员工"彼此之间真正地解决问题"。事实上，他并不是个例。其他许多公司，包括美国移动运营商 U. S. Cellular，进行了同样的尝试。我们已经讨论过，电子邮件会让员工筋疲力尽，但让员工摆脱电子邮件也并不是容易的事情，即便他们知道电子邮件犹如兴奋剂，使人"欲罢不能"。不过，在当今这个互联网世界中，电子邮件仅仅是人们面临的其中一种沟通挑战。最近一项调查发现，20％的大型公司员工说自己经常会使用博客、社交网站、维基以及其他各种网络服务。管理者了解到（有时候是通过惨痛教训），所有这些新的技术带来了许多特殊的沟通挑战。两个最主要的挑战是：（1）法律和安全问题；（2）人际交往的缺乏。

法律和安全问题　由于员工通过公司电子邮件发送了不恰当的笑话，能源巨头雪佛龙公司（Chevron）为由此导致的一起性骚扰诉讼案件支付了 220 万美元。由于一名员工在一封电子邮件中声称竞争对手西方节俭保险协会（Western Provident Association）正陷入财务困境中，英国的诺威治联合保险公司（Norwich Union）不得不支付 45 万美元以达成庭外和解。首席执行官约翰·P·麦基（John P. Mackey）匿名在一篇攻击本公司竞争对手野燕麦超市（Wild Oats Markets）的博客上发表评论之后，全食超市受到了联邦管理机构和本公司董事会的调查。

虽然电子邮件、博客、推特和其他各种在线沟通方式是快速、便捷的沟通工具，但管理者需要意识到不恰当地使用这些工具可能导致的各种法律问题。在法庭上，电子信息是可以被接受的证据。例如，在对安然公司的审判中，检察官提交了相关的电子邮件和其他文件作为证据，而这些证据表明被告对投资者实施了诈骗。一位专家说道："今天，电子邮件和即时信息就如同电子学上的 DNA 证据。"不过，除了法律问题之外，管理者还需要关注安全问题。

一项调查考察了电子邮件和文件内容的安全性。该调查发现，26％的受调查公司声称自己的业务受敏感信息或负面信息曝光的影响。管理者需要确保机密信息的安全。员工的电子邮件和博客不应该透露本公司的机密信息，无论是有意还是无意。公司的电脑和电子邮件系统应当受到严密保护，免受电脑黑客（试图未经授权就进入他人电脑系统的人）和垃圾邮件的侵袭。要想获得通信技术带来的种种好处，这些重大问题必须予以妥善解决。

人际交往　它可以称为社交媒介，我们所在的这个互联网时代带来的另一种沟通挑战是人际交往的缺乏。即便当两个人面对面沟通时，也并不总是能够相互理解。因而，当人们在一种虚拟环境中进行沟通时，要相互理解和协作以完成工作任务会变得尤其具有挑战性。为此，有些公司会如同我们先前描述的那样，在某几天时间内禁止使用电子邮件。有些公司会鼓励员工更多地在现实世界中开展协作。不过，在某些特定时期和情况下，真实的人际交往是无法实现的——你的同事在整个大陆甚至全球各个地方工作。面对这种情况，与发送电子邮件并等待回复相比，实时协作软件（例如私人维客、博客、即时信息以及其他各种组件）可能是更好的沟通选择。有些公司不是在某种程度上限制信息技术，而是鼓励员工充分利用社交网络的威力来开展协作和建立牢固的联系。这种交往形式对更年轻的员工尤其具有吸引力，因为他们习惯于这种沟通媒介，并对此感到得心应手。有些公司甚至创建了自己的内部社交网络。例如，星传媒体（Starcom MediaVest Group）的员工可以登录公司内部的 SMG Connected，在这里查找同事对自己工作岗位的描述，列出自己欣赏的品牌，并且描述自己的价值观。该公司的一位副总裁说道："为我们的员工提供一种通过全球互联网联系起来的方法，是顺理成章的事情，因为无论如何他们都会这样做。"

管理组织的知识资源

卡拉·约翰逊（Kara Johnson）是产品设计公司 IDEO 的一名材料专家。为了更容易找到合适的材料，她正在创建一个样本库，并且把该样本库与一个解释样本特征及生产流程的数据库相连。约翰逊正在做的事情就是对知识进行管理，并且使 IDEO 的其他员工更容易学习并受益于她的这些知识。这就是当今的管理者应当用来处理组织知识资源的方法——创造各种条件，以便于员工交流和共享他们的知识，从而使他们能够从彼此身上学会如何更加有效率、有效果地开展工作。为了做到这一点，组织可以采用的一种方法是建立一个员工能够进入的在线信息数据库。例如，William Wrigley Jr. Co. 创建了一个允许销售代理商接触本公司营销数据及其他各种产品信息的互动网站。通过该网站，销售代理商可以向公司的专家咨询产品信息，或者查询一个在线知识库。在该网站创建后的第一年，公司估计该网站减少了销售队伍 15 000 小时的信息查询时间，从而提高了他们的效率和效果。

除了采用在线信息数据库共享知识外，公司还可以创建实践社区。不过，为了使这种实践社区切实有效，很重要的一点是用户通过互动网站、电子邮件和视频会议等各种工具来进行沟通，进而维持牢固、紧密的人际交往和互动。此外，个体所面临的那些沟通问题（例如过滤、情绪、防卫心理、信息超载，等等），这些群体同样会遇到。不过，通过采纳我们先前讨论的那些建议，群体也能够解决这些问题。

沟通在客服中的作用

你已经有过多次顾客体验；事实上，你可能发现自己每天会多次接受客服。这与沟通有什么关系？事实证明，存在莫大的关联！沟通的内容和方式能够显著影响顾客对服务的满意度以及他们成为回头客的可能性。服务型组织的管理者需要确保与顾客打交道的员工能够与顾客进行恰当、有效的沟通。如何做到这一点？首先，管理者需要了解所有服务交付过程的三个要素：顾客、服务型组织以及本次服务提供者。每个要素都对沟通是否有效产生一定的影响。显而易见的是，对于顾客会就什么内容以及用何种方式进行沟通，管理者是无法掌控的，但他们能够影响其他两个要素。

如果一个组织已经具有强有力的服务文化，那么它会高度重视对顾客的关心和照顾——了解顾客的需求是什么，进而确保这些需求得到有效满足。这些活动中的每一项都包含沟通，不管是面对面沟通，还是通过电话、电子邮件或其他什么渠道。此外，沟通还是组织所实施的具体客服战略的重要组成部分。许多服务型组织都在采用的一种战略是个性化。例如，在丽思卡尔顿酒店，酒店向顾客提供的不仅仅是干净整洁的床和房间。如果顾客入住过这个品牌的酒店，而且指出自己很看重哪些东西——例如额外的枕头、热巧克力、某个特定品牌的洗发水——那么他会发现，当自己进入房间时，所有这些东西都已经准备好。此外，该酒店还要求所有员工相互交流客服信息，以向顾客提供更优质的服务。例如，如果一名客房服务员无意中听到客人们谈及庆祝一个周年纪念日，他就应该传达这个信息，而酒店也可以对此作出某种特殊安排。在该酒店的个性化客服战略中，沟通发挥了重要作用。

对于服务提供者或者与顾客打交道的员工来说，沟通也是十分重要的。员工与顾客之间的人际互动质量确实会影响顾客满意度，尤其当客服质量没有达到顾客预期时。与那些"对客服质量不满"的顾客打交道的一线员工常常是组织中最早注意到服务缺陷或故障的人员。面对这些情况，他们必须决定与顾客沟通的方式和内容。是以令顾客满意的方式解决问题还是导致局面失去控制，这在很大程度上取决于他们积极倾听并以恰当的方式与顾客进行沟通的能力。对于服务提供者来说，另一个重要的沟通事项是确保自己拥有必要的信息来有效率、有效果地与顾客打交道。如果服务提供者自身并不具有这些信息，那么组织需要设计出一种可以让他方便、快捷地获得这些信息的方法。

获得员工的投入

最近，诺基亚公司建立了一个公司内部局域网信息发布平台，称为"博客中心"（Blog-Hub），向全球员工中的博客写手们开放。员工在这里表达自己对雇主的不满或是发牢骚，但诺基亚公司的管理者并没有关闭这个博客中心，而是希望员工"继续开火"。管理者认为，公司的成长和成功可以归结为"公司长期以来鼓励员工说出自己的真实想法，并坚信这样可以产生更好的创意"。

在当今如此严峻的环境中，公司需要员工全身心投入，献计献策。你是否效力过一个设有员工意见箱的组织？当某位员工想出一种新的工作方法时——例如降低成本、缩短交货时间，等等——它进入公司的意见箱，但通常是长期搁置在那里，直到某个人决定清空该信箱。商务人士常常拿意见箱来开玩笑，漫画家也严厉谴责了员工意见箱的无效性。遗憾的是，这种漫不经心对待员工意见箱的态度在许多组织仍然根深蒂固。在当今世界，如果管理者在经营一个组织时忽视员工提供的这些可能具有重要价值的信息，会给组织带来无法承受的损失。图表10—3列出了一些建议，它们可以更好地让员工知道自己的观点和意见对组织至关重要。

- 召开员工大会来分享信息和号召员工献计献策。
- 提供工作进展信息，无论是好是坏。
- 投资员工培训，以使员工了解自己如何影响顾客的体验。
- 管理者与员工共同分析问题。
- 创建各种不同的方法（在线工具、意见箱、事先印好的卡片，等等），以便于员工为组织提供投入。

图表 10—3　如何让员工知道自己的投入具有重要意义

回应"管理者困境"

推特已经成为一种革命性的沟通工具。它让个体及组织能够显著增强自己与其他个体或组织的密切关系，这种显著程度在几年前还只是"镜中花，水中月"。它还可以让用户即时共享信息，这种快捷速度是前所未有的。在本章开篇的这个例子中，推特让粉丝及潜在的球员申请者能够自由访问和接触这支大学球队。球队与自己的粉丝及申请者通过推特而形成的密切关系将导致更高的忠诚度和兴奋之情。这些都是积极的影响。不过，这些信息技术可能是一把双刃剑。在绝大多数情况下，在组织发布或分享信息之前，需要对信息进行仔细、严格的审核，以判断它是否合适。推特提供的即时性使组织无法进行这种级别的审核，从而提高了错误信息或可能会导致伤害的信息被传播和分享的可能性。这种信息会给组织带来负面影响。拿莱斯·迈尔斯的例子来说，如果他的推特没有被仔细审核，那么他可能会发布敏感的信息或违反招募规定。

就这个例子来说，建议为莱斯·迈尔斯的推特设置一个置存期。这个置存期可以是一个很短的时间框架，以便于组织中的某个人在推特信息被发布之前对其进行审核。虽然这样会损失一定的即时性，但粉丝和申请者仍然能够自由访问该球队并与球队进行亲密互动，还可以让组织避免各种尴尬或负面的情况。

第 11 章

激 励

管理者困境

在茶叶共和国（Republic of Tea）的公司茶话会上，员工、顾客和零售商被赋予了不同的有趣的称呼——部长、客户和大使馆（Ministers, Customers, Embassies）。像其他许多或大或小的公司一样，茶叶共和国挣扎着渡过了经济萧条期。当初危机加剧时，茶叶共和国的首席执行官罗恩·鲁宾（Ron Rubin）坐在办公室里问自己，"还能为我们的员工做点什么？"答案就像提出的问题那样令人意想不到。

几周之后，公司提出了一项新方案，叫做"健康部，它致力于改善公司 100 名员工的健康、身体素质和福利待遇"。通过这套方案，上到公司总部，加利福尼亚州的诺瓦托市，下到田纳西州和伊利诺伊州的公司仓库，员工都能享受到全职营养师的服务，接受现场健康检查，另外，每个员工有 500 美元的银行存款专门用于健康支出，例如加入健身俱乐部或者聘用体重监督员。在公司工作日步行计划的鼓励下，员工每天可以散步 10～15 分钟。一些人可能认为鲁宾的想法很无聊，但是他坚信如果你真正关心你的员工，反过来员工就会认真对待你的工作。尽管罗恩·鲁宾已经竭尽全力使公司成为一个在充满挑战的时期更适合员工工作的地方，但是除此之外，还有什么能做的吗？

你该怎么做？

成功的管理者就像罗恩·鲁宾那样，知道对某些人有效的激励方式可能对其他人毫无用处。一个团结协作的团队或者你的工作本身可能对你有激励作用，但这并不适用于每个人。有效的管理者能够使员工尽最大努力认真工作，了解员工如何受到激励以及为什么会被激励，并且选择最合适的激励方式来满足员工的需求。

什么是动机?

你曾意识到一个简单的职业称呼会有激励作用吗? 你思考过如何激励别人吗? 在管理学中这是一个重要的课题，长期以来研究者也对此抱有浓厚兴趣。所有的管理者都需要激励员工，这首先要求我们知道动机是什么。让我们从动机不是什么开始谈起。为什么? 因为许多人错误地认为动机就是一种个人特质; 也就是说，他们认为有些人具备动机这个特质，而有些人却没有。但现有的动机理论告诉我们这种观点是错误的，因为每个人的动机驱动力各不相同，整体的动机也会随着环境的变化而变化。例如，你可能在有些课堂上比在其他课堂上更具有学习动机。

动机（motivation）指一种过程，它体现了个体为实现目标而付出努力的强度、方向和坚持性。定义中有三个关键要素：努力、方向和坚持性。

努力要素是强度或内驱力指标。受到激励的员工会加倍努力工作。但是在关注努力的强度之外，还必须注意努力的质量。如果这种努力不指向有利于组织的方向，则高努力水平未必会产生令人满意的工作。指向组织目标并与其保持一致的努力才是我们真正需要的。最后，动机还有一个坚持性维度，我们希望员工能够为实现最终目标而不懈努力。

激励员工产生高绩效是组织十分关心的问题，而管理者一直在寻求合适的答案。例如，盖洛普民意调查发现：大部分美国雇员——大约73%——对工作失去兴趣。正如研究人员所指出的，"这些员工虽然人在公司，但心早就飞走了，工作只是敷衍了事，付出时间，却没有投入努力或者激情"。难怪无论是管理实践者还是学者都想理解和解释员工激励。

早期的动机理论

首先，介绍四种早期动机理论：马斯洛的需求层次理论，麦格雷戈的 X 理论和 Y 理论，赫茨伯格的双因素理论和麦克莱兰的三种需要理论。尽管当今许多更具说服力的动机理论已经产生，但是这些早期理论仍然至关重要，原因在于：首先，早期动机理论为当代动机理论的发展奠定了基础；其次，许多实践中的管理者仍然在使用这些经典理论。

马斯洛的需求层次理论

对于许多上班族来说，汽车是必不可少的交通工具。当位于佛罗里达州杰克逊维尔市的 Vurv Technology 公司有两名重要员工上班困难时，经理德里克·默瑟（Derek Mercer）果断决定为他们购买了两辆便宜的二手汽车。他说："我认为他们是优秀的员工，是公司的宝贵财富。"其中一名获得轿车的员工说："这并不是最好的车，也不是最漂亮的车。但我从最初的惴惴不安到后来获得一种强烈的启示。从那之后我们一周工作 80 个小时不是出于别的原因，仅仅是一种付出与回报，只要我付出，公司就一定会回报我。"德里克·默瑟明白员工的需求以及它们对动机的影响。我们要谈的第一个动机理论强调员工需求。

亚伯拉罕·马斯洛的**需求层次理论**（hierarchy of needs theory）可能是最著

名的动机理论。马斯洛是一位心理学家，他提出每个人都有五个层次的需求：

1. **生理需求**（physiological needs）：人们对食物、水、住所、性以及其他生理方面的需求。

2. **安全需求**（safety needs）：人们在生理上的需求得到保证的同时，保护自己免受生理和情感伤害的需求。

3. **社会需求**（social needs）：人们在爱情、归属、接纳以及友谊方面的需求。

4. **尊重需求**（esteem needs）：内部尊重因素包括对自尊、自主和成就感的需求，外部尊重因素包括对地位、认可或被关注的需求。

5. **自我实现需求**（self-actualization needs）：人们对自我发展、自我价值实现和自我理想实现的需求；是追求个人能力极限的动力。

马斯洛认为，每个需求层次必须得到实质性的满足后，才会激活下一个目标。个体的需求是由低到高逐层上升的（见图表 11—1）。另外，马斯洛把这五种需求分为低级和高级两个级别。生理需求和安全需求是较低层次的需求；社会需求、尊重需求和自我实现需求是较高层次的需求。较低层次的需求主要通过外部使人得到满足，较高层次的需求主要通过内部使人得到满足。

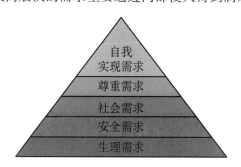

图表 11—1　马斯洛的需求层次

资料来源：Abraham H. Maslow, Robert D. Frager, Robert D. , and James Fadiman, *Motivation and Personality*, 3rd Edition, © 1987. Adapted by permission of Pearson Education, Inc. , Upper Saddle River, NJ.

马斯洛的理论是怎样解释动机的？管理者运用马斯洛的需求层次理论来激励员工为实现自身需求而努力工作。但该理论也指出，一旦员工的某种需求得到实质性的满足，这种需求就不再具有激励作用。因此，如果要激励某个人，就要了解他目前处于哪个需求层次，然后重点满足这个层次或该层次之上的需求。

马斯洛的理论在 20 世纪六七十年代得到普遍认可，尤其是在管理实践者中，这要归功于该理论直观的逻辑性和易于理解的内容。但他的理论缺乏实证研究的支持，而仅有的几项验证其效度的研究也缺乏说服力。

麦格雷戈的 X 理论和 Y 理论

安迪·格鲁夫（Andy Grove），英特尔公司的创始人之一，现在是公司的高级顾问，他因与员工的开放式交流而闻名。但是，他也因自己的大喊大叫而出名。英特尔公司现任首席执行官保罗·欧德宁（Paul Otellini）说："当安迪朝你大吼大叫时，不是因为他不在乎你，而是因为他想要你做得更好。"尽管有很多管理者像安迪·格鲁夫那样，希望自己的员工表现更出色，但是根据麦格雷戈的 X 理论和 Y 理论，这不是激励员工的最佳方案。

麦格雷戈因提出有关人性的两种假设而闻名：X 理论和 Y 理论。简而言之，**X 理论**（theory X）代表了一种消极的人性观点，认为员工没有雄心大志，不喜欢工作，只要有可能就会逃避责任，为了保证工作效果必须严格监控。而 **Y 理论**（theory Y）则代表了一种积极的人性观点，认为员工喜欢工作，他们接受甚至主动寻求工作责任来自我激励和自我指导，把工作视为一种自然而然的活动。麦格雷戈认为 Y 理论假设更符合人的真实特征，应该用来指导管理实践并且建议员工参与决策，给员工提供需要责任感和富有挑战性的工作，良好的团队关系能够最大限度地激励员工。

遗憾的是，没有证据来证明哪一种理论更有效，也没有办法证明 Y 理论是激励员工的唯一途径。例如，黄仁勋（Jen-Hsun Huang）是富有创新精神并大获成功的微芯片制造商 Nvidia 公司的创始人，他因为激励员工的独特方式——安慰性的拥抱和深切的关爱——而闻名。但是他却几乎不能容忍失败者。据说在一次会议上，他猛烈抨击一个重复犯错的项目团队，对着目瞪口呆的员工说，"你们真的那么烂吗？""如果你们确实很烂，那就赶快站起来说你们很烂。"他的话，用经典的 X 理论来解释，意思就是如果你们需要帮助，就赶快说出来。这是一种刻薄的方法，但在当时的情况下，确实行之有效。

赫茨伯格的双因素理论

赫茨伯格的**双因素理论**（two-factor theory）（也叫做**激励—保健理论**（motivation-hygiene theory））认为内在因素与工作满意相关，而外在因素与工作不满意相关。赫茨伯格想要人们描述他们工作中特别好（满意）或者特别差（不满意）的情境（见图表 11—2）。

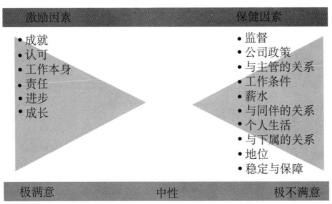

图表 11—2 赫茨伯格的激励—保健理论

资料来源：Based on F. Herzberg, B. Mausner, and B. B. Snyderman, *The Motivation to Work* (New York: John Wiley, 1959).

他发现，对工作感到满意的员工和对工作感到不满意的员工给出的答案截然不同。一些因素总是与工作满意相关（图左）；一些因素又总是与工作不满意相关（图右）。当对工作满意时，员工倾向归结于从工作本身体现出来的个人内在因素，比如成功、认可、责任。另一方面，当对工作不满意时，员工倾向归结于工作大环境下的外在因素，例如公司政策、监督管理、人际关系、工作条件等。

另外，赫茨伯格认为，与传统的观点不同，研究数据表明满意的对立面不是不满意。因此，消除了工作中的不满意因素并不一定能让工作令人满意。赫茨伯格提出了二维连续体的存在："满意"的对立面是"没有满意"，"不满意"的对立面是"没有不满意"，如图表 11—3 所示。

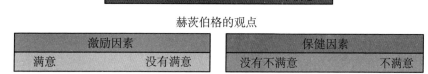

图表 11—3　满意—不满意观的对比

按照赫茨伯格的观点，导致工作满意的因素与导致工作不满意的因素是相互独立的，而且差异很大。因此，试图在工作中消除不满意因素的管理者只能给工作场所带来和平，而未必能够激励员工。这些导致工作不满意的外部因素称为**保健因素**（hygiene factors）。当它们得到充分改善时，人们便没有了不满意，但也不会因此感到满意（或受到激励）。要想真正激励员工努力工作，必须注重**激励因素**（motivators），这些内在因素才是增加员工满意度的依据。

赫茨伯格的理论在 20 世纪 60 年代中期到 80 年代初一直有着广泛的影响，对该理论的批评主要是针对操作程序和方法论方面。虽然一些批评家指出他的理论过于简单化，但它对当前的工作设计依然有着重大影响，尤其是在工作丰富化方面，我们会在本章稍后详细讨论。

三种需求理论

戴维·麦克莱兰（David McClelland）等人提出了**三种需求理论**（three-needs theory）。该理论认为主要有三种后天的（而不是先天的）需求推动人们从事工作。这三种需求包括：（1）**成就需求**（need for achievement，nAch），即达到标准、追求卓越、获得成功的需求；（2）**权力需求**（need for power，nPow），即想要使他人按照自己的指示以某种特定方式行事的需求；（3）**归属需求**（need for affiliation，nAff），即建立友好、亲密的人际关系的愿望。在这三种需求中，人们对成就需求研究得最多。

高成就需求者追求的是个人成就感而不是成功之后的荣耀或者奖励。他们渴望把事情做得比以前更完美或更高效。他们喜欢那种能够发挥其独立处理问题能力的工作，因为可以从中得到关于其工作绩效的及时、明确的反馈，从而了解自己是否有所进步，进而设立具有适度挑战性的目标。高成就需求者避免接受过于简单或过于困难的任务。当然，拥有高成就需求不一定就是好的管理者，尤其是在大型组织中。因为高成就需求者专注于他们自己的成就，而优秀的管理者强调帮助他人完成目标。麦克莱兰认为可以通过培训来激发员工的成就需求，这就需要给他们创造一个能独立负责、可以获得信息反馈和中度冒险的工作环境。

权力需求和归属需求并不像成就需求那样获得广泛研究。但是，我们确实知道，最优秀的管理者往往拥有较高的权力需求和较低的归属需求。

这三种需求可以通过投射测验来测量。投射测验也称为主题认知测验，它要求被试对一系列图片做出反应。在测验中，被试就所展示的每幅图片写一个故事（见图表 11—4）。然后，训练有素的解读员可以判断出该被试成就需求、权力需求和归属需求的水平。

成就需求：通过故事中的人物想把某件事情做得更好来确定。
归属需求：通过故事中的人物想与别人交往并建立友谊来确定。
权力需求：通过故事中的人物想对故事中的其他人产生影响或留下印象来确定。

图表 11—4 主题认知测验的示例

当代的动机理论

这一节所讲的内容代表了当今的员工动机理论。尽管这些理论可能没有刚才讨论的早期理论那么广为人知，但它们都有实证研究的支持。这些当代的动机方法包括目标设置理论、强化理论、工作设计理论、公平理论、期望理论，以及高参与型工作实践。

目标设置理论

在本公司的研究部，惠氏公司执行副总裁罗伯特·拉夫罗（Robert Ruffolo）为科学家设置了有挑战性的新产品配额，目的是使创新过程更有效率。他根据目标的实现情况来支付额外奖金。

在你进行一项重大任务或者一次重要的班级项目汇报之前,老师是否鼓励过你"只要尽力而为就行"?这个模糊的说法"尽力而为"是什么意思?老师说过只有在班级项目汇报中得到 93 分,你这门功课才能得 A,你的成绩是否会更高一些?目标设置理论的研究就是关注上述问题。这些发现表明,工作目标的具体化、挑战性和反馈信息对员工的工作绩效都有显著影响。

目标设置理论(goal-setting theory)认为,具体的工作目标会提高工作绩效,困难的目标一旦被员工接受,将会比容易的目标产生更高的工作绩效。而且,大量的研究已经为该理论提供了实质性的支持。目标设置理论告诉我们什么?

首先,努力实现某个目标是工作动机的一个主要来源。许多关于目标设置的研究已经表明:具体的、富有挑战性的目标是极为有效的激励力量。这样的目标比起简单的一句"尽力而为"能够产生更好的效果。目标本身的具体性是一种内在的推动力。例如,当一个销售代表承诺每天打 8 个销售电话时,这种意愿为他提供了一个他会努力实现的具体目标。

目标设置理论认为困难的目标会使激励作用最大化,然而在三种需求理论中,成就动机是通过具有适度挑战性的目标来激发的。但是,这并不意味着目标设置理论与成就动机之间存在矛盾。原因在于,第一,目标设置理论是针对普通大众的,但成就动机的结论仅仅适用于高成就需求者。鉴于北美只有 10%~20%的高成就需求者(这一数字在发展中国家更低),困难的目标仍然更适合于大多数员工。第二,目标设置理论的结论适用于那些接受并致力于实现目标的员工。只有在被接受的情况下,困难的目标才会导致更高的工作绩效。

其次,如果员工有机会参与目标设置,他们是否会更努力工作?答案是不一定。有时候,员工积极参与设定目标可以提高工作绩效;有时候,管理者设定目标后，员工表现最佳。但是，当员工可能拒绝接受困难的挑战时，他们参与目标设置工作将有利于提高目标的可接受性。

最后，我们知道，如果员工在完成目标的过程中得到必要的反馈，他们会表现更佳。因为反馈能够帮助他们认清已做之事和想做之事之间的差别。但是，并不是所有的反馈都具有同等效果。有证据表明，自我生成的反馈——即员工对自己的工作过程进行的监控——比起来自他人的反馈更具有激励作用。

除了反馈，影响目标—绩效关系的还有其他三个因素：个人对目标的承诺；足够的自我效能；民族文化。

首先，目标设置理论假设员工认同并接受该目标。当目标被公开设定，或者员工有较好的自控力或者目标由自己而不是别人设定时，最有可能产生认同。

其次，**自我效能**（self-efficacy）指的是员工认为自己能够完成某项任务的信念。你的自我效能越高，你就越有信心完成某项任务。所以我们发现，面对困难时，自我效能低的员工会减少努力或者集体放弃，而自我效能高的员工会更加努力来迎接挑战。另外，面对负面反馈，自我效能高的员工会产生更多的努力和动力，而自我效能低的员工则很可能减少努力。

最后，目标设置理论的价值还取决于民族文化。在北美国家，这种理论很容易接受，因为其主要思想脉络与北美的民族文化相一致。这种文化允许在合理的范围内，下属具有一定的独立性（在权力距离维度上得分不高），他们可以自己设定具有挑战性的目标（在不确定性规避维度上得分低），无论是管理者还是下属都很看重工作绩效（在男性化维度上得分高）。而在没有类似文化特点的国家，这种通过目标设置来提高员工绩效的情况就不太可能出现。

图表11—5总结了目标、动机以及绩效之间的关系。我们的总体结论是：为实现具体、困难的任务而努力的意愿是一种强有力的激励力量。在合适的条件下，这种意愿能够提高工作绩效。但是，没有证据表明这样的目标与更高的工作

满意度有关联。

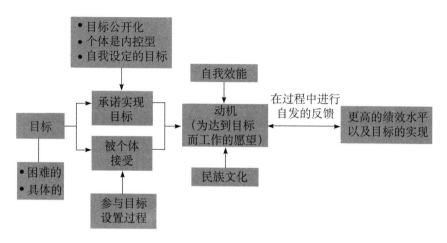

图表 11—5 目标设置理论

强化理论

强化理论（reinforcement theory）认为行为是其结果的函数。如果某种结果紧跟在某种行为之后立即出现，并且提高该行为未来重复的可能性，那么它就称为**强化物**（reinforcer）。

强化理论不考虑诸如目标、期望、需求等因素，而只关注个体采取某种行动后产生的结果。例如，沃尔玛改进了小时工的奖金计划，提供出色客服的员工可以获得现金奖励。在沃尔玛，不论全职还是兼职，所有的小时工都有资格获得"我的份额"（My Share）年度奖金。奖金的分配取决于商场业绩，而且每季度发放一次，从而使员工更频繁地获得奖励。公司的意图是：在员工完成工作目标时对他们进行奖励，以不断激励他们完成工作目标，从而强化他们的这些行为。

很多研究者认为强化的概念可以用来解释动机问题。根据 B. F. 斯金纳的观点，如果某种行为会获得奖励，人们就最有可能实施这种行为。在某种合意的行为之后立即实施的奖励最为有效。如果某种行为没有获得奖励，或者受到了惩罚，那么该行为重复的可能性就会降低。

根据强化理论，管理者可以通过对有助于组织实现其目标的行为使用积极强化物来影响员工的行为。而且，管理者应该忽略而不是惩罚不合意的行为。尽管惩罚措施可以比非强化手段更快地消除不合意的行为，但其效果通常只是暂时的，并且可能带来负面影响，例如工作场所中的冲突、缺勤或辞职等功能失调行为。虽然强化对于工作行为确实有重大影响，但它并不是员工动机差异的唯一解释。

设计具有激励作用的工作

在 Cordis LLC 公司（强生公司的子公司）位于波多黎各圣日耳曼的工厂，你常常会看到车间工人与客户直接交流，尤其当该员工拥有能够帮助客户解决某个问题的专业技能和知识时。该公司一位高管说道："我们的销售人员经常鼓励这种办法，因为销售人员并不是万事通，并不总是能够为所有问题提供答案。如果通过这种办法能够为客户提供更优质的服务，我们就会这样去做。"正如这个例子所示，员工在工作中承担的任务往往由多种不同的因素决定，例如为顾客提供他们所需的服务。

由于管理者想要激励员工努力工作，因而我们需要寻找各种方法来设计具有激励作用的工作。如果你仔细观察一个组织是什么以及它是如何运行的，那么你会发现它是由成千上万个不同的任务组成的。这些任务又可以合并为各种工作岗位。**工作设计**（job design）指的是将各种工作任务组合成完整的工作的方法。人们在组织中从事的工作不应当是随机演变的。管理者应当对工作进行精心设计，以充分反映不断变化的环境、组织的技术以及员工的技能、能力和偏好等因素的要求。按照这种思路来设计工作，就会激励员工努力工作。管理者可以采用以下几种方法来设计具有激励作用的工作，我们将逐一考察。

工作扩大化　历史上的工作设计主要是使工作细化和专业化。但是那样的工作设计思路很难对员工产生激励作用。最初，克服工作细化的缺陷主要是通过横向扩大**工作范围**（job scope），即一份工作所要求从事的任务数量以及这些任务重复的频率。例如，一名牙科保健医生的工作范围可以扩大，从而使其在清洁牙齿之外，还可以填写病人的病历，在治疗结束之后再次填写病历，清洗和保管仪器，等等。这种工作设计类型称为**工作扩大化**（job enlargement）。

大多数工作扩大化努力仅关注增加工作任务的数量，其效果似乎并不尽如人意。正如一名对这种工作设计有亲身经历的员工所说："以前我只有一项讨厌的工作任务要做，但是'感谢'工作扩大化，现在我有三项讨厌的工作任务要做了！"也有研究显示，知识扩大化活动（扩大工作中使用的知识的范围）会对员工产生积极影响，比如提高工作满意度、改善客服质量以及降低差错率。

工作丰富化　另一种工作设计方法是通过增加计划和评估责任使工作纵向扩展，即**工作丰富化**（job enrichment）。工作丰富化增加了**工作深度**（job depth），即员工对于自己工作的控制程度。换句话说，传统上认为应由管理者完成的某些工作任务现在授权给员工自己来完成。因此，工作丰富化使员工有更多的自由、独立性和责任来完成整项活动。另外，员工还应当获得反馈，从而使他们能够评估和纠正自己的工作绩效。例如，在工作丰富化后，口腔保健医生除了负责牙齿清洁之外，还要安排患者的门诊时间（计划），并在治疗之后追访患者（评估）。

尽管工作丰富化可能会提升工作质量、员工积极性和满意度，但相关研究还无法验证它的效果。

工作特征模型 尽管很多组织都实施过工作扩大化和工作丰富化并且获得五花八门、褒贬不一的效果，但这两种方法都不能为管理者设计具有激励作用的工作提供一种有效框架。然而，**工作特征模型**（job characteristics model，JCM）却能做到这一点。它确定了五种核心工作维度，它们的相互关系以及它们对员工生产率、动机和满意度的影响。这五种核心工作维度分别为：

1. **技能多样性**（skill variety），指一项工作需要从事多种活动从而使员工能够利用不同技能和才干的程度。

2. **任务完整性**（task identity），指一项工作需要完成一件完整的、可辨识的工作任务的程度。

3. **任务重要性**（task significance），指一项工作对他人生活和工作的实际影响程度。

4. **工作自主性**（autonomy），指一项工作在安排工作内容、确定工作程序方面实际上给员工多大的自由度、独立权和决定权。

5. **工作反馈**（feedback），指员工在完成任务的过程中，可以获得关于自己工作绩效的直接而明确的信息的程度。

图表11—6描述了这一模型。请注意前三个维度（技能多样性、任务完整性、任务重要性）如何组合起来以形成有意义的工作。换句话说，如果一项工作具有这三个特征，那么我们可以预测，员工会认为其工作是重要的、有价值的并且值得去做。同样需要注意的是，如果工作具有自主性特征，就会使员工感到对工作负有责任；如果工作可以提供反馈信息，员工就会了解自己的工作效率。

工作特征模型表明，当员工得知（通过反馈了解结果）自己（通过工作自

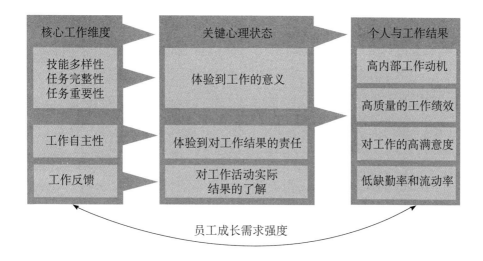

图表 11—6 工作特征模型

资料来源：J. R. Hackman and J. L. Suttle（eds.），*Improving Life at Work*（Glenview，IL：Scott，Foresman，1977）. 本图表的使用获得了作者的允许。

主性体验到责任感）很出色地完成了自己所重视的工作任务（通过技能多样性、任务完整性、任务重要性体会到工作的意义）时，他们很可能受到激励。一项工作具备这三个方面的内容越多，员工的积极性就越高，工作业绩越好，满意度越高，缺勤率和流动率也可能越低。正如模型所示，这些工作维度与结果之间的关系受到个体成长需求强度（个体对自尊和自我实现的渴望）的影响。这就是说，当工作包含这些核心维度时，高成长需求者比低成长需求者更有可能体验关键的心理状态并作出积极回应。这个差异也许可以解释工作丰富化研究中的不一致的结果：在工作丰富化的基础上，低成长需求者可能并不会取得更高的工作绩效和满意度。

工作特征模型为管理者进行工作设计提供了具体的指导原则（见图表 11—7）。这些建议具体说明了哪些类型的变化最有可能导致这五种核心工作维度的改善。你会注意到，其中两项建议实际上是综合了我们前面讨论的工作扩大化和工作丰富化，而其他建议则融合了更多内容。

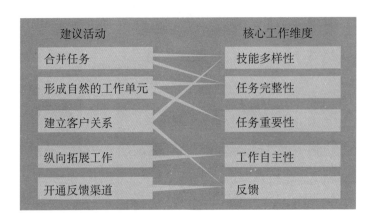

图表 11—7　工作再设计的指导原则

资料来源：J. R. Hackman and J. L. Suttle（eds.），*Improving Life at Work*（Glenview，IL：Scott，Foresman，1977）．本图表的使用获得了作者的允许。

1. 合并任务。管理者应该把零碎的任务组合成新的、范围更广的工作模块（工作扩大化），以增强技能多样性和任务完整性。

2. 形成自然的工作单元。管理者应该把工作设计成完整的、有意义的整体，以增强员工对工作的"拥有感"。鼓励员工将工作视为有重要意义的事情，而不是无关紧要、枯燥无味的事情。

3. 建立客户（无论内部还是外部的客户）关系。只要有可能，管理者就应当建立员工与客户之间的直接联系，以提高技能多样性和工作自主性，并增加反馈信息。

4. 纵向拓展工作。工作的纵向拓展把过去只有管理者才承担的责任和控制权授予员工，能够增强员工的自主性。

5. 开通反馈渠道。直接的反馈可以让员工了解自己在工作中表现如何，以及自己的工作绩效是否正在改进。

对工作特征模型的研究仍在继续。例如,最近一项研究对采用工作再设计来改变工作特征和改善员工状况进行了考察。另一项研究关注于"心理所有权"——即员工对"个人所有"或"集体所有"的感觉——以及它在工作特征模型中的作用。

工作设计方法的再设计 尽管工作特征模型已经被证明是有用的,但是对今天大多数以服务和知识为导向的工作可能并不完全适用。这些工作的性质也改变了员工所从事的工作任务。关于工作设计的两个新兴观点引起了人们对工作特征模型及其他两种标准方案的再思考。下面依次介绍这两种观点。

第一种观点,**关系取向的工作设计观**(relational perspective of work design),关注于员工的任务和工作如何日益依赖于各种社会关系。在今天的工作中,员工与公司同事以及公司内外其他人具有更多的沟通交流和相互依赖。在工作过程中,员工日益依赖于周围其他人以获得信息、建议和帮助。那么这种情况对设计具有激励作用的工作有何启示?答案就是管理者需要研究员工关系的重要因素,例如进入组织的途径、组织对员工社会需求的支持程度、组织外部的互动类型、工作任务的相互依赖程度,以及人际反馈。

第二种观点,**主动的工作设计观**(proactive perspective of work design),认为员工正在积极主动地改变自己的工作方式。他们更多地参与对其工作有影响的决策和行动。这种观点认为,重要的工作设计因素包括工作自主性(是工作特征模型的一部分)、模糊性和责任程度、工作复杂性、应激源水平,以及社会的或关系的背景。证据显示,其中每项因素都会影响员工的主动行为。

有一个研究支流与主动的工作设计息息相关。该支流关注于**高参与型工作实践**(high-involvement work practices),即用以谋求更高程度的员工投入或参与的工作实践。当员工更多地参与能够影响其工作的决策时,他们的主动程度也会相应提高。用来称呼这个方案的另一个术语是员工授权（我们已经讨论过）。

公平理论

你是否很想知道班级中坐在你旁边的那个人在某次考试或重要的课堂作业中的成绩？大多数人都有这个想法。作为人类，我们倾向于把自己和他人进行比较。如果你大学刚毕业就有人给你提供一份年薪 50 000 美元的工作，你可能会兴奋不已，充满工作热情，随时准备迎接各种工作任务，而且肯定对自己的收入感到满意。但是，如果工作了一个月后，你发现另一位同事也是刚毕业，他与你的年纪、受教育程度和工作经历都相当，可是却获得 55 000 美元的年薪，你会作何反应？你可能会很失望。虽然对于刚毕业的大学生来说，50 000 美元的绝对收入已经相当可观（你自己也深知这一点），但突然间这份年薪的意义不重要了。现在你关注的是这个事情是否公平。"公平"这个术语指的是与其他以类似方式行事的人相比，自己是否得到了同等对待。大量证据表明，员工会将自己与他人进行比较，而不公平感会影响员工付出努力的程度。

公平理论（equity theory）由 J·斯达西·亚当斯（J. Stacey Adams）提出，认为员工首先将自己从工作中得到的（所得）和付出的（投入）进行比较，然后将自己的付出—所得比与其他相关人员的付出—所得比进行比较（见图表 11—8）。如果员工感觉到自己的比率与他人的比率相同，则为公平状态。但是，如果比率不同，员工就认为自己的报酬过低或过高。不公平感出现后，员工会试图采取行动来改变它。其结果可能是生产率下降或提高，产品质量下降或提高，更高的缺勤率，或者自愿离职。

感知到的比率比较	员工的评价
$\dfrac{\text{A 所得}}{\text{A 付出}} < \dfrac{\text{B 所得}}{\text{B 付出}}$	不公平（报酬过低）
$\dfrac{\text{A 所得}}{\text{A 付出}} = \dfrac{\text{B 所得}}{\text{B 付出}}$	公平
$\dfrac{\text{A 所得}}{\text{A 付出}} > \dfrac{\text{B 所得}}{\text{B 付出}}$	不公平（报酬过高）

说明：A 代表某员工，B 代表相关的他人或参照对象。

图表 11—8 公平理论

参照对象（referent）——个体为了评估公平性而与自己进行比较的其他个体、系统或者他自己——是公平理论中十分重要的变量。这三种参照类型都很重要。"他人"包括同一组织中从事类似工作的其他个体，也包括朋友、邻居及同行。通过在工作中听到的消息和在报纸、杂志上看到的消息，人们将自己与他人的收入作比较。"系统"包括组织中的薪酬政策、程序以及分配制度。"自我"指的是每个员工自己付出与所得的比率。它反映了员工过去的个人经历及交往活动，并受到员工过去的工作和家庭负担等因素的影响。

最初，公平理论着眼于**分配公平**（distributive justice），即人们认为报酬数量以及报酬在众人间的分配所具有的公正程度。近来关于公平的研究主要考察**程序公平**（procedural justice），即人们认为用来确定报酬分配的程序所具有的公正程度。研究发现，与程序公平相比，分配公平对员工满意度的影响更显著，但是程序公平往往会影响员工的组织承诺、对上司的信任以及离职意向。这些发现对管理者有何启示？他们应该考虑把报酬分配的决策过程公开化，遵循一致、无偏见的程序，以及采取类似措施，以提高员工的程序公平感。通过增强程序公平感，即使员工对薪水、晋升或其他个人结果感到不满，他们也可能以积极的态度对待上司和组织。

期望理论

对员工如何受到激励的最全面的解释是由维克多·弗罗姆（Victor Vroom）提出的**期望理论**（expectancy theory）。虽然对这一理论也存在批评，但绝大多数研究证据支持这个理论。

期望理论认为，如果个体预期某种行为会带来某种特定的结果，而且该结果对自己具有吸引力，那么该个体往往会采取这种行为。该理论包括以下三个变量或三种关系（见图表 11—9）。

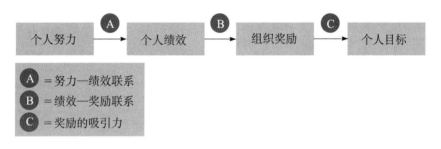

图表 11—9　期望模式

1. 期望，或者努力—绩效联系，是个体认为通过一定程度的努力可以达到某种工作绩效的可能性。

2. 手段，或者绩效—奖励联系，是个体相信达到一定绩效水平即可获得理想奖励的可能性。

3. 效价，或奖励的吸引力，是从工作中可以获得的结果或奖励对个体的重要程度。效价同时考虑该个体的目标和需求。

对动机的这种解释听起来可能比较复杂，但其实并不难理解。它可以概括为以下几个问题：我必须付出多大努力才能达到某个特定的业绩水平，我确实能够达到这个水平吗？达到这个业绩水平后我会得到什么奖励？这种奖励对我有多大吸引力，它是否有助于我实现自己的目标？在某个特定时间点上，你是否受到激励去付出努力（也就是说努力工作），取决于你的目标是什么以及这个特定的绩效水平是不是实现你这些目标的必要条件。接下来让我们看一个例子。许多年前，本书第二位作者有一个学生去 IBM 做了一名销售代表。她最喜欢的奖励就是公司的喷气式飞机飞到密苏里州春田市，载着她和她的最佳客户去某个有趣的地方打高尔夫球以度过周末。但是，要想获得那样特殊的奖励，她必须达到特定的绩效水平，其中包括她的销售业绩比销售目标高出某个百分比。她愿意付出的工作努力程度（即她受到激励去付出努力的程度）取决于她必须达到的绩效水平以及她达到这个绩效水平之后会获得这个奖励的可能性。因为她重视这个奖励（对她个人极具吸引力），所以她一直努力工作以超过自己的销售目标。而且，绩效—奖励联系是非常明确的，因为该公司总是会通过她所重视的这个奖励（搭乘公司喷气式飞机的机会）来奖赏她的辛勤工作和绩效成就。

期望理论的关键在于要弄清个体的目标以及三种联系，即努力与绩效的联系，绩效与奖励的联系，奖励与个体目标满足的联系。期望理论强调报酬和奖励。因而，我们必须相信组织给予个体的奖励正是该个体所需要的。期望理论认识到没有一种普遍适用的原则能够解释是什么在激励员工，于是强调管理者必须明白员工为什么认为某些特定的奖励有吸引力或者没有吸引力。毕竟，我们希望以员工重视的东西来奖励他们。此外，期望理论还强调被期望的行为。员工是否知道组织对他们的期望是什么以及组织会如何评估他们？最后，期望理论关注人们的感知，真实情况是无关紧要的。个体对工作绩效、奖励和目标的感知（而不是客观情况本身）决定了他的动机（努力程度）。

当代动机理论的整合

现代动机理论中的许多思想是互为补充的，如果将各种理论融会贯通，你就可以更好地理解如何激励员工。图表 11—10 中的这个模型融合了我们前面提到的有关激励的许多知识，其基础是期望理论。让我们从该图表的左侧开始介绍这个模型。

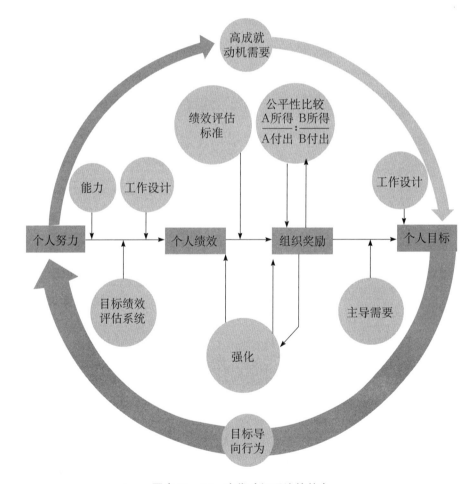

图表 11—10 当代动机理论的整合

个人努力方框中有一个从个人目标延伸过来的箭头。与目标设置理论的观点相一致，目标—努力链表明了目标对行为的指导作用。期望理论认为，如果个体觉得努力与绩效之间，绩效与奖励之间，奖励与个人目标满足之间存在密切联系，他就会努力工作。反过来，每种联系又受到一些因素的影响。从模型中可以看出，个体的绩效水平不仅取决于自己的努力，而且取决于自己完成工作的能力水平，以及组织中有没有一个公正、客观的绩效评估系统。如果个体觉得自己是因为绩效因素而不是其他因素（如资历、个人爱好或其他标准）而受到奖励，那么绩效—奖励联系是强有力的。期望理论中的最后一个联系是奖励—目标联系。在这方面，传统的需求理论发挥了重要作用。当个体由于工作绩效而获得的奖励满足了与其个人目标相一致的主导需求时，就会表现出与需求满足程度相对应的工作积极性。

仔细观察这个模型，不难发现它还考虑了成就需求、强化理论、公平理论以及工作特征模型。高成就需求者受到的激励不是来自组织对他的绩效评估或组织提供的奖励，对他来说，努力与个人目标之间直接相连。要记住，对于高成就需求者而言，只要他们所从事的工作能够提供责任感、信息反馈、中等程度的冒险，他们就会产生完成工作的内在驱动力。这些人并不关心努力—绩效、绩效—奖励以及奖励—目标联系。

模型中还包括强化理论，它通过组织提供的奖励对个人绩效的强化而体现出来。如果管理者设计的奖励系统在员工看来是致力于奖励出色的工作绩效，那么这种奖励就会进一步强化和激励良好的绩效水平。奖励（报酬）在公平理论中也具有重要作用。个人经常会将自己的努力（付出）与得到的奖励（所得）的比率与其他相关人员的相应比率进行对比，若觉得存在不公平，则会影响个体的努力程度。

最后，我们还可以从该模型中发现工作特征模型。任务本身的特征（工作设计）从两方面影响工作动机。第一，如果围绕这五个工作维度来进行工作设计，则可能会提高实际的工作绩效，因为工作本身的特征会激发个体的工作积极性。也就是说，这些工作维度增强了努力—绩效联系。第二，围绕这五个核心维度进行的工作设计，还可以增强员工对自己工作中的核心因素的控制。也就是说，当工作可以提供自主性、信息反馈或类似特征时，将有助于满足该员工的个人目标，因为他们希望对自己的工作拥有更高的控制权。

当代激励问题

了解和预测员工动机是管理学研究中最热门的领域之一。我们之前已经介绍了几种动机理论。但是，即便是当代的员工动机理论也受到工作场所中的一些重大问题的影响，例如在严峻的经济形势下激励员工，管理跨文化激励，激励独特的员工队伍，以及设计合适的奖励制度。

在严峻的经济形势下激励员工

前几年的经济危机对于许多组织来说都是一段艰难时期，尤其是对于员工而言。裁员、紧缩预算、最小幅度的加薪或者根本没有加薪、效益下降、取消福利、为弥补裁员损失而长时间加班，这些都是许多员工面对的现实问题。随着工作条件的恶化，员工的工作信心、乐观情绪以及工作敬业度也迅速下降。可以想象，在这样的严峻时期，管理者想要保持员工的工作动力是一件多么不容易的事。

管理者开始意识到，要想在不稳定的经济形势下保持员工的工作积极性并确保员工向着目标不断努力，必须要有创新思维。他们被迫采取一些不涉及金钱或者费用相对低廉的激励措施。于是，他们召开员工会议来保持沟通渠道公开并谋求员工对工作事项的投入；设置一个共同目标，例如维持优质客服，以使每个人都专注其中；创造一种社区感，以使员工能够感受到管理者关心他们和他们的工作；向员工提供继续学习和发展的机会。当然，一句鼓舞人心的话总是会起到很大作用。

管理跨文化激励

在当今的全球商业环境下，管理者不能想当然地认为在某个地方有效的激励方案在其他地方同样有效。当前大多数的动机理论是由美国人提出来的，而且主要是基于对美国人的研究。这些理论可能隐含着一个最明显的美国化特征：对个人主义和成就的显著强调。例如，目标设置理论和期望理论都强调目标的实现以及个体的理性思维。让我们看看这些动机理论存在何种程度的跨文化适用性。

马斯洛的需求层次理论认为，人们由生理需求开始，按照顺序逐级上升。这种需求层次，如果还具有某种应用价值的话，是与美国文化相一致的。在日本、希腊、墨西哥等不确定性规避特征很明显的国家，安全需求就会处在需求层次的最底层。而像丹麦、瑞典、挪威、荷兰和芬兰等女性化维度得分高的国家，社会需求处于需求层次的最底层。因此可以预测，当国家的民族文化在女性化维度上得分高时，群体工作具有更大的激励作用。

另一个明显具有美国化偏向的动机概念是成就需求。把高成就需求视为一种内在激励因素的观点，首先假定存在两种文化特征——乐于接受中等程度的冒险（不包括不确定性规避维度得分高的国家）和对工作绩效的关注（几乎仅仅适用于那些具有高成就需求特点的国家）。在美国、加拿大、英国等国家中，可以发现这两项因素。另一方面，在智利和葡萄牙等国家中，这些特征几乎不存在。

在美国，公平理论拥有大批追随者。这一点不足为奇，因为美国风格的奖励体系立足于这样一个假设：员工对于奖励分配具有高度的敏感性。在美国，公平感意味着薪酬与绩效之间的密切联系。但是，近来有证据表明，在集体主义文化中，特别是在一些中欧和东欧的前社会主义国家中，员工期望奖励不仅能够反映他们的工作绩效，而且能够反映他们的个人需求。另外，与共产主义信仰和计划经济相一致，员工会有一种"理所应得"的态度，也就是说，他们希望的结果总比他们的付出要多。这些发现表明，在某些国家，美国风格的薪酬制度可能需要进行调整，以使员工感觉到公平。

另一项研究调查了世界各地 50 000 多名员工，目的在于考察 GLOBE 框架中的两种文化特征——个人主义和男性化——与动机之间的关系。研究者发现，在个人主义文化中，例如美国和加拿大，人们非常重视个体的主动性、自由和成就。然而在集体主义文化中，例如伊朗、秘鲁和中国，员工对受到个人表扬的兴趣并不大，但却高度重视和谐、归属和共识。研究者也发现，在男性化（成就/独断）的文化中，例如日本和斯洛伐克，人们的关注点在于物质上的成功。于是，在这样的国家，管理者可以设计这种类型的工作环境来促进员工努力工作，并且通过高收入来奖励高绩效者。然而，在更女性化的文化中，例如瑞典和荷兰，更普遍的是员工之间的薪酬差异很小，他们更希望得到大量可以改善生活质量的福利。

虽然在动机方面存在这些跨文化差异，但是也有非常明显的跨文化一致性。例如，对所有员工来说，无论他们的民族文化是什么，工作的趣味性都十分重要。一项研究调查了比利时、英国、以色列和美国的员工，发现在 11 项工作目标当中，"有趣的工作"位列第一。另外，这一因素在日本、荷兰和德国的员工当中位列第二或第三。另一项研究比较了美国、加拿大、澳大利亚和新加坡的研究生对工作的偏好，发现位居前三位的因素是成长、成就和责任，而且这些因素的排列顺序也相同。两项研究都表明，员工对内在因素的看重具有一定的普遍性。还有一项对日本工作场所动机倾向的研究表明，赫茨伯格的模型适用于日本员工。

激励独特的员工队伍

激励员工从来都不是一件易事！员工带着不同的需求、性格、技能、能力、兴趣和态度进入组织。他们对雇主的期望不同；关于雇主对员工有何期望，他们也持不同观点。对于希望从工作中获得什么，员工的想法也截然不同。例如，有些员工在个人兴趣和追求方面获得了更高满意度，他们只想获得周薪而已，他们对于使工作更有挑战性和趣味性或在绩效比赛中获奖不感兴趣。还有一些员工获得了很高的工作满意度，因而受到激励并愿意付出更多努力。考虑到这些差异，当今的管理者如何有效激励独特的员工群体？重要的一点是了解这些特殊群体（其中包括多元化的员工、专业人员、灵活就业的员工，以及只具有低技能并获得最低工资的员工）不同的激励要求。

激励多元化的员工队伍　面对今天员工队伍的多元化，为了最大限度地激励每名员工，管理者必须考虑工作的灵活性。例如，研究表明男性比女性更强调工作中的自主性，女性则比男性更看重学习机会、方便而灵活的工作时间以及良好的人际关系。对于 Y 世代员工来说，拥有独立性和体验不同经历的机会是非常重要的，但是，老员工可能会对高度结构化的工作机会更感兴趣。管理者要清楚地认识到，对于一个需要抚养两个年幼孩子、靠全职工作维持生计的单身母亲来说，激励她工作的动力与激励一个业余兼职的单身年轻员工及激励一个为补贴养老金而工作的老员工是截然不同的。面对各种各样的需求，管理者必须相应地提供多样化的奖励措施。作为多元化员工队伍的一种应对措施，不少组织提供了工作—家庭平衡计划。另外，很多组织还提供灵活的工作时间以满足不同需求，例如压缩工作周、弹性工作时间和工作分享。先前讨论的另一种方案是远程办公。但是请注意，不是所有员工都喜欢这种办公方式，一些人更喜欢工作中的非正式沟通，因为这样不仅可以满足他们的社会需求，还可以激发他们的灵感。

弹性工作安排能激励员工吗？尽管这样的安排可能看上去具有很大的激励作用，但是研究发现，这二者之间既可能是正相关关系，也可能是负相关关系。例如，最近有一项研究考察了远距离办公对工作满意度的影响。该研究发现：最初，随着远程办公时间的增多，工作满意度得到提高，然后，工作满意度开始趋于稳定并有小幅下降，最后稳定下来。

激励专业人员　与上一代人不同，当今典型的员工形象更可能是受过良好训练、拥有大学学历的专业人士，而不是工厂里的蓝领工人。如果管理者需要激励的是英特尔公司印度研发中心的一个工程师团队、位于加利福尼亚州北部的 SAS 公司研究院的软件设计师，或者埃森哲公司在新加坡的一群咨询顾问，他应该注意哪些特殊问题？

专业人员不同于非专业人员。他们对自己的专业技术领域有着强烈和持久的承诺。他们更多时候是对自己的专业而不是对雇主忠诚。为了始终跟上这个领域的发展，他们需要不断更新自己的知识。由于他们对职业的承诺，很少有人会把自己的工作时间限制在每周五天、每天朝八晚五的模式中。

哪些因素可以激励专业人员？在他们看重的清单中，金钱和晋升通常处于次位。为什么？他们大多收入不菲，而且热爱自己的工作。相反，工作的挑战性常常被排在较高的位置。他们喜欢寻找办法来解决问题。他们在工作中得到的主要奖励来自工作本身。专业人员还十分看重支持与激励。他们希望别人重视自己所从事的工作。虽然这一点可能适合所有员工，但对专业人员来说，他们尤其看重自己的工作，把工作视为核心的生活乐趣。而非专业人员则通常拥有工作之外的其他兴趣，以满足在工作中没有实现的需求。

激励灵活就业员工 组织中的灵活就业员工数量在不断增加。可是对于灵活就业员工的激励并没有简单的解决办法。在这些员工中，小部分人喜欢的是这种临时身份的自由性，因而工作缺乏稳定性并不是主要问题。另外，对于报酬较高并且不希望受到全职工作束缚的内科医生、工程师、会计师或者财务规划师来说，临时工作可能更有吸引力。不过，这毕竟只是特殊情况。大多数时候，临时工并不是主动选择这种身份。

哪些因素可以激励这些非自愿的临时工呢？一个明显的答案是提供成为长期员工的机会。由于长期员工通常是从大量的临时工中挑选出来的，因此短期员工常常工作十分努力以期成为长期员工。另一个不太明显的答案是提供培训机会。临时工能否找到新工作在很大程度上取决于他的技能水平。如果员工看到目前的工作可以帮助自己提升市场看好的技能，则会提高工作积极性。从公平理论的角度看，如果长期员工与临时工从事同样的工作，长期员工不但工资多而且享受福利待遇，那么临时工的绩效水平会受到影响。因此，让这些员工分开工作，或将他们之间的相互依赖程度降至最低，这样可能会帮助管理者减少潜在的问题。

激励低技能并获得最低工资的员工 假设你毕业后的第一个岗位是负责管理某个全部由缺乏技能且工资最低的工人组成的工作群体。给这些员工在绩效基础上加薪是不可能的，因为你的公司根本支付不起。另外，这些员工的受教育程度和技能水平都较差。你会采取什么样的激励方式？

我们通常会掉入这样一个陷阱，即认为只有金钱才能激励这些人。尽管金钱是十分重要的激励物，但并不是说金钱是这些人追求的唯一目标，是管理者可以运用的唯一工具。为了激励这些工资最低的工人，管理者可以利用员工认可计划。很多管理者还认识到口头表扬的重要性，不过需要确保这种"拍拍你的后背以示表扬"是真诚的，而且有正当的理由。

设计合适的奖励制度

账目公开管理　无论规模大小，许多公司都通过公开财务报表（即账目）的方式让员工参与工作决策。它们与员工共享信息，使员工更积极地做出有利于工作的决策，更好地理解自己的工作内容和工作方式对公司的意义，最终影响公司利润，这种方法称为**账目公开管理**（open-book management）。许多组织都在使用这种方法。例如，在佛罗里达州泰特斯维尔市的帕里什医疗中心（Parrish Medical Center），首席执行官乔治·米基塔然（George Mikitarian）正在为裁员、设施关闭和利润下降而苦恼。所以他采用"市政厅会议"的形式召开员工大会，员工可以直接获得医院的最新财务信息。他还告诉员工说，需要员工献计献策，帮助寻找各种方法来减少开支和削减成本。

账目公开管理的目的是：通过让员工看到自己的决策对财务结果的影响，从而使他们像公司主人那样思考问题。但是，大多数员工并不具备理解财务数据所需的知识和背景，因此首先要教他们如何阅读和理解这些财务报表。一旦员工具备了相应的知识，管理者就需要定期与他们共享这些数据。通过共享信息，员工开始了解他们的努力和绩效水平与公司运营业绩之间的关系。

员工认可计划　**员工认可计划**（employee recognition program）包括对员工的关注以及对出色的工作表现给予关注、赞扬和感谢。这种计划可以有多种表现形式。例如，凯利服务公司（Kelly Service）在员工中实行了一种以点数为基础的激励制度的新版本，以更好地提高生产率和降低离职率。这项计划称为"凯利荣誉"（Kelly Kudos），它使员工在奖励上有更多选择并且允许员工在更长时间内积累点数。这项计划卓有成效。与没有参与这项计划的员工相比，参与者创造了三倍以上的收入和时间。再如，Nichols Foods 是英国的一家食品制造商，它有一套全面的员工认可方案。公司生产部门的主走廊中挂了一排"光荣榜"，上面记录着员工团队的成就。那些因为工作出色而被同事提名的个体会得到月度奖励。在全体员工会议上，月度奖励获得者还会得到进一步的认可。相比之下，绝大多数管理者采用的是更加非正式的做法。

最近，一项对组织的研究发现，84％的公司都有某种认可员工成就的方案。员工认为这些方案有价值吗？当然。几年前进行的一项调查向各种类型的员工询问他们认为工作场所中最有效的激励因素是什么。他们的答案是什么？认可，认可，更多的认可。

与强化理论相一致，如果行为之后紧接着以认可方式来奖励这一行为，则人们可能会受到鼓励而重复该行为。认可有多种类型。你可以私下祝贺一名员工的出色工作。你可以写一张便条或者一封电子邮件对员工做出的贡献表示感谢。由于员工都有着强烈的社会认可需求，你可以在大家面前表达你的谢意。为了提高群体凝聚力和动机水平，你可以庆祝团队实现的成功。例如，你可以采取很简单的方式（例如举办一个比萨聚会）来庆祝团队的成绩。在本次经济衰退中，管理者运用各种创新方法来向员工展示公司是多么器重他们。例如，员工可以从公司的蔬菜园内带新鲜蔬菜回家。另外，对于那些真正尽心尽力的员工，管理者会邀请他们一起吃饭或者看电影。管理者也要让员工了解，尽管他们所从事的工作各不相同，但对公司来说都是不可或缺的。虽然这些方案可能看上去很简单，但是能够有效地向员工表示组织对他们的重视。

绩效工资方案　这项调查数据可能会让你很吃惊：40％的员工看不到绩效和薪酬的联系。那么这些员工就职的公司为了什么支付报酬呢？很明显，它们没有清晰、明确地向员工传达绩效期望。**绩效工资方案**（pay-for-performance program）指的是根据对绩效的测量来支付员工工资的浮动薪酬方案。计件工资方案、奖励工资制度、利润分享和包干奖金都是这种方案的具体例子。这种工资方案与传统薪酬计划的差异在于，它并不根据员工工作时间的长短来支付薪酬，而是在薪酬中反映绩效的测量结果。这种绩效测量可能包括个体生产率、工作团队或群体的生产率、部门生产率、组织总体的利润水平等诸如此类的事项。

绩效工资很可能最符合期望理论的观点。个体应当能够感觉到自己的绩效与所获得的奖励之间存在一种强有力的纽带，这样才能使激励效果最大化。如果仅仅根据非绩效因素（例如资历、职务或全体员工加薪）来分配报酬，可能会降低员工的努力水平。从激励角度看，如果员工的工资中有一部分甚至全部是以绩效测量为基础，就会吸引员工关注这些绩效测量，并为此付出努力，而努力之后获得的报酬又会强化这种联系。如果员工个体、工作团队以及组织的绩效水平降低，报酬也会随之降低。因此，绩效工资能够刺激员工保持较高的努力和强烈的动机。

绩效工资方案很盛行。80％的美国大型企业都实行了某种形式的浮动工资方案。加拿大和日本等许多国家也都在尝试这种工资方案。大约 30％的加拿大公司和 22％的日本公司在整个公司层面实行了绩效工资方案。

绩效工资方案是否有效？在大多数情况下，研究表明它确实有效。例如，一项研究发现，使用绩效工资方案的公司比不使用的公司拥有更好的财务业绩。另一项研究表明，基于结果进行奖励的绩效工资方案，对销售额、顾客满意度以及利润都有积极影响。如果组织使用工作团队，那么管理者应当考虑基于群体的绩效激励方案，这样的方案可以强化团队努力和承诺。但是，不论这些计划是基于个人还是团队，管理者都需要确保它们明确、具体地指出个体的报酬与绩效水平之间的关系。员工也应当清楚地知道绩效（自己的绩效以及组织的绩效）如何转化成自己的收入。

回应 "管理者困境"

可以做一项调查来了解什么对员工有最好的激励效果。基于这个调查结果，开展一个有奖竞赛来激励员工。也可以奖励最佳行为。每个人为了达成工作目标而付出的勤奋和努力都值得奖励。当公司奖励员工时，员工就会感到他们是被重视的。因此，员工会更加努力地工作并且会做得更出色。如果你关心你的团队，你的团队反过来也会关心你。

领 导

并不是每家公司都有一位首席领导官。埃森哲公司设置了这个职位,而坐镇伦敦的阿德里安·洛伊陶(Adrian Lajtha)占据了该职位。那么,首席领导官的确切工作是什么?作为世界上最大的咨询公司,埃森哲需要精心、系统地培养领导者,使他们拥有必要的技能和能力来帮助公司更好地应对未来。洛伊陶负责使之成为现实。

在首席领导官这个职位上,洛伊陶承担四项主要职责:(1)领导开发和继任规划;(2)人力资本战略,这需要精心思考公司的未来及其对企业文化、领导和员工的意义;(3)所有的融合和多样性计划;(4)企业公民。

要想考察这些行动的重要性,你需要做的就是看看埃森哲公司在中国、印度等市场上的增长。这些国家急需来自本国的组织领导者。埃森哲公司在这些国家(以及俄罗斯、墨西哥和韩国)启动了许多高潜力计划,以"识别那些我们认为五年后将成为领导者的人员"。这样的计划要求领导者与追随者之间存在牢固的信任。洛伊陶如何继续创建这种信任?

你该怎么做?

以自己的亲身经历，埃森哲公司的阿德里安·洛伊陶向人们表明了组织需要采取哪些必要措施来培养并拥有优秀的管理者。他创建了各种计划来识别有潜力成为领导者的员工。不过，需要一种信任的环境和文化来帮助把这种潜力转化为现实。埃森哲公司的领导开发计划是如此有效，以至于该公司在"最具领导力公司 20 强"榜单中名列第五。领导为什么如此重要？因为是组织中的领导者让事情得以发生。

谁是领导者以及什么是领导？

让我们首先弄清楚谁是领导者以及什么是领导。我们把**领导者**（leader）定义为能够影响他人并拥有管理职权的人员。**领导**（leadership）是领导者所做的事情。更具体地说，它是带领并影响某个群体以实现目标的一个过程。

所有管理者都是领导者吗？从理论上来说，由于领导是四项基本管理职能之一，因而所有管理者都应当是领导者。于是，我们将从管理的角度来研究领导者和领导。不过，尽管我们是从管理的角度来考察领导者，但是我们知道群体中常常会产生非正式的领导者。虽然这些非正式的领导者也能够影响其他人，但他们并不是大多数领导研究关注的重点，而且也不是我们在这一章中将要考察的领导者类型。

像动机一样，领导者和领导也是已获得广泛研究的组织行为课题。绝大多数研究旨在回答这个问题：什么是有效的领导者？让我们首先来看看试图回答这个问题的一些早期领导理论。

早期的领导理论

自人们开始组成群体以实现目标以来，就一直对领导颇感兴趣。不过，直到

20 世纪初，研究者才真正开始研究领导。这些早期的领导理论关注领导者（领导特质理论）以及领导者如何与其下属成员相互作用（领导行为理论）。

领导特质理论

英国剑桥大学的研究者最近报告说，无名指更长（与其食指相比）的男性往往能够在伦敦金融区繁忙、高频率的金融交易行业中取得更大成功。一项对金融交易员无名指长度的研究与领导特质理论有什么联系？然而，这就是领导特质理论试图去做的事情——识别所有领导者都具有的某些特征。

20 世纪二三十年代的领导研究主要致力于分离出领导者特质，也就是那些能够把领导者与非领导者区分开来的个人特征。其中一些特质包括体型、外貌、社会阶层、情绪稳定性、说话流畅性以及社交能力。尽管研究者付出了极大努力，但结果表明不可能有这么一套特质始终能够把领导者与非领导者区分开来。认为有一套一致而独特的特质能够普遍适用于所有有效的管理者，无论他们是掌管卡夫食品公司（Kraft Foods）、莫斯科芭蕾舞团、法国政府、某个学生自治团体的当地分支机构、加州马力布冲浪俱乐部还是牛津大学，这未免过于乐观。不过，后来有一些研究试图找出与领导（领导过程而不是领导者）高度相关的特质，这些研究则更为成功。研究者发现了与有效领导相关的七种特质，图表 12—1 对这些特质进行了简要描述。

研究者最终认识到，仅仅依靠特质并不足以识别有效的领导者，因为仅仅以特质为基础的解释忽略了领导者与其下属之间的相互关系以及情境因素。拥有恰当的特质只能使个体更有可能成为有效的领导者。因此，从 20 世纪 40 年代末期到 60 年代中期的领导研究主要关注领导者偏好的行为风格。研究者想知道，有效领导者所做的事情中（换句话说，他们的行为中）的某种独特之处是否就是关键所在。

---

1. 内在驱动力。领导者表现出很高的努力程度。他们具有相对较强烈的成功欲望，进取心强，精力充沛，对自己所从事的活动坚持不懈、永不放弃，并表现出积极主动性。
2. 领导欲。领导者有强烈的欲望去影响和领导他人。他们乐于承担职责。
3. 诚实与正直。通过成为诚实可靠的人并表现出言行一致，领导者建立起与下属之间的信任关系。
4. 自信。下属觉得领导者不应怀疑自己的能力。因而，领导者需要表现出强烈的自信，以使下属相信自己制定的目标和决策的正确性。
5. 智慧。领导者需要具备足够的智慧来收集、整理和解读大量信息，而且他们应当能够创造愿景、解决问题和制定正确的决策。
6. 工作相关知识。有效的领导者应当十分熟悉本公司、本行业以及相关技术事项。渊博的知识使领导者能够制定睿智的决策，并且了解这些决策的意义和影响。
7. 外向性。领导者是精力充沛、充满活力的人。他们善于交际、坚定果断，而且很少沉默寡言或孤僻离群。

图表 12—1　与领导相关的七种特质

领导行为理论

在被问及自己如何应付公司董事会时，磁盘驱动器制造商希捷科技公司（Seagate Technology）前首席执行官比尔·沃特金斯（Bill Watkins）回答说："你永远不要探询董事会成员的想法。你只需告诉他们你将要做什么。"相比之下，美国餐厅运营商达登餐饮公司（Darden Restaurants）首席执行官乔·李（Joe Lee）在"9·11"事件发生之后的那个早晨只关注两件事情：本公司正在出差的员工，以及穆斯林员工。如同你看到的那样，这两家成功企业的领导者以截然不同的方式行事。对于领导者行为，我们了解多少？它如何帮助我们理解什么是有效的领导者？

研究者希望**行为理论**（behavioral theories）能够比特质理论提供更多关于领

导本质的明确答案。图表 12—2 对四项主要的领导者行为研究进行了简要总结。

	行为维度	结论
爱荷华大学	民主型风格：考虑员工，向员工授权，并且鼓励员工参与 独裁型风格：命令式的工作方法，集权型决策，限制员工参与 放任型风格：为群体提供制定决策和完成工作的自由权	民主型领导风格最为有效，虽然后来的研究显示出不一致的结果
俄亥俄州立大学	关怀维度：关心和考虑下属的意见和感受 定规维度：构造并界定工作和工作关系以实现工作目标	高—高型领导者（高关怀和高定规）使下属员工实现高水平的工作绩效和满意度，但并非总是如此
密歇根大学	员工导向：强调人际关系，关心下属员工的需要 生产导向：强调工作的技术或任务层面	员工导向的领导者与高水平的群体生产率及更高的工作满意度正相关
管理方格理论	关注员工：用一个从 1 到 9（从低到高）的量表来测量领导者对下属员工的关注 关注生产：用一个从 1 到 9（从低到高）的量表来测量领导者对完成工作的关注	9—9 型领导者（高度关注生产并且高度关注员工）表现最佳

图表 12—2　领导行为理论

爱荷华大学的研究　爱荷华大学考察了三种领导风格，希望找出哪一种风格最为有效。**独裁型风格**（autocratic style）描述这样的领导者：他们具体规定工作方法，单方面制定决策，并且限制员工参与。**民主型风格**（democratic style）描述领导者在决策时考虑下属员工，向员工授权，并且把反馈作为教导员工的机会。最后，**放任型风格**（laissez-faire style）的领导者让群体以它自认为最合适的方式制定决策和完成工作。研究者得到的结果似乎表明，民主型领导风格有助于同时实现工作的高质量和高数量。他们是否已经为最有效的领导风格找到了答案？遗憾的是，答案并不这么简单。后来对独裁型风格和民主型风格的研究显示出五花八门的结果。例如，民主型风格有时候比独裁型风格产生更高的工作绩效，但在其他时候却并非如此。不过，当采用员工满意度作为一个测量指标时，就会获得更一致的结果。总体来说，与独裁型领导者相比，民主型领导者的群体成员拥有更高的满意度。

于是，领导者面临一个困境。他们是否应当关注于实现更高的工作绩效或者实现更高的员工满意度？认识到领导者行为的双重性质（既关注任务又关注员工），这也是其他领导行为研究的一项关键特征。

俄亥俄州立大学的研究　俄亥俄州立大学的研究确定了领导者行为的两个重要维度。研究者刚开始时从 1 000 多个行为维度着手，最终把它们精简到只有两个维度。这两个维度就能够涵盖群体成员所描述的绝大多数领导者行为。第一个维度称为**定规维度**（initiating structure），指的是领导者为实现目标而定义自己的角色及群体成员的角色的程度。它包括领导者尝试界定和组织工作、工作关系及目标的行为。第二个维度称为**关怀维度**（consideration），指的是领导者与群体成员建立相互信任的工作关系并尊重其意见和感受的程度。拥有高关怀维度的管理者会帮助群体成员解决个人问题，友善且平易近人，而且平等对待所有群体成员。这样的领导者会关心其下属的心情、感受、健康、状态以及满意程度。研究发现，**高—高型领导者**（high-high leader）有时候会实现高水平的群体任务绩效和高水平的群体成员满意度，但并不总是如此。

密歇根大学的研究　与俄亥俄州立大学的研究几乎同时期进行，密歇根大学的领导研究也希望识别与工作绩效相关的领导者行为特征。密歇根大学的研究团队也获得了领导行为的两个维度，他们将其称为"员工导向"和"生产导向"。员工导向的领导者被描述为强调人际关系。与此相反，生产导向的领导者往往强调工作的任务层面。与其他几项研究不同，密歇根大学的研究者得出结论，员工导向的领导者能够实现高水平的群体生产率和群体成员满意度。

管理方格理论 早期领导研究提出的那些行为维度，为用来评估领导风格的一种二维方格理论奠定了基础。**管理方格**（managerial grid）理论使用"关注员工"（方格的纵轴）和"关注生产"（方格的横轴）这两个行为维度，并且利用一个从 1（低）到 9（高）的量表来评估领导者对这些行为的使用程度。虽然这个方格拥有 81 种潜在的类别，而领导者的行为风格可能属于其中任何一种，但是研究者只命名了五种领导风格：贫乏型管理（1，1；即低度关注生产和低度关注员工）；任务型管理（9，1；即高度关注生产和低度关注员工）；中庸型管理（5，5；即中等关注生产和中等关注员工）；乡村俱乐部型管理（1，9；即低度关注生产和高度关注员工）；团队型管理（9，9；即高度关注生产和高度关注员工）。研究者断定，在这五种领导风格中，当采用（9，9）风格时管理者工作效果最佳。遗憾的是，管理方格只是为领导风格的概念化提供了一种框架，却并未正面回答这个问题，即什么使一位管理者成为有效领导者。实际上，几乎没有实质性的证据支持这个推断：（9，9）风格在所有情境中都是最有效的。

该领域的研究者发现，要想成功地预测领导，需要某种更复杂的工具，而不仅仅是甄别出几种领导者特质或可取行为。于是，研究者开始考察情境的影响。具体而言，就是哪种领导风格可能适合什么类型的情境。

领导权变理论

"企业界充斥着这样的故事：领导者因为没有准确把握其工作的具体情境而无法实现卓越。"在这一节中，我们将考察三种权变理论：费德勒模型、赫塞和布兰查德的情境领导理论，以及路径—目标模型。每一种理论都致力于界定领导风格和情境，并且尝试回答"如果……那么……"式的权变问题（也就是说，如果情况或情境是这样，那么应当采用的最佳领导风格是那样）。

费德勒模型

第一个综合的领导权变模型是由弗雷德·费德勒（Fred Fiedler）提出的。**费德勒权变模型**（Fiedler contingency model）认为，有效的群体绩效取决于两种因素的恰当匹配：一种因素是领导者的风格，另一种因素是对情境的控制和影响程度。该模型立足于这样一个前提假设：在不同类型的情境中，总有某种领导风格最为有效。关键是要：（1）界定这些领导风格以及不同的情境类型；（2）确定风格与情境的正确组合。

费德勒认为，领导成功与否的关键因素之一是个体的基本领导风格，即要么是任务导向，要么是关系导向。为了测量领导者的风格，费德勒开发了**最难共事者问卷**（least-preferred coworker（LPC）questionnaire）。该问卷包括 18 组对照形容词，例如，愉快—不愉快、冷淡—热情、枯燥—有趣、友善—不友善，等等。作答者被要求回想自己共事过的所有同事，然后在这 18 组形容词中分别按 1～8 分（8 始终代表这组中的褒义词，而 1 则始终代表与之相对的贬义词）来评估每个同事，并根据每个同事在这 18 组形容词中的总得分来找出一个最难共事者。

如果这位作答者（领导者）以相对褒义的词语（换句话说，一个"高"LPC分数——分数为 64 分或更高）来描述自己的最难共事者，那么说明该领导者乐于与同事形成良好的人际关系，其领导风格可以描述为关系导向。与此相反，如果你以相对贬义的词语（一个"低"LPC 分数——分数为 57 分或更低）来看待自己的最难共事者，那么表明你主要对生产率以及完成工作任务感兴趣；于是，你的管理风格可以描述为任务导向。费德勒也承认有小部分人介于两者之间，并不具有一种泾渭分明的领导风格。还有一点非常重要，费德勒认为一个人的领导风格是固定不变的，无论情境如何变化。换句话说，如果你是一位关系导向的领导者，那么你始终都是；任务导向的领导者也是如此。

通过LPC问卷评估个体的领导风格之后，接下来需要对情境进行评估，从而能够把领导者与情境进行匹配。费德勒的研究提出了三项权变维度，它们可以定义领导效果中的情境因素。这三项权变维度是：

● **领导者—成员关系**（leader-member relations）：员工对其领导者的信赖、信任和尊重程度；评价为好或差。

● **任务结构**（task structure）：工作任务的规范化和结构化程度；评价为高或低。

● **职位权力**（position power）：领导者对招聘、解雇、处分、晋升、加薪等工作活动的影响程度；评价为强或弱。

每一种领导情境都由这三项权变变量来进行评估，由此总共可以获得八种可能的情境，而这些情境要么对该领导者有利，要么不利。（参见图表12—3的下半部分。）情境Ⅰ，Ⅱ和Ⅲ被划分为对该领导者非常有利的情境。情境Ⅳ，Ⅴ和Ⅵ是在一定程度上对该领导者有利的情境。而情境Ⅶ和Ⅷ则被描述为对该领导者非常不利的情境。

描述了领导者变量和情境变量之后，费德勒进而可以定义领导效果的具体权变情况。为了做到这一点，他研究了1 200个工作群体，针对这八种情境类型中的每一种，均对比了关系导向和任务导向这两种领导风格。他得出结论，任务导向的领导者在非常有利的情境以及非常不利的情境中表现更好。（参见图表12—3的上半部分，其中纵轴代表工作绩效，横轴代表情境状况。）另一方面，关系导向的领导者在适度有利的情境中表现更好。

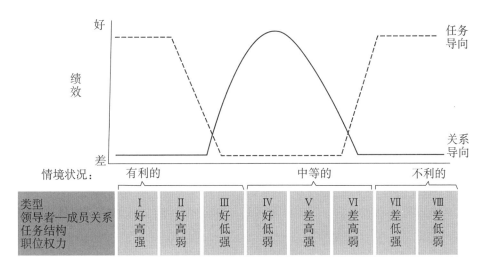

图表 12—3 费德勒模型

因为费德勒认定个体的领导风格是固定不变的,所以只有两种途径能够改进领导者效果。第一,你可以引入一位领导风格更适合该情境的新领导者。例如,如果群体所处的情境是非常不利的,而这名领导者是关系导向的,那么通过用一位任务导向的领导者来取而代之,可以改进该群体的绩效。第二种选择是改变该情境以适应领导者。为了做到这一点,可以重新构建工作任务;加强或削弱该领导者对加薪、晋升和纪律处分等行为的权力;或者改进领导者—成员关系。

有大量研究对费德勒模型的总体效度进行了检验。研究结果表明,有相当多的证据支持费德勒模型。不过,他的理论也并不是没有受到批评。最主要的批评是,假设一个人无法改变自己的领导风格来适合情境,这未免不切实际。有效的领导者能够改变而且确实会改变自己的领导风格。此外,还有批评者认为LPC并不是非常实际。而且,这些情境变量是难以评估的。不过,尽管存在一定缺陷,但费德勒模型表明,有效的领导风格需要反映情境因素。

赫塞和布兰查德的情境领导理论

保罗·赫塞（Paul Hersey）和肯·布兰查德（Ken Blanchard）提出的这个领导理论获得了管理开发专家的大力推崇。该模型称为**情境领导理论**（situational leadership theory，SLT），是一个聚焦于下属成熟度的权变理论。在我们进一步考察该理论之前，需要指出两点：一个领导理论为什么聚焦于下属，以及成熟度这个术语是什么意思。

在领导效果方面强调下属，反映了这样一个现实：下属会接纳或抵制领导者。无论领导者做什么，该群体的效果取决于下属的行动。这个重要的维度被绝大多数领导理论忽视或低估。而根据赫塞和布兰查德的定义，**成熟度**（readiness）指的是员工完成某项具体任务的能力和意愿程度。

情境领导理论使用费德勒模型确定了这两项领导维度：任务导向和关系导向。不过，赫塞和布兰查德更进一步，他们认为每个维度都有高、低两种水平，从而组合成以下四种特定的领导风格：

● 告知型（高任务导向—低关系导向）：领导者界定各种角色，明确告知下属其工作内容、方式、时间和地点。

● 推销型（高任务导向—高关系导向）：领导者同时采取命令和支持行为。

● 参与型（低任务导向—高关系导向）：领导者与下属共同决策；领导者的主要角色是促进和沟通。

● 授权型（低任务导向—低关系导向）：领导者很少采取命令或支持行为。

情境领导理论的最后部分是下属成熟度的四个阶段：

● R1 阶段：下属没有能力和意愿去完成某项工作职责。他们缺乏能力，或者缺乏信心。

● R2 阶段：下属没有能力但是愿意去从事必要的工作任务。他们具有积极性，但缺乏足够的技能。

● R3 阶段：下属有能力但是不愿意去从事领导者希望他们做的事情。他们能够胜任工作，但却不想去做。

● R4 阶段：下属有能力而且愿意去从事领导者要求他们做的事情。

在情境领导理论看来，领导者—下属关系如同父母与孩子的关系。当孩子变得越来越成熟和负责时，父母需要逐渐放松控制。与此类似，领导者也应该如此。当下属实现高水平的成熟度时，领导者不仅要减少对他们工作活动的控制，还要减少关系导向的行为。情境领导理论宣称，如果下属处在 R1 阶段（没有能力和意愿去从事某项任务），那么领导者需要采用告知型风格，提供明确、具体的指示；如果下属处于 R2 阶段（没有能力但却有意愿），领导者需要采用推销型风格，表现出高水平的任务导向以弥补下属的能力欠缺，并且表现出高水平的关系导向以使下属接受领导者的意愿；如果下属处于 R3 阶段（有能力但却不愿意），领导者需要采取参与型风格来获得他们的支持；而如果下属处于 R4 阶段（有能力和意愿），领导者并不需要做太多事情，应当采用授权型风格。

情境领导理论具有一种直觉上的吸引力。它承认下属的重要性，而且"领导者可以弥补下属在能力和动机方面的欠缺"的观点也有其逻辑基础。不过，许多研究试图对该理论进行检验和给予支持，得出的结果却令人失望。对于这个事实，可能的解释包括：该模型的内在不一致；有关理论检验的研究方法存在问题。虽然该理论很有吸引力，而且受到广泛欢迎，但是我们必须谨慎看待对情境领导模型的认可。

路径—目标模型

理解领导的另一种方法是**路径—目标理论**（path-goal theory）。该理论认为，领导者的工作是帮助下属实现他们的目标，并提供必需的指导或支持来确保这些目标与群体或组织的目标兼容。路径—目标理论是由罗伯特·豪斯（Robert House）提出的，它从激励的期望理论中吸收了关键要素。路径—目标（path-goal）这个术语来自这样一个理念：有效的领导者能够清除各种障碍和陷阱，从而为下属指明一条更清晰的路径来帮助他们实现工作目标。

豪斯确定了四种领导行为：

● 指示型领导者：领导者让下属知道对他们的期望是什么，为需要完成的工作编制进度计划，并且对如何完成工作任务提供具体指导。

● 支持型领导者：领导者关注下属的需求，并友善对待他们。

● 参与型领导者：领导者在制定决策之前向群体成员咨询意见并听取他们的建议。

● 成就导向型领导者：领导者设置有挑战性的目标，并期望下属发挥出自身最佳水平。

费德勒认为领导者无法改变自己的领导风格。而豪斯则截然相反，他认为领导者是灵活多变的，能够根据具体情境而表现出这四种领导风格中的任何一种。

如图表 12—4 所示，路径—目标理论提出了两类能够影响领导行为—结果关系的情境变量（或称为权变变量）：处于下属控制范围之外的环境变量（例如任务结构、正式职权系统、工作群体等因素）；下属个人特征中的情境变量（包括控制点、经验、认知能力，等等）。要使下属的结果绩效最大化，环境因素决定了需要哪种类型的领导行为；下属的个人特征决定了领导者行为和环境是如何被解读的。该理论认为，如果领导者行为与环境结构及内容彼此重复，或者与下属的个人特征不一致，领导者行为就不会达到理想的效果。

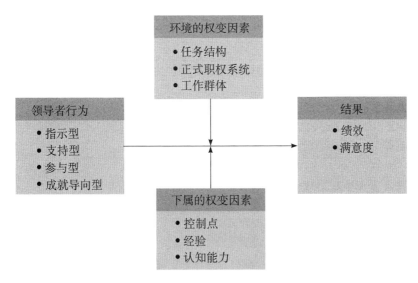

图表 12—4　路径—目标模型

例如，路径—目标理论得出的一些预测如下：

● 与高度结构化、程序化的工作任务相比，当任务模糊或者给员工带来心理压力时，指示型领导会导致更高的员工满意度。下属不确定自己该做什么，因而领导者需要向他们提供一些指示。

● 当下属正在从事结构化的任务时，支持型领导会导致高水平的员工绩效和满意度。在这种情况下，领导者只需支持下属，而不用告诉他们该做什么。

● 对高智力或经验丰富的下属来说，指示型领导可能会被视为累赘多余。这些下属相当能干，因而不需要领导者来告诉他们该做什么。

● 组织中的正式职权关系越明确、等级越森严，领导者就越应当展现支持行为，并且减少指示行为。这种组织情境已经对下属的行为提出了明确的期望，因而领导者的角色只是为他们提供支持。

● 当工作群体内部存在实质性的冲突时，指示型领导会带来更高的员工满意度。在这种情境下，下属需要一位领导者来控制局面。

● 内控型下属对参与型领导风格更为满意。因为这样的下属认为自己能够掌控自己的命运，因而更喜欢参与决策。

● 外控型下属对指示型领导风格更为满意。这样的下属认为自己的命运是外部环境的结果，因而他们可能更希望领导者告诉他们该做什么。

● 当工作任务未明确界定时，成就导向型领导会提高下属的期望，使他们相信努力会导致高绩效。通过设置有挑战性的目标，领导者可以让下属知道对他们的期望是什么。

验证路径—目标理论并不是一件容易的事情。对相关研究的一项文献综述显示，对该理论的验证产生了不一致的结果。不过，这个模型可以概述如下：当领导者选择的领导风格可以弥补员工或工作环境的不足时，员工的绩效和满意度很可能会受到积极影响；不过，当工作任务本身已经十分明确或者员工拥有足够的能力和经验来独自完成这些任务时，如果领导者还要花时间来进行解释和说明，那么下属很可能把这种指示行为视为多余，甚至是侮辱。

当代的领导观

最新的领导观有哪些？我们想要考察其中四种观点：领导者—成员交换理论；交易型—变革型领导；魅力型—愿景型领导；团队领导。

领导者—成员交换理论

你是否参加过这样一个群体：领导者拥有一些"亲信"，而这些亲信组成了该领导者的"小圈子"？这就是领导者—成员交换理论背后的前提。**领导者—成**

员交换理论（leader-member exchange theory，LMX）声称，领导者会划分圈内和圈外，而圈内成员具有更高的绩效、更低的离职率以及更高的工作满意度。

领导者—成员交换理论认为，在领导者与某位特定下属之间的关系的早期阶段，该领导者会暗自把该下属划入圈内或者圈外。这种关系往往会在很长一段时间内保持相当稳定的状态。通过奖励那些自己想要与其建立更紧密联系的下属以及惩罚那些自己不想与其建立更紧密联系的下属，领导者会鼓励这种领导者—成员交换。不过，要想使领导者—成员交换关系保持完整，领导者和下属都必须"投资于"这种关系。

目前还没有完全弄清楚领导者到底如何把某个成员划入圈内或圈外，但是有证据表明，圈内成员在年龄、态度、个性甚至性别等方面与领导者具有相似性，或者他们比圈外成员具有更高的胜任力。由领导者来进行选择，但下属的特征促成了这个选择。

对领导者—成员交换理论的研究大体上支持这个理论。这些研究显示：领导者确实会区别对待下属；这种区别对待并不是随机的；圈内成员具有更高的绩效水平，在工作中提供更多帮助或"公民"行为，并且对上司感到更满意。这些发现并不令人奇怪，因为领导者会把自己的时间以及其他各种资源投资于自己认为表现最出色的那些下属。

交易型—变革型领导

许多早期的领导理论把领导者视为**交易型领导者**（transactional leader），即主要通过使用社会交换（或交易）来进行领导的领导者。交易型领导者通过用奖励交换下属的工作成果来指导或激励他们努力实现既定目标。另一种类型的领导者是**变革型领导者**（transformational leader），他们激励和鼓舞（变革）下属实现出色的工作成果。变革型领导者的例子包括美国 SAS 公司的约翰·古德奈特以及雅芳公司首席执行官钟彬娴。他们关注每名下属的兴趣所在和发展需求；他们帮助下属通过新视角看待老问题，从而改变下属对问题的看法；而且，他们能够激励、调动和鼓舞下属为实现群体目标而付出更大的努力。

交易型领导和变革型领导不应当被视为彼此对立的两种领导方法。变革型领导源自交易型领导。与仅仅采用交易型领导方法相比，变革型领导会提高员工的努力程度和绩效水平。此外，变革型领导者不仅仅具有领袖魅力，因为变革型领导者往往会设法让下属形成这样一种能力：不仅质疑各种既有的观点，而且质疑该领导者持有的观点。

相当多的证据表明变革型领导要优于交易型领导。例如，有许多研究考察了不同组织类型（其中包括军事组织和商业组织）中的管理者，它们发现变革型领导者比他们的交易型同行更有效果、工作绩效更高、更容易获得晋升，而且人际交往意识更强。此外，还有证据指出，变革型领导与更低的离职率以及更高的生产率、员工满意度、创造性、目标实现程度、下属的状态和公司中的企业家精神存在显著的相关关系，尤其是在初创公司中。

魅力型—愿景型领导

亚马逊公司的创始人和首席执行官杰夫·贝佐斯是一名精力充沛、热情洋溢、动力十足的人。他喜欢开玩笑（人们把他标志性的笑声形容为一群吸了笑气的加拿大鹅），但是他一直在严肃认真地追求自己对亚马逊公司的愿景，而且在该公司快速发展的过程中不断展现自己激励和鼓舞员工战胜艰难险阻的能力。贝佐斯就是我们所说的**魅力型领导者**（charismatic leader），即热情、自信，其人格魅力和行动能够影响人们以某些特定方式行事的领导者。

有些研究者致力于确定魅力型领导者的人格特征。其中一项最全面的分析确定了这样几种特征：他们都有一个愿景；能够清晰、生动地描绘该愿景；为实现该愿景而勇于冒险；能够敏锐地察觉环境限制因素以及下属需求；往往以超乎常规的方式行事。

越来越多的证据表明魅力型领导者与下属的高绩效和满意度之间存在显著的相关关系。尽管一项研究发现魅力型首席执行官对所在组织的绩效并无影响，但领袖魅力仍然被视为一项理想的领导品质。

如果领袖魅力是理想的领导品质，那么人们是否可以通过学习而成为魅力型领导者？抑或说魅力型领导者是凭借自己的天赋能力？虽然仍有少数专家认为领袖魅力不可能被习得，但绝大多数人认为人们可以通过训练而表现出领袖魅力。例如，研究者已经成功地教导一些本科生"成为"具有领袖魅力的人。如何做到？他们教导这些学生清晰、生动地描绘一个宏伟目标，向下属传达高绩效期望，对下属能够实现这些目标表现出强烈信心，并且关心和重视下属的需求；这些学生还学会了如何表现出强大、自信、有活力的形象；这些学生还不断练习使用一种吸引人的、有感染力的语调。此外，研究者还训练这些学生使用富有领袖魅力的非言语行为，其中包括在沟通时身体倾向对方，保持直接的眼神接触，展现出放松的姿态和生动的面部表情。与由非魅力型领导者领导的群体相比，在拥有这种"培训而成的"魅力型领导者的群体中，成员具有更高的任务绩效，能够更好地适应工作任务，而且能够更好地适应该领导者和该群体。

关于魅力型领导，我们想说的最后一点是：为实现高水平的员工绩效，魅力型领导可能并不总是不可或缺的。当下属的工作任务具有某种意识形态意义时，或者当工作环境会带来很大的心理压力和不确定性时，魅力型领导可能最为有效。这种特征或许能够解释魅力型领导者为什么往往出现在：政治领域、宗教领域或者战争时期；或者一家公司的初创期或生死存亡时刻。例如，马丁·路德·

金利用自己的超凡魅力，通过非暴力手段带来社会平等；史蒂夫·乔布斯通过清晰、生动地阐述这个愿景，即个人电脑必将显著改变人们的生活方式，从而在20世纪80年代初期赢得了苹果公司技术人员最坚定的忠诚和认同。

虽然愿景（vision）这个术语常常与魅力型领导紧密相连，但愿景型领导不同于魅力型领导。**愿景型领导**（visionary leadership）指的是这样一种能力，即创造并清晰传达一个可行、可信、吸引人、能够改善当前状况的未来愿景。这个愿景如果正确地界定和实施，将具有如此的感染力和激励作用，以至于它"通过聚集各方的技能、才干和资源以使其成为现实，从而推动人们奔向未来"。

一个组织的愿景应当提供令人信服的明确的图景，该图景会引起人们的情绪共鸣，并且激发人们的能量和热情来实现组织的目标。组织的愿景应当能够激发成员的独特灵感，提供新的做事方式，而且这种做事方式明显更有利于本组织及其成员。清晰、明确并具有生动形象的愿景更容易被人们理解和接受。例如，迈克尔·戴尔（戴尔电脑公司）创建的公司愿景是在不到一周时间内把量身定制的电脑直接销售给顾客并送到其手中。已故的玫琳凯·艾施女士（玫琳凯公司创始人）的愿景是把女性视为销售女性化妆品的企业家，这个愿景向玫琳凯公司注入了强大的推动力。

团队领导

由于在工作团队情境中的领导活动越来越多，而且越来越多的组织正在采用工作团队，因而领导者在指导团队成员时扮演的角色也变得日益重要。团队领导者的角色不同于传统的领导角色。在得州仪器公司位于达拉斯的一家工厂中，主管 J. D. 布莱恩特（J. D. Bryant）在工作中就体会到了这一点。前一天，他还在安心监管 15 名线路板装配工人。第二天，他就被告知公司要采取工作团队方式，而他将成为一名"促进者"。他说道:"我觉得公司是要我把自己所知道的一切都传授给团队成员,然后让他们自主决策。"不过,他坦言对这个新角色还没弄明白:"没有明确的计划规定我应该做些什么。"那么,作为一名团队领导者应该做些什么呢?

许多领导者并没有接受过相应的培训来领导员工团队。一位咨询顾问指出:"即便是最能干的管理者也会在转变过程中遇到一些麻烦,因为他们过去是被鼓励去开展命令型和控制型的工作,而如今这种风格已经不再适用。这类技能或知识已经变得陈旧过时而没有意义。"这位咨询顾问还估计:"也许15%的管理者天生就是团队领导者;另外有15%的管理者永远也无法领导一个团队,因为这与他们的人格特征相悖——也就是说,他们无法为了团队利益而调整自己的统治型领导风格。大部分的管理者介于这两者之间:团队领导能力不是与生俱来的,但他们可以学会这种能力。"

许多管理者面临的挑战是学会如何成为有效的团队领导者。他们必须学会多种技能,诸如耐心地分享信息,能够信任他人和授予职权,以及知道在何时进行干预。有效的团队领导者需要精通一门艰难的平衡之道:知道何时应当放手让团队自己做事,何时应当投身其中。一名领导团队的新手,可能会在团队需要更多自主权时却试图维持过多的控制,或者在团队需要支持和帮助时却在一旁袖手旁观。

有一项研究考察了那些围绕员工团队来实施重组的组织。该研究发现所有团队领导者都承担一些共同的职责。这些职责包括辅导、推动、处理纪律问题、评估团队和个体绩效、培训、沟通。不过,用来描述团队领导者工作的一种更有意义的方式是重点关注两大类优先事项:(1)对团队外部事务的管理;(2)对团队进程的推动。这些优先事项需要团队领导者扮演四种具体的领导角色(见图表12—5)。

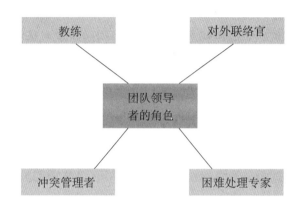

图表 12—5 团队领导角色

21 世纪的领导事项

今天，做一位首席信息官并不容易。首席信息官的职责是管理公司的信息技术活动，他会发现这个任务给自己带来公司内部和外部的许多压力。技术一直在快速变化——几乎是日新月异。商务成本在持续增加。联邦快递公司首席信息官罗布·卡特（Rob Carter）在这个位置上正面临这些严峻挑战。他负责公司所有的电脑和通信系统，而正是它们在全世界范围内为公司的产品和服务提供全天候支持。如果出现什么差错，责任最终都会落到他的肩上。不过，在这种貌似混乱的环境中，卡特被证明是一名有效的领导者。

对于许多管理者来说，在当今的环境中有效地进行领导很可能会面临这种极富挑战性的局面。此外，21 世纪的领导者确实面临着一些重要的领导事项。在这一节，我们将考察这些重要事项，其中包括对权力的管理；创建信任；员工授权；如何成为有效的领导者。

对权力的管理

领导者从哪里获得自己的权力——也就是影响工作活动或决策的权利和能力？人们已经确定了领导者权力的五种来源：法定权力；强制权力；奖赏权力；专家权力；参照权力。

法定权力（legitimate power）与职权是一回事。法定权力代表领导者在组织中身处某个职位而获得的权力。虽然在这个职位上的人员也可能会拥有奖赏权力和强制权力，但法定权力的内涵比奖赏权力和强制权力更广泛。

强制权力（coercive power）是领导者实施处分或控制的权力。在应对这种权力时，下属会害怕自己因不服从而导致不利结果。管理者通常都拥有某种强制权力，例如能够将员工停职或降职，或者给员工分派不愉快或不喜欢的工作。

奖赏权力（reward power）是提供积极奖赏的权力。奖赏可以是对方看重的任何东西，例如金钱、有利的绩效评估、晋升、有趣的工作任务、友好的同事，以及更有利的工作轮班或销售区域。

专家权力（expert power）是基于专业技术、特殊技能或者知识的权力。如果一名员工拥有对工作群体至关重要的技能、知识或专业技术，那么该员工的专家权力会得到提升。

参照权力（referent power）是由于个体具有令人羡慕的资源或个人品质而产生的权力。如果我钦佩你并且想和你来往，你就可以对我施加权力，因为我想取悦于你。大多数有效的领导者都依赖于几种不同的权力类型来影响下属的行为和绩效。

例如，澳大利亚最先进的潜艇之一是 HMAS Sheean，该潜艇的舰长在管理全体成员以及设备时会利用各种不同类型的权力。他向船员发布命令（法定权力），表扬他们（奖赏权力），对违规者予以处分（强制权力）。作为一名有效的领导者，他也在努力运用专家权力（基于自己的专业技术和知识）和参照权力（基于船员对他的钦佩和尊敬）来影响自己的船员。

创建信任

在当今不确定性很高的环境中，领导者的一个重要考虑事项是创建信任和信誉，但这两者都是极为脆弱的。在讨论领导者可以采取哪些方式来创建信任和信誉之前，我们必须知道什么是信任和信誉，以及它们为何如此重要。

信誉的主要内容是诚实。调查表明，诚实始终是令人尊敬的领导者身上最重要的特征。"诚实对领导来说绝对是至关重要的。如果人们打算心甘情愿地追随某个人，无论是在战争还是办公会议中，他们首先需要确信这个人是否值得他们信任。"在诚实之外，有信誉的领导者还是能干的和能够鼓舞人心的。他们能够有效传递自己的信心和热情。因此，下属根据领导者的诚实、胜任力以及鼓舞能力来判断该领导者的**信誉**（credibility）。

信任与信誉是紧密交织的，实际上，这两个术语常常可以互换。**信任**（trust）被定义为对领导者的正直、品质和能力所持的信心。如果下属信任一位领导者，那么他们愿意被该领导者的行动所影响，因为他们相信自己的权利和利益不会被辜负。研究确定了信任概念的五个维度：

- 正直：诚实与真诚
- 胜任力：技术和人际关系方面的知识和技能
- 一致性：在处理各种情况时的可靠性、可预测性以及良好判断力
- 忠诚：保护他人（生理上和情感上）的意愿
- 开放性：自由地分享观点和信息的意愿

当个体评估另一个人是否值得信任时，正直似乎是这五个维度中最为关键的因素。而且，我们之前讨论那些始终与领导相关的领导特质时，也提到了正直和胜任力。工作场所的变革强化了这些领导品质如此重要的原因。例如，迈向员工授权及自我管理型工作团队的趋势减少了许多传统上用来监管员工的控制机制。如果一个工作团队可以自主安排工作计划和进度，评估自己的工作绩效，甚至制定自己的招聘决策，信任就变得至关重要。员工必须相信管理者会公平、公正地对待他们，而管理者必须相信员工会认真履行自己的职责。

领导者现在不得不在更多时候领导临时性的群体成员或者在工作场所之外办公的人员，例如跨职能团队或虚拟团队的成员，为供应商或顾客工作的人员，甚至是代表其他组织、通过战略联盟而彼此共事的人员。在这些情境下，领导者难以通过其正式职位来施加影响力。实际上，在这类工作关系中，有许多是流动性的、转瞬即逝的。因而，迅速创建信任并保持这种信任是这种工作关系成败与否的关键所在。

下属对其领导者的信任为何如此重要？研究表明，下属对领导的信任与积极的工作成果（其中包括工作绩效、组织公民行为、工作满意度以及组织承诺）是显著相关的。既然信任对有效的领导是如此重要，那么领导者如何创建信任？图表 12—6 列出了一些建议。

> 保持开放性。
> 做事公正。
> 说出你的感受。
> 告知真相。
> 表现出一致性。
> 兑现承诺。
> 保持信心。
> 展现胜任力。

图表 12—6　创建信任

如今，管理和领导的效果比以往更取决于赢得下属信任的能力。精简规模、财务挑战以及越来越多地使用临时工，这些都损害了员工对其领导者的信任，并且动摇了投资者、供应商和顾客的信心。一项调查发现，只有 39％的美国员工和 51％的加拿大员工信任自己的高管。当今的领导者面临这样一个重大挑战：重建与员工以及其他重要的利益相关者之间的信任关系。

员工授权

在杜邦公司位于巴西乌贝拉巴的工厂，员工用植树来纪念建厂 10 周年。虽然他们有许多事情可以庆祝，但最重要的是该工厂自投产以来从未发生环境事故，也没有违反安全条例的记录。取得这个成就的最主要原因是杜邦公司实施的安全培训观察计划（STOP）。这个计划授权员工负责观察其他员工、纠正不正确的程序和鼓励遵守安全程序。

我们在本书许多章节都提到过，管理者越来越多地通过向员工授权来领导他们。如同我们先前所说，授权指的是增加员工的决策自主权。数以百万计的员工个体和员工团队正在作出能够直接影响其工作的关键业务决策。他们编制财务预算、制定工作计划、控制库存、解决质量问题以及从事诸如此类的活动，而这些活动直到最近还被视为管理者工作的"专属领域"。例如，在 Container Store，只要顾客有要求，任何员工都有权对此进行处理。公司荣誉董事长加内特·布恩（Garret Boone）说道："我们把招聘进来的每个员工都视为领导者。我们商场中的任何员工都可以采取在你看来带有管理色彩的行动。"

越来越多的公司实施员工授权的理由之一是需要由这些对相关事项最为精通的人员来作出快速决策——他们往往是组织中的基层人员。如果组织想要在当今动态的全球化经济中成功地开展竞争，那么员工必须能够快速决策和实施变革。另一个理由是组织的精简规模使得管理者具有更广泛的管理跨度。为了应付工作要求的增多，管理者不得不授权给下属。虽然员工授权并不是一种万能的灵丹妙药，但是当员工拥有足够的知识、技能和经验来圆满完成工作任务时，员工授权对组织大有裨益。

如何成为有效的领导者

组织需要有效的领导者。与成为有效领导者密切相关的两个事项是：领导者培训；认识到成为有效的领导者有时候意味着不进行领导。让我们逐项予以考察。

领导者培训　全球范围内的组织为领导培训和开发花费了数以十亿计的美元、日元和欧元。这些努力表现为多种形式——从许多大学（例如哈佛大学）提供的 5 万美元领导项目到拓展训练学校的帆船体验。虽然用于领导者培训的许多资金难以预测其效果，但我们经过综合考察之后认为，管理者能够采取一些措施来使这种培训的效果最大化。

首先让我们指出一些显而易见的方面。有些人并不具备成为一名领导者所需的那些品质。例如，有证据表明自我监控程度高的个体比自我监控程度低的个体更有可能在领导培训中获益。自我监控程度高的个体能够根据不同情境的要求而灵活改变自己的行为。此外，组织可能会发现，拥有高水平的领导动机的个体更善于抓住领导培训和开发的机会。

个体能够从领导培训和开发计划中学会哪些东西以使自己成为更有效的领导者？认为能够传授"创造愿景"的能力也许过于乐观，但执行能力是可以传授的。通过培训，人们能够逐渐"理解对有效的愿景至关重要的内容主题"。我们还可以传授其他许多技能，例如创建信任和辅导员工的技能。还可以向领导者传授情境分析技能。通过培训，他们能够学会如何评估情境、如何改变情境以使其更适合自己的风格，以及如何评估哪种领导行为在特定情境下最为有效。

对领导的替代　虽然许多人认为某种领导风格在任何情境下都是有效的，但领导可能并不总是非常重要！研究指出，在有些情境下，领导者实施的任何行为都是无关紧要的。换句话说，某些特定的个体变量、工作变量和组织变量能够充当"对领导的替代"，取消领导者的影响。

举例来说，下属的一些特征（例如经验、培训、专业取向以及对独立性的需求）会抵消领导效果。这些特征会使员工不需要领导者的支持以及他创建结构和降低任务模糊性的能力。与此类似，明确的、例行公事的工作，或者本身就能给员工带来满足感的工作，也会大大降低员工对领导者的需求。最后，有一些组织特征，例如明确界定的工作目标、严格的规章制度以及具有凝聚力的工作群体，也能够替代员工对正式领导的需求。

回应"管理者困境"

阿德里安·洛伊陶面临着一个令人羡慕但风险很高的挑战。他必须采取以下措施来创建信任：

● 尊重员工的文化。这要求他研究每个族裔以确保自己能够与员工进行有效沟通。

● 与被选中参加这项领导计划的每位成员进行会谈，以评估其对该计划的理解。

● 把这项计划设计为一项多层次计划，以鞭策被选中的每位成员。每位成员都具有不同的沟通和技能水平，因而这项计划必须具有足够的灵活性来识别和管理这些差异。

● 确定和培训一个优秀的培训者团队来帮助开展和实施这项计划。一个跨文化团队可以创建一项更有效的领导开发计划。

● 沟通，沟通，更多的沟通。不要留下任何疏忽之处。在跨文化环境中工作，沟通可能需要采取各种不同的形式。要简洁明了地说明预期、时机和要求。

● 开发出尽可能客观的测量工具。

控　制

2010 年冬季奥运会在加拿大温哥华举行。这届冬奥会注定会被历史牢牢记住，但也许并不是因为美好的记忆，而是因为一起悲剧事件：年轻的无舵雪橇运动员诺达尔·库玛里塔什维里（Nodar Kumaritashvili）在训练时意外受伤身亡。到底是哪里出了差错？

国际无舵雪橇联合会（FIL）的最终报告认为，责任在于这名年轻运动员受到的致命撞击以及"非常复杂的一系列关联事件"。这份报告声称，诺达尔在训练中犯了一系列错误，这导致他的雪橇在过第 16 号弯道时猛烈撞到赛道侧墙上，但人们质疑的是其他许多因素，其中包括该赛道的设计。

这条滑雪赛道的速度比最初的估计要快 13％，这个数据引起了国际无舵雪橇联合会的警觉。虽然第 16 号弯道的侧墙已经被加高和加长，以保护运动员因为失控而偏离赛道，但这并不足以防止这次致命撞击。国际奥委会主席雅克·罗格（Jacques Rogge）说道："国际奥委会对发生此次死亡事件的滑雪赛道承担道德责任，但不是法律责任……应当由国际无舵雪橇联合会和建造这条赛道的温哥华奥组委共同承担责任。"更好的控制措施是否有助于防止这起事故？

你该怎么做？

温哥华冬奥会上发生的这起事件说明了控制对管理者是何其重要。我们永远无法知道一种更安全的设计或者更彻底的赛道测验是否可以防止这起悲剧，但如果拥有一种系统性的控制方法，那么可能会使得每个人意识到这条赛道需要改善。所有管理者都在寻找更好的控制方法。恰当的控制能够帮助管理者准确发现具体的绩效差距以及需要改进的领域。

什么是控制以及它为什么重要？

丹佛铸币局的一名印刷操作工注意到了一个错误：在自己负责的 5 台压床中，有一台压床冲压的威斯康星州 25 美分硬币上有片叶子额外高或额外低。他停止了这台压床的工作，并且出去吃饭。当他回来时看到机器在运转，就想当然地认为有人更换了机器的模具。然而，在一次常规检查之后，这名操作工意识到模具并未更换。这台出了差错的压床大概运转了一个多小时，成千上万枚有瑕疵的 25 美分硬币与大量没有瑕疵的硬币掺杂在一起。多达 5 万枚有瑕疵的硬币进入了流通领域，引发了硬币收集者的购买狂潮。你能否看出控制为什么是如此重要的一项管理职能？

什么是**控制**（controlling）？控制是监控、比较和纠正工作绩效的过程。所有管理者都应当实施控制职能，即便他们部门的表现完全符合计划，因为除非管理者已经评估实际的工作绩效并且把实际绩效与预期标准进行比较，否则他们无法真正知晓这个结果。有效的控制可以保证各项活动圆满完成并导致目标的实现。因此，控制措施是否有效就取决于它们如何帮助员工和管理者实现他们的目标。

在大卫·李·罗斯（David Lee Roth）的自传中（是的，就是范海伦乐队中的那个大卫·李·罗斯），他讲述了这样一个故事：他在自己的巡回演唱合同中提出一个条款（条款126），要求在后台时能够提供一碗"M&M"牌牛奶巧克力，而不是棕色的牛奶巧克力。你也许会认为这只是摇滚明星典型的挑剔行为，但实际上这是大卫·李·罗斯精心采取的措施，以判断合作方是否足够重视。由于自己的演出需要极为复杂的技术，因此他认为如果他们不能把"M&M"牌牛奶巧克力这种小事做好，他就需要对整个演出流程仔细核查，以保证演出期间不会出现技术差错。这就是控制应该做的事情。

控制为什么如此重要？人们可以制定计划，可以创建一种组织结构来帮助人们有效率地实现目标，而且可以通过有效的领导来激励员工，但是所有这些并不能保证所有活动的进展都如同事先计划的那样，也不能保证员工和管理者努力追求的目标能够得以实现。因此，控制是极为重要的，因为管理者只有通过控制这唯一的方法，才能了解组织目标是否实现以及目标没有实现的原因。控制职能的价值体现在三个具体的方面：计划；员工授权；保护工作场所。

目标是计划的基础，它为员工和管理者指明了具体的方向。不过，只是阐述目标或者让员工接受这些目标并不能保证有必要的行动来实现目标。"完美的计划往往会出错。"有效的管理者会采取后续措施以保证员工应当去做的事情实际上已经完成以及目标正在逐步实现。作为管理过程的最后一个环节，控制提供了返回到计划的关键纽带（见图表13—1）。如果管理者不实施控制，他们就无法得知自己的计划和目标是否实现，也不知道未来该采取什么行动。

控制之所以重要，第二个原因是员工授权。许多管理者不愿意向自己的员工

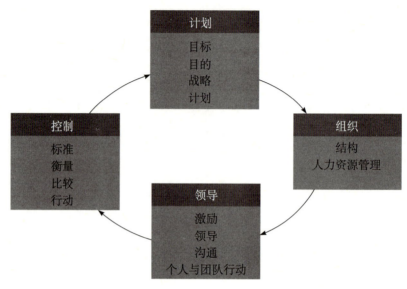

图表 13—1　计划—控制链

授权，因为他们害怕如果发生什么差错，将由他们来承担责任。但是，一种有效的控制系统能够为员工绩效提供相关信息和反馈，从而使发生潜在问题的几率降至最低。

管理者实施控制的最后一个原因是保护组织及其资产。在当今的环境中，自然灾害、财务丑闻、工作场所暴力、供应链中断、违反安全条例的行为，甚至是可能的恐怖袭击，都会给组织带来重大威胁。在这类事件发生之时，管理者必须保护组织的资产。全面的控制措施和应急计划有助于确保这类事件对组织的影响和破坏降至最低程度。

控制过程

当玛金·富恩特斯（Maggine Fuentes）成为俄亥俄州 Core Systems 公司的

人力资源经理时，她知道自己的最优先事项是减少员工的工伤事故。在这家公司，工伤事故数量"在行业平均水平之上，创下了本公司的最高纪录"。工伤事故的高频率和严重程度不仅影响员工士气，而且会导致工作日损失，并且影响公司利润。玛金依靠控制过程来扭转这个局面。

控制过程（control process）是一个三步骤过程：测量实际绩效；将实际绩效与标准进行比较；采取管理行动来纠正偏差或调整不合适的标准（见图表13—2）。控制过程假定绩效标准已经存在，而且它们确实已经存在。它们是管理者在计划过程中制定的那些具体目标。

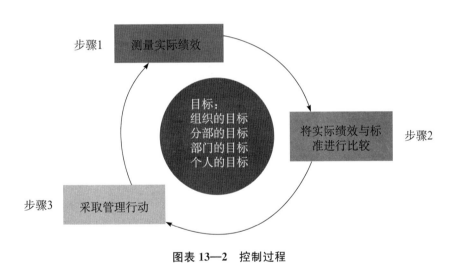

图表 13—2 控制过程

步骤 1：测量实际绩效

为了判断实际绩效究竟如何，管理者首先必须收集关于实际绩效的信息。因此，控制的第一个步骤是测量。

如何进行测量 管理者可以采用四种方法来测量和报告实际绩效：个人观

察；统计报告；口头汇报；书面报告。图表 13—3 简要总结了每一种方法的优点和缺点。绝大多数管理者会综合使用这几种方法。

	优点	缺点
个人观察	● 获得第一手资料 ● 信息没有过滤 ● 对工作活动的关注度高	● 容易受个人偏见的影响 ● 耗时 ● 可能有莽撞之嫌
统计报告	● 易于直观化 ● 有效地显示数据之间的关系	● 提供的信息有限 ● 忽略主观因素
口头汇报	● 容易获得相关信息 ● 可以提供言语的和非言语的反馈	● 信息被过滤 ● 信息不能存档
书面报告	● 全面 ● 正式 ● 容易存档和查找	● 需要更多时间来准备

图表 13—3　用来测量实际绩效的信息来源

测量什么　对于控制过程来说，测量什么很可能比如何测量更为关键。为什么？因为选择错误的标准会导致各种严重的问题。此外，测量什么往往决定员工将会做什么。管理者会采用什么控制标准？

有些控制标准可以用于任何管理环境中。例如，所有管理者都要与人打交道，因此管理者可以测量诸如员工满意度、离职率或缺勤率之类的标准。把成本控制在预算范围内也是一种相当普遍的控制措施。其他控制标准应当考虑到管理者监管的不同工作活动。例如，一家比萨外卖店的经理可能会测量诸如每日比萨外卖数量、每次外卖平均所需时间或者优惠券使用数量等标准。某家政府机构的管理者可能会测量每日处理的申请数量、每小时处理的客户请求数量或者处理文书工作所需的平均时间。

绝大多数工作活动都可以由数量来表示。不过，当无法采用定量标准时，管理者应当采用主观的测量标准。虽然这样的测量标准可能有各种局限性，但总比没有标准和不进行控制要好。

步骤 2：将实际绩效与标准进行比较

这个步骤是判断实际绩效与标准之间的偏差。所有工作活动都可能会出现某种绩效偏差，因而确定一种可接受的**偏差范围**（range of variation）极为关键（见图表 13—4）。处于该范围之外的偏差需要引起管理者的关注。让我们通过一个例子来加以阐述。

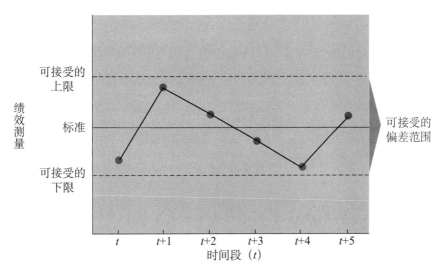

图表 13—4　可接受的偏差范围

克里斯·坦纳（Chris Tanner）是绿色地球园艺产品公司（一家在太平洋西北岸地区销售特色植物和种子的批发商）的一名销售经理。克里斯需要在每个月的第一个星期准备一份上月销售业绩报告，销售业绩按产品系列来划分。图表 13—5 展示了 6 月份的销售目标（标准）和实际销售额。在考察了这些数字之后，克里斯是否应该加以关注？销售业绩稍微高于当初制定的销售目标，但这是否意味着并不存在显著的偏差？这取决于克里斯对"显著"的界定；也就是说，是否处于可接受的偏差范围之外。虽然总体绩效相当不错，但有些产品系列需要更密切的关注。例如，如果纯种种子、开花球茎和一年生开花植物的销售业绩继续超过销售目标，那么克里斯也许需要从苗圃订购更多产品以满足顾客需求。因为蔬菜苗的销售业绩要比销售目标低 15%，所以克里斯可能需要特别关注这一点。如同这个例子所示，无论实际绩效与标准相比过高还是过低，偏差都需要引起管理者的关注，而这也是控制过程的第 3 个步骤。

产品	标准	实际业绩	超出（欠缺）
蔬菜苗	1 075	913	（162）
多年生开花植物	630	634	4
一年生开花植物	800	912	112
草本植物	160	140	（20）
开花球茎	170	286	116
开花灌木	225	220	（5）
纯种种子	540	672	132
合计	3 600	3 777	177

图表 13—5　绿色地球园艺产品公司 6 月份销售业绩

步骤 3：采取管理行动

管理者可以在以下三种可能的行动方案中进行选择：什么也不做；纠正实际绩效；修改标准。由于"什么也不做"很容易理解，因而我们着重考察其余两种方案。

纠正实际绩效　体育教练明白纠正实际绩效的重要性。在一场比赛期间，他们常常会纠正一名选手的行动。但如果所存在的这个问题还在不断重复或者影响到多名选手，那么他们会在下场比赛之前的训练时间里投入时间来纠正这些行动。这也是管理者需要去做的事情。

取决于具体问题是什么，管理者可以采取不同的纠正行动。例如，如果不合格的工作是导致绩效偏差的原因，那么管理者可以通过培训计划、纪律措施、薪酬体系改革等措施来予以纠正。管理者必须作出的一项决策是决定采取**直接纠正行动**（immediate corrective action），也就是立即纠正问题以使绩效回到正确轨道上，还是采取**彻底纠正行动**（basic corrective action），即首先探查绩效偏差是如何产生的以及为什么会产生，然后纠正产生偏差的根源。许多管理者常常以自己没有时间来查找问题产生的根源为借口而不采取彻底纠正行动，因此而满足于不断的救火式直接纠正行动。有效的管理者会对偏差进行认真分析，并且在可以带来足够利益的情况下，投入时间来找出和纠正绩效偏差的根源。

修改标准　还可能会出现这种情况：绩效偏差是某种不切实际的标准所导致的结果——制定的目标过高或过低。在这种情况下，需要对标准而不是绩效实施纠正行动。如果实际绩效总是超过目标，那么管理者应当研究目标是否过于容易实现，因而需要提高标准。另一方面，管理者必须对降低标准持谨慎态度。当一名员工或者一个团队没有实现目标时，责怪当初所制定的目标是很自然的事情。例如，在某次考试中成绩不理想的学生往往会抱怨是打分标准过严才导致自己获得低分。他们不愿承认这个事实，即自己的考试成绩确实不理想，而是争辩说打分标准不合理。与此类似，没有实现月度销售额的销售人员往往将之归咎于不切实际的定额标准。关键是当实际绩效没有达到标准时不要立即归咎于当初制定的目标或标准。如果你认为标准是符合实际的、公平的和可以实现的，那么告诉员工说你期望他们改进未来的工作绩效，然后采取必要的纠正行动使期望变成现实。

控制中的管理决策

图表 13—6 简要总结了管理者在控制过程中作出的决策。标准是管理者在计划过程中制定的目标。这些目标为控制过程提供了基础，而控制过程包括测量实际绩效、将实际绩效与标准进行比较以及采取纠正行动。取决于比较阶段的结果，管理者可以采取的管理决策有：什么也不做；纠正实际绩效；修订标准。

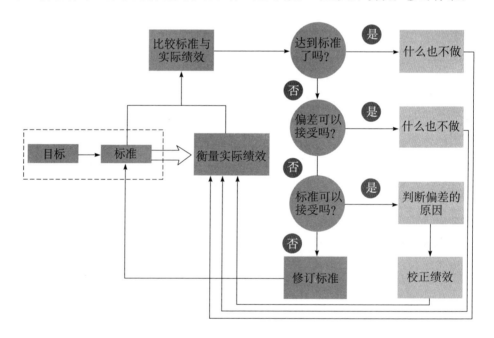

图表 13—6 控制过程中的管理决策

对组织绩效的控制

成本效益。顾客在接通电话之前要等多长时间。顾客对服务的满意程度。这些只不过是管理者在竞争极为激烈的呼叫中心服务行业中所使用的几项重要的绩效指标。为了制定优良的决策,这个行业中的管理者想要而且确实需要这种类型的信息来管理组织的绩效。各行各业的管理者都要负责管理本组织的绩效。

什么是组织绩效?

当你听到"绩效"这个词时,你会想到什么?当地社区的一个管弦乐队举办的夏季夜晚音乐会?一名在激烈的竞赛中全力冲向终点的奥林匹克运动员?西南航空公司在佛罗里达迈尔斯机场的一名工作人员尽可能高效地使旅客们登机,以实现该公司制定的 20 分钟内全员登机的目标?所有这些都是绩效。**绩效**(performance)是一项活动的最终结果。不管这项活动是一场音乐会或比赛之前的数小时高强度训练,还是尽可能有效率、有效果地执行工作职责,绩效都是这项活动的结果。

管理者关注**组织绩效**(organizational performance),即组织中所有工作活动的累积结果。组织绩效是一个多层面的概念,但管理者需要了解是哪些因素导致了组织绩效。毕竟,他们并不想(或者愿意)自己的管理努力只实现平庸的绩效。他们想让自己的组织、工作部门或工作群体实现高绩效。

组织绩效的测量

波士顿红袜棒球队的执行副总裁兼总经理西奥·爱泼斯坦(Theo Epstein)采用一些与平均击球率、本垒打以及打点等传统标准截然不同的统计数据来评估本队选手的表现。这些"新的"绩效测量标准包括上垒率、平均每个打席的投球数、全垒打成功率和长打率及上垒率。此外,通过采用这些统计数据预测未来表现，爱泼斯坦确定了一些有潜力的明星球员，并且以成名球员薪酬的一小部分签下他们。他的管理团队正在编制新的统计数据来测量球员防守技能的影响。作为一位管理者，爱泼斯坦找到了对自己的管理决策最为重要的绩效测量标准。

与爱泼斯坦一样，所有管理者都必须了解哪些组织绩效测量标准会向他们提供所需的信息。常用的测量标准包括组织生产率、组织效力以及行业排名。

组织生产率　生产率（productivity）是指产品或服务的总产出除以产生这些产出的总投入。组织和工作部门都希望获得高生产率。它们希望用最少的投入产出最多的产品和服务。产出是通过一个组织在销售掉产品之后获得的销售额（销售价格 × 销售数量）来测量的。投入是通过该组织为获得产品而购买和加工各种资源所花费的成本来测量的。

提高这个比率是管理者的工作。当然，最容易的方法是提高产品或服务的价格。但是在当今竞争激烈的环境中，这可能并不是一项可行的办法。那么，唯一可行的选择是降低投入。如何降低投入？通过更有效率地开展工作，从而降低组织的费用。

组织效力　组织效力（organizational effectiveness）是对组织目标的合适程度及实现程度的测量。它是管理者的一个基本考虑事项，当管理者设计战略和工作活动以及协调员工工作时，可以指导他们的管理决策。

行业和公司排名　排名是管理者用来测量组织绩效的一种常用方法。如图表13—7所示，各种类型的排名无所不在。排名由特定的绩效测量标准确定，而每个榜单所使用的绩效测量标准是不同的。例如，《财富》的"最佳雇主"榜单是这样确定的：根据随机挑选的成千上万名员工在一份名为"优秀雇主信任指数"的调查问卷中提供的答案；根据成千上万名管理者填写的各种材料，其中包括最佳雇主研究所设计的一种企业文化审计。这些排名能够向管理者（以及其他人）表明他们的公司相对于其他公司来说表现如何。

《财富》（www.fortune.com）	《产业周刊》（www.industryweek.com）
《财富》500 强企业	《产业周刊》1 000 强企业
MBA 最佳雇主 25 强	《产业周刊》美国 500 强企业
最受尊敬企业	最佳制造业企业 50 强
最佳雇主 100 强	《产业周刊》最佳工厂
商业史上 101 个最愚蠢时刻	
全球 500 强企业	
最具领导力企业	
增长最快企业 100 强	
《商业周刊》（www.businessweek.com）	顾客满意度指数
全球最具创新力企业	美国顾客满意度指数——密歇根大学商学院
《商业周刊》50 强企业	顾客满意度测量协会
最佳 MBA 项目	
客服冠军企业	
《福布斯》（www.forbes.com）	
《福布斯》500 强企业	
最佳小型企业 200 强	
最佳大型企业 400 强	
最大私营企业排行榜	
全球企业 2 000 强	
全球高绩效公司排行榜	

图表 13—7　一些流行的行业和公司排名

用来测量组织绩效的工具

当某个人在达美乐比萨连锁店的促销代码窗口输入"紧急援助"（bailout）这个单词并发现这足以获得一份免费的中号比萨后，这个消息迅速传遍整个互联网。达美乐公司最终不得不免费派送成千上万份比萨。谷歌公司一名员工在输入某个简单的网址时出现错误，这导致全球范围内的搜索结果在 55 分钟内警告用户"该网站可能会损害你的电脑",即便用户想要登录的这个网站并不会对其电脑造成损害。随着消费者缩减开支,美国的零售商面临着巨大的财务压力,因而设法削减成本。这些公司的管理者采用了哪些工具来监控和测量组织绩效?

所有管理者都需要合适的工具来监控和测量组织绩效。在描述一些具体的控制工具之前,让我们首先看看前馈控制、同期控制和反馈控制这几个概念。

前馈/同期/反馈控制

管理者可以在一项活动开始之前、进行之中以及该项活动结束之后实施控制。第一种控制称为前馈控制;第二种控制称为同期控制;最后一种称为反馈控制(见图表13—8)。

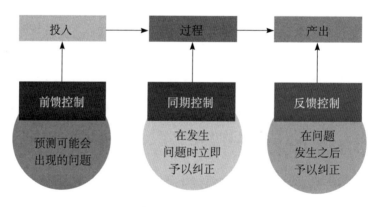

图表13—8 控制的类型

前馈控制 最理想的控制类型——**前馈控制**(feedforward control)能防止许多潜在的问题,因为它发生在实际行动开始之前。例如,当麦当劳在莫斯科开第一家餐厅时,它派遣质量控制专家去帮助俄罗斯农民掌握种植优质土豆的技巧以及帮助面包师掌握烘烤优质面包的技巧。为什么要这样做?因为麦当劳极其强调始终如一的产品质量，无论餐厅位于什么地理位置。它希望莫斯科的芝士汉堡与奥马哈的芝士汉堡味道一样。前馈控制的另一个例子是各大航空公司实施的预防性飞机保养计划。航空公司设计这些计划的目的是检测和预防可能导致事故的结构性故障。

前馈控制的关键是在问题发生之前采取管理行动。通过这种方式，管理者可以防止问题的发生，而不是等到破坏（例如质量低劣的产品、客户流失、收入下降，等等）出现之后再予以纠正。不过，这种控制要求及时、精确的信息，而这些信息往往并不容易获得。因而，管理者总是不得不借助于其他两种类型的控制。

同期控制 从它的名称就可以看出，**同期控制**（concurrent control）指的是在一项工作活动进行期间进行的控制。例如，谷歌公司企业产品管理部门总监尼古拉斯·福克斯（Nicholas Fox）和自己的团队密切关注着谷歌公司最有利可图的业务之一：在线广告。他们监测"搜索和点击次数，用户点击广告的比例，以及由此创造的收入——每个小时，所有这些数据都被记录下来，与一周以前的数据进行比较，并制成图表"。如果发现效果不是很好的地方，他们会立即进行调整。

最常见的同期控制方式是直接视察，用来描述这种方式的另一个术语是**走动式管理**（management by walking around），即管理者在工作现场直接与员工交流和互动。例如，Nvidia 公司的首席执行官黄仁勋拆掉了自己的办公格子间，并用一个会议桌来代替，从而让员工随时与自己保持联系并讨论工作进展情况。即便是通用电气公司的首席执行官杰夫·伊梅尔特也把每周 60% 的工作时间用于同员工交谈和视察公司遍布全球的分支机构。所有管理者都能够受益于同期控制，因为他们可以在问题恶化之前解决这些问题。

反馈控制 最常用的控制类型是反馈控制。**反馈控制**（feedback control）指的是某项活动完成之后实施的控制。例如，通过利用反馈控制，丹佛铸币局发现了有瑕疵的威斯康星州 25 美分硬币。即便组织在发现问题之后立即予以纠正，可该问题已经造成了损失。这就是反馈控制的最大问题。等到管理者掌握这些信息，问题已经产生，进而导致了损失或者破坏。不过，在许多工作领域，如金融领域，反馈控制是唯一可行的控制类型。

反馈控制具有两种优势。首先，反馈控制为管理者提供了关于其计划努力效果如何的重要信息。如果反馈显示实际绩效与标准之间的偏差很小，这表明管理者进行的计划大体上是准确有效的。如果绩效偏差非常显著，那么管理者可以利用这些信息来制定新计划。其次，反馈能够增强激励。员工希望了解自己的工作绩效如何，而反馈可以提供这些信息。现在，让我们考察管理者可以实施的一些具体的控制工作。

财务控制

每家企业都想获取利润。为了实现这个目标，管理者需要实施财务控制。例如，为了弄清楚过度开支，他们可能会分析季度财务报告。他们还可能会计算一些财务比率以确保有足够现金来支付当期开支、债务水平没有变得过高或者组织的资产正在被高效利用。

管理者可以采用传统的财务测量标准，例如比率分析和预算分析。图表 13—9 简要总结了一些最常用的财务比率。资产流动性比率测量一个组织偿还短期债务的能力。杠杆率考察组织利用债务经营的情况以及该组织是否能够支付这些债务的利息。活动性比率评估一家企业如何高效地利用自己的资产。最后，收益率测量该公司如何有效率、有效果地利用自己的资产来创造利润。我们可以使用组织的两大财务报表（资产负债表和利润表）中的有关信息来计算，以百分比或者比率来表示。由于你可能在其他会计或金融课程中学习过这些比率，或者即将学习它们，因而我们不打算详述它们的计算过程。在这里提及只是为了提醒你：管理者利用它们来作为内部控制工具。

目标	比率	计算公式	含义
流动性	流动比率	流动资产/流动负债	检验组织偿还短期债务的能力
	酸性测试	不包括存货在内的流动资产/流动负债	更精确地检验当库存周转缓慢或者难以销售时的流动性
杠杆	资产负债率	总负债/总资产	该比率越高，组织的杠杆比率就越高
	已获利息倍数	息税前利润总额/总利息	测量组织能够偿还其利息费用的倍数
活动性	库存周转率	销售额/库存	该比率越高，库存资产的利用率就越高
	总资产周转率	销售额/总资产	利用越少的资产来实现某个既定的销售额，管理者利用组织总资产的效率就越高
收益率	销售利润率	税后净利润/总销售额	确定组织创造的利润
	投资回报率	税后净利润/总资产	测量组织的资产创造利润的效率

图表 13—9　常用的财务比率

预算是计划工具和技术。当编制一项预算时，它是一种计划工具，因为它指出哪些工作活动是重要的，应当为这些活动提供哪些资源以及每种资源的数量。预算也可以用于控制，因为它向管理者提供了定量的标准，管理者可以利用这些标准来测量和比较各种资源的消耗。如果偏差大到需要采取行动，那么管理者应当检查发生了什么情况并且设法找出原因。利用获得的信息，管理者可以采取必要的纠正行动。例如，如果你利用一项个人预算来检查和控制你的每月开支，那么你可能会发现有一个月的各项开支超出了预算。这时候，你可能会减少其他方面的开支或者加班工作以赚取更多收入。

平衡计分卡

平衡计分卡（balanced scorecard）是一种不只是从财务角度出发的组织绩效测量和评估方法。平衡计分卡通常考察对组织绩效有贡献的四个领域：财务、顾客、内部流程、人员/创新/成长方面的资产。根据平衡计分卡方法，管理者应当在每一个领域都分别制定目标，然后测量这些目标是否实现。

虽然平衡计分卡非常重要，但管理者往往重点关注那些能够推动其组织获得成功的领域，并且采用能够反映这些战略的平衡计分卡。例如，如果组织的战略是以顾客为中心，那么顾客领域可能会比其他三个领域获得更多关注。当然，管理者不能仅仅强调测量某个领域的绩效，因为其他领域也会影响这个领域。例如，在 IBM 公司位于休斯敦的全球服务部，管理者围绕一项最重要的顾客满意度战略来开发一种平衡计分卡。不过，其他领域（财务、内部流程，以及人员/创新/成长）需要支持这项核心战略。该部门的经理这样描述该战略："公司的内部流程部分与及时响应顾客需求息息相关，而且学习和创新也至关重要，因为我们向顾客销售的首先是我们的专业技能。当然，我们做这些事情的成功程度会影响公司的财务部分。"

信息控制

来自亚洲的网络黑客攻击了谷歌公司以及其他 34 家公司以试图窃取机密信息。有史以来规模最大的信用卡数据—账户信息盗窃案发生在全球两大信用卡处理公司之一的哈特兰支付系统公司（Heartland Payment Systems），数百万信用卡用户的信息被盗。高盛集团的一名前员工窃取了该集团用来在金融市场上快速进行交易以获取高额利润的"黑匣子"计算机程序。所有这些事件都说明实施信息控制的必要。管理者以两种方式来利用信息控制：（1）作为一种帮助管理者控制其他组织活动的工具；（2）作为管理者需要实施控制的一个组织领域。

如何在控制过程中利用信息 管理者需要在正确的时间利用适量的正确信息来监控和测量组织活动和绩效。

在测量实际绩效时，管理者为了能够将实际绩效与标准进行比较，需要掌握关于其职责范围内所发生情况的信息以及关于测量标准的信息。他们也需要依靠信息来帮助自己制定妥善的行动方案。信息至关重要！管理者使用的绝大多数信息工具来自组织的管理信息系统。

管理信息系统（management information system，MIS）是用来定期为管理者提供所需信息的系统。从理论上讲，这种系统可以以人工或计算机为基础，虽然如今绝大多数组织已经转为使用以计算机为支持的应用系统。在管理信息系统中，"系统"这个术语意味着秩序、安排和目的。此外，管理信息系统特别强调为管理者提供信息（经过加工和分析的数据），而不仅仅是数据（原始的、未经过分析的事实）。图书馆就是一个很好的例子。虽然它能够容纳数以百万计的图书，但如果用户不能快速找到他们所需的资料，那么图书馆对用户就没什么用。这就是图书馆管理员花大量时间对馆藏图书进行分类并确保所有材料被放回正确位置的原因。当今的组织犹如一家藏书极为丰富的图书馆。问题并不是缺乏数据；与此相反，问题是组织是否有能力处理这些信息，从而确保组织成员在需要时能够获得正确的信息。管理信息系统收集数据并把它们转化为管理者可以利用的相关信息。

控制信息 似乎每个星期都会出现关于信息安全事故的新闻。一项调查显示，85％的隐私和信息安全专业人员承认自己的组织仅仅在过去一年内就发生过需要汇报的数据安全事件。由于信息对每个组织所做的每一件事情都至关重要，因而管理者必须采取有效的、全面可靠的控制措施来保护这些信息。这样的控制措施范围广泛，从数据加密，到系统防火墙，到数据备份，再到其他各种技术。不过，问题也许会潜伏在组织可能从来没有想到的地方，比如博客、搜索引擎以及推特账户。敏感的、诽谤的、机密的或者令人尴尬的组织信息可能会成为搜索引擎查找的结果。例如，在谷歌的搜索结果中可以发现美国洞穴学学会（NSS）网站上刊登的每月开支和员工薪酬细节。笔记本电脑、智能手机以及电子标签（RFID）等设备都容易受到病毒和黑客的攻击。无须多言，组织需要定期检测信息控制措施，以确保所有可能的预防措施都在有效运行，从而保护自己的重要信息。

标杆管理

美国克利夫兰诊所（Cleveland Clinic）因为提供优质的医疗服务而在全球享有盛誉，它的心脏外科治疗项目吸引了全球范围内的患者。但你或许没有意识到的是，它还是医疗领域具有成本效益的典范。对于其他那些想要改进效率和效果的医疗机构来说，克利夫兰诊所可以充当它们的榜样。

医疗、教育和金融服务等行业中的管理者发现了制造商很久以前就意识到的一件事情：标杆管理的好处。**标杆管理**（benchmarking）指的是从竞争对手和其他各种组织那里寻找导致它们获得卓越绩效的最佳实践。标杆管理应当确定各种**标杆**（benchmark），即用来进行测量和比较的卓越标准。例如，美国医学会（AMA）制定了100多项绩效测量标准来改进医疗质量。日产公司首席执行官卡洛斯·戈恩将沃尔玛公司的采购、运输和物流业务作为本公司的标杆。从最基本的层面来说，标杆管理意味着向其他组织学习。作为监控和测量组织绩效的一种工具，标杆管理可以用来确定具体的绩效差距以及潜在的改进领域。但是，并不是只能从组织外部发现最佳实践。

有时候可以在组织内部发现最佳实践，而管理者需要做的就是在全组织范围内分享这些最佳实践。员工建议信箱是一片沃土，从中可以发现大量精彩的绩效改进创意。研究表明，最佳实践往往已经在组织内存在，但通常没有被发现和引起关注。在当今的环境中，追求高绩效的组织不能忽视这些可能具有重要价值的信息，否则会给组织带来无法承受的损失。例如，在 Ameren 公司的发电厂，管理者利用内部标杆管理来帮助确定绩效差距和改进机会。图表 13—10 提供了一些关于内部标杆管理的建议。

---

1. 将最佳实践与组织的战略和目标联系起来。战略和目标应当指出什么类型的最佳实践可能对组织其他部门或成员最有价值。
2. 确定适合整个组织的最佳实践。组织必须有一种方法来找出哪些实践在不同工作领域和部门获得了成功。
3. 开发最佳实践奖励和认可系统。组织必须向员工提供一种奖励，以激励他们共享知识。这个奖励系统应当立足于本组织的文化。
4. 在整个组织内传达最佳实践。一旦确定了最佳实践，就应当让整个组织的其他部门或成员共享这些信息。
5. 创建一个最佳实践知识共享系统。组织成员需要一种正式机制来继续共享他们的创意和最佳实践。
6. 持续不断地培育最佳实践。创建一种强调"我们能够从每个人身上学习"的态度以及信息共享的组织文化。

图表 13—10　一些关于内部标杆管理的建议

资料来源：Based on T. Leahy, "Extracting Diamonds in the Rough," *Business Finance*, August 2000, pp. 33-37.

工作场所中的控制问题

Integrated Information Systems 公司的员工认为在公司自用的办公室服务

器上交换数字音乐没有什么不妥。他们之所以这样认为，是因为他们觉得这就如同在办公室中对大学或职业体育赛事下注一样，虽然在技术上是非法的，但却是无害的。不过，在该公司不得不支付 100 万美元与美国唱片业协会（RIAA）达成和解之后，公司管理者认为自己当初应该更好地控制这种情况。

长达一个月的足球世界杯赛事对全球的生产率造成了显著的影响。英国特许管理协会（Chartered Management Institute）声称，仅仅在英国，生产率损失就可能高达将近 10 亿英镑（合 14.5 亿美元）。在美国，由于员工要花时间填写各种比分预测表格以及查看赛事公告和相关博客，大学男篮联赛（NCAA）"疯狂 3 月"也会导致生产率下降。据估计，这个月第一周的赛事就会导致高达 18 亿美元的生产率损失。

当今的工作场所给管理者的控制职能带来大量挑战。从监督员工在工作时对电脑的使用，到保护工作场所免遭不满员工想要制造的破坏，管理者需要采取各种控制措施来确保工作能够按照预定计划有效率、有效果地完成。

工作场所隐私　如果你在某组织就职，你是否认为你在工作中拥有隐私权？对于你和你的工作，你的雇主可以获得哪些信息？这些问题的答案可能会让你大吃一惊！举例来说，雇主可以（而且确实在这样做）阅读你的电子邮件（即便它们标有"个人或机密"记号），对你的办公电话进行录音，监控你在办公电脑上的工作，存储和查看电脑文档，监督你在员工盥洗室或更衣室的行为，记录你使用公司交通工具时的行踪。这些行为都是相当普遍的。实际上，大约 26％ 的公司因为员工滥用电子邮件而将其解雇；26％ 的公司因为员工滥用互联网而将其解雇；6％ 的公司因为员工滥用手机而将其解雇；4％ 的公司因为员工滥用即时通信服务而将其解雇；3％ 的公司因为员工滥用短信服务而将其解雇。

管理者为什么认为自己需要监管员工所做的事情？一个主要原因是雇主雇用员工是为了让其工作，而不是上网浏览股价、观看在线视频、玩虚拟棒球游戏或者为家人或朋友在线购买礼物。据估计，在工作时间上网娱乐每年会导致工作生产率损失几十亿美元。实际上，对美国雇主的一项调查显示，87％的员工在工作时间浏览与工作无关的网站，而且有一半以上的员工每天都进行网上冲浪。观看在线视频已经成为一个日益严重的问题，不仅因为员工为此浪费了时间，而且因为它显著占用了本就非常紧张的公司网络流量。所有这些与工作无关的活动显著增加了公司的成本。

管理者之所以监督员工对电子邮件和电脑的使用，另一个原因是他们不希望因为有冒犯的信息或者不合适的图片出现在某位员工的电脑屏幕上而导致他们被控以创造一种恶意工作环境的罪名。公司要监控或者复制所有电子邮件的另一个原因是考虑到种族歧视或性骚扰等问题。电子记录可以帮助核实真正发生了什么事情，从而使管理者能够迅速应对。

最后，管理者需要确保公司的机密没有被泄露。除了常用的电子邮件和电脑之外，许多公司还在监控即时通信并且禁止在办公场所使用拍照手机。管理者需要确保员工没有（即便是无意的）将公司信息传送给那些能够利用这些信息来破坏公司的人员。

考虑到潜在的巨大成本以及如今许多工作都必须使用电脑这个事实，许多公司都具有工作场所监控政策。这样的政策应当以一种体面的、不伤害员工尊严的方式来控制员工行为，而且管理者应当向员工传达这些政策。

员工偷窃　在位于纽约曼哈顿的萨克斯百货（Saks）旗舰店，一名23岁的售货员被发现通过虚报的商品退货将13万美元打入一张礼品卡中。而且，这样的行为在其他零售商那里也发生过。

在组织中发生的所有盗窃和欺诈案件中，高达85％的案件是由内部员工而不是外人实施的，这是否会让你大吃一惊？这是一个代价高昂的问题。据估计，每名员工每年要损失约4 500美元。

员工偷窃（employee theft）被定义为员工未经允许就将公司财产据为己有的行为。它的范围非常广泛，从贪污到填写虚假报销单据，到从公司办公场所拿走设备、零部件、软件或者办公用品。虽然零售业长期以来因为员工偷窃而面临着严重的潜在损失，但是初创企业和小型企业松懈的财务控制，以及唾手可得的信息技术，使得员工偷窃在各行各业、各种规模的组织中都成为一个日益严峻的问题。管理者需要更好地了解这个控制事项，并且为解决这个事项做好准备。

员工为什么会偷窃？答案取决于你向谁提问。不同领域（例如行业安全、犯罪学以及临床心理学）的专家具有不同的观点。行业安全人员认为员工偷窃是由于松懈的控制和有利的环境提供了行窃的机会。犯罪学家声称这是因为员工面临财务方面的压力（例如个人财务问题）或者恶习造成的压力（例如赌博欠债）。临床心理医生则提出，这是因为员工在内心将自己所做的事情合理化，认为这是正确、合适的行为（"每个人都这样做"，"是他们让这事发生的"，"公司已经大赚特赚，不会在意这点小钱"，"我这么辛苦，这是我应得的"，等等）。虽然每一种解释都对员工偷窃提出了有说服力的见解，而且有助于防止员工偷窃，但遗憾的是，员工偷窃行为仍然在继续。管理者能够做些什么？

前馈控制、同期控制和反馈控制的概念有助于管理者找出各种措施来防止或减少员工偷窃行为。图表13—11简要总结了几种可能的管理行为。

前馈控制	同期控制	反馈控制
在雇佣前进行仔细的筛选。	尊重员工。	确保员工知道何时发生了偷窃或欺诈行为——不具体点名，但是让员工知道这是不可接受的行为。
制定详细、具体的规章制度来界定偷窃、欺诈以及相应的纪律程序。	让员工了解偷窃的代价。	
让员工参与这些规章制度的制定。	定期让员工知道他们在防止偷窃和欺诈方面取得的成功。	利用专业调查人员提供的服务。
就这些规章制度对员工进行教育和培训。	如果条件允许，使用摄像监视设备。	重新设计控制措施。
让专业人士检查公司的内部安全控制措施。	在电脑、电话和电子邮件上设置"锁定"选项。	评估公司的文化以及管理者与员工的关系。
	鼓励员工通过公司热线电话来举报偷窃事件。	
	树立良好典范。	

图表 13—11　控制员工偷窃

回应"管理者困境"

更多的控制措施可以提供帮助，不过，并不是从控制措施的数量角度来说，而是从如何管理这些控制措施的角度来说。往往并不是内部控制措施本身的正规程度或复杂程度导致了失败，而是工作人员在实施和管理这些控制措施时采取的某些行为导致了失败。成功并不是基于控制措施的数量多少，而是基于管理这些控制措施的方式。在一种真正有效的控制环境中：

- 员工可以直接指出所发生的错误或质疑某个程序而不会遭到报复。
- 以一种不带有威胁或人身攻击的方式进行批评。

● 领导者善于把握有重大价值的谈话。

在温哥华冬奥会的这起事件中，国际无舵雪橇联合会和温哥华奥组委面临的压力包括时间、进度以及公共形象，这些因素可能导致控制过程出现差错。

在这起事件中，最终的解决方案是撤掉起跑点以降低速度。这个结果意味着，通过对控制过程更全面的分析和检测，最终发现赛道的这个设计缺陷。

图书在版编目（CIP）数据

罗宾斯管理艺术/罗宾斯等著；李原等译．—北京：中国人民大学出版社，2014.12
（跟大师学管理）
ISBN 978-7-300-20347-8

Ⅰ.①罗…　Ⅱ.①罗…②李…　Ⅲ.①企业管理　Ⅳ.①F270

中国版本图书馆 CIP 数据核字（2014）第 282437 号

跟大师学管理
罗宾斯管理艺术
斯蒂芬·罗宾斯　玛丽·库尔特　著
李　原　孙健敏　黄小勇　译
孙健敏　校
Luobinsi Guanli Yishu

出版发行	中国人民大学出版社			
社　址	北京中关村大街 31 号		**邮政编码**　100080	
电　话	010 - 62511242（总编室）		010 - 62511770（质管部）	
	010 - 82501766（邮购部）		010 - 62514148（门市部）	
	010 - 62515195（发行公司）		010 - 62515275（盗版举报）	
网　址	http://www.crup.com.cn			
经　销	新华书店			
印　刷	涿州市星河印刷有限公司			
规　格	170 mm×230 mm　16 开本		**版　次**　2015 年 1 月第 1 版	
印　张	18　插页 2		**印　次**　2021 年 4 月第 3 次印刷	
字　数	225 000		**定　价**　62.00 元